CÓMO TRABAJAR PARA UN IDIOTA

CÓMO TRABAJAR PARA UN IDIOTA

REVISADO Y AMPLIADO CON MÁS IDIOTAS, MÁS INSENSATEZ Y MÁS INCOMPETENCIA

SOBREVIVE Y PROSPERA SIN MATAR A TU JEFE

John Hoover, Doctor en Filosofía
Con ilustraciones de Steve Lait

A pesar de haber puesto el máximo cuidado en la redacción de esta obra, el autor o el editor no pueden en modo alguno responsabilizarse por las informaciones (fórmulas, recetas, técni cas, etc.) vertidas en el texto. Se aconseja, en el caso de pro ble mas específicos —a menudo únicos— de cada lector en par ticular, que se consulte con una persona cualificada para obtener las informaciones más completas, más exactas y lo más ac tualizadas posible.DE VECCHI EDICIONES, S. A.

© Editorial De Vecchi, S. A. 2018
© [2018] Confidential Concepts International Ltd., Ireland
Subsidiary company of Confidential Concepts Inc, USA
ISBN: 978-1-68325-769-1

El Código Penal vigente dispone: «Será castigado con la pena de prisión de seis meses a dos años o de multa de seis a veinticuatro meses quien, con ánimo de lucro y en perjuicio de tercero, reproduzca, plagie, distribuya o comunique públicamente, en todo o en parte, una obra literaria, artística o científica, o su transformación, interpretación o ejecución artística fijada en cualquier tipo de soporte o comunicada a través de cualquier medio, sin la autorización de los titulares de los correspondientes derechos de propiedad intelectual o de sus cesionarios. La misma pena se impondrá a quien intencionadamente importe, exporte o almacene ejemplares de dichas obras o producciones o ejecuciones sin la referida autorización». (Artículo 270)

Dedicatoria y agradecimientos

A estas alturas de mi vida, agradezco que mi jefe no sea un idiota. De hecho, Amy Friedman, jefa ejecutiva y socia fundadora de Partners International, donde yo me encargo de la práctica de *coaching* ejecutivo, es una líder empresarial comprensiva y cariñosa, conocida por todos por su capacidad de mantener una relación entrañable a la par que duradera con todos los que la rodean. Mis otros dos jefes en Partners International desde 2006 hasta la actualidad, Paul Gorrell y Trish Kyle, son profesionales de gran talento, con recursos y comprometidos con el aprendizaje corporativo. Por este motivo, quiero regalar la mitad de esta dedicatoria a todos los buenos jefes que hay ahí fuera, como Amy, Trish y Paul, que son lo bastante innovadores como para entender que el ingrediente clave del éxito es saber reírse de uno mismo. La otra mitad de la dedicatoria va dirigida a todos aquellos que sufren el peso de trabajar para otro tipo de jefes. No perdáis la fe.

Esta edición no podría ver la luz si no fuera por la confianza y las magníficas dotes de mando que ha demostrado mi editor, Ron Fry, quien tuvo la genial idea de apoyar este título con relaciones públicas y marketing creativo. Laurie Kelly-Pye y Michael Pye, de Career Press, también forman parte del éxito de este libro desde su publicación original en

2003. Kirsten Dalley ha editado esta edición con brillantez, ofreciéndole a mi madre, Ruth Schultz Hoover, una gran escritora y la supereditora de la primera edición del libro, la oportunidad de seguir el proceso de esta nueva edición muy de cerca, hasta llegar a la imprenta.

Muchísimas gracias a mis águilas legales, Mark Merriman y Andy Tavel, de Frankfurt Kurnit Klein y Selz PC, de Nueva York.

Podría nombrar una legión de agradecimientos si el espacio me lo permitiera. Por ejemplo, quiero dar las gracias de todo corazón a mi buena amiga Paula Hammon, quien siempre se muestra dispuesta a dar consejos útiles a este idiota rehabilitado. A mi hermana, Ann Bourke, que es una aliada en mi misión de rescatar a personas de sus idiotas interiores, empezando conmigo. También quiero agradecer la experiencia de haber podido trabajar con colegas de gran talento en la industria del coaching ejecutivo en la Fielding Graduate University, en la City University de Nueva York y en la American Management Association. Y, sobre todo, quiero dar las gracias a mi querido Dios, que ha olvidado por completo lo burro que he sido en muchísimas ocasiones, tanto en mis asuntos personales como profesionales. Es una bendición.

Índice

Introducción 9

Capítulo 1: Confesiones de un idiota rehabilitado. 15

Capítulo 2: ¿El verdadero idiota puede levantarse, por favor? . . 43

Capítulo 3: Características y competencias según el tipo de jefe . 81

Capítulo 4: Procreación de idiotas. 131

Capítulo 5: Talento desaprovechado 151

Capítulo 6: Éxito a pesar de la estupidez. 169

Capítulo 7: Pensamiento idiota: el gran disfraz. 197

Capítulo 8: Una asociación estratégica 211

Capítulo 9: El lenguaje de los idiotas: cómo hablarle
    al jefe idiota 227

Capítulo 10: Comer con idiotas: cómo compartir el pan
    con tu jefe idiota 243

Capítulo 11: Idiotez: algunas teorías 257

Capítulo 12: Recalibrar expectativas, reconducir la ira 273

Índice analítico. 289

Sobre el autor. 299

Introducción

Este libro contiene todos los escombros que quedaron cuando mi cabeza explotó. Durante años escribí libros sobre liderazgo, creatividad y rendimiento organizativo, viajé por todo lo ancho y largo del globo ensalzando las virtudes de la innovación, la organización llana, el liderazgo colaborativo y la responsabilidad compartida en el lugar de trabajo. Mis clientes me daban la bienvenida y asentían con la cabeza mientras yo les enseñaba los principios del trabajo en equipo y la comunicación abierta. Incluso esperaban educadamente a que acabara mi charla y saliera del edificio para ignorar mis consejos con toda tranquilidad.

Cómo trabajar para un idiota es mi venganza.

A pesar de lo que estás pensando, el idiota que más me preocupa no es el que está en la esquina, o en el ático de un edificio de oficinas, sino el que se encuentra en el espejo. Tras aceptar que mi impotencia personal se hallaba por encima de mi estupidez y asumir que mi vida era incontrolable, me apunté a un programa de rehabilitación para criaturas descarriadas y encontré la serenidad, libre de idiotez. No hallé un mundo sin idiotas, sino una tranquilizadora perspectiva desde la cual ya no podían perturbarme.

Después de estudiar el pequeño contratiempo evolutivo que ocasionaron los jefes idiotas (i-jefes), descubrí por qué las hembras de algunas especies se comen a sus crías en vez de permitir que se conviertan en jefes que imponen su ignorancia sobre los demás con una autoridad poco institucional. Muchos de los informes que redacté durante mis primeros días como jefe habrían abierto el apetito posparto de mi madre, sin duda.

Publicar un libro de estas características tiene sus consecuencias. Soy *coach* ejecutivo, superviso una práctica de coaching ejecutivo en la empresa Partners International en la ciudad de Nueva York e incluso colaboré en el lanzamiento de un programa certificado sobre coaching en la City University de Nueva York, donde imparto clases de coaching en el contexto empresarial. Algunas personas se asombran al escuchar la palabra *idiota* en mi discurso: no suele considerarse un término cariñoso en una empresa educada. Algunas personas, en especial aquellas que trabajan en los departamentos de recursos humanos, que, al fin y al cabo, son los que se encargan de contratar mis servicios como coach y consultor, opinan que es una palabra peyorativa, incluso ofensiva. Como jefe idiota rehabilitado, creo que utilizar un lenguaje que describe con acierto mi historia supone un fantástico recordatorio para mí y, al mismo tiempo, un puente con quienes utilizan este tipo de lenguaje, ya sea en silencio o en voz alta, cuando hablan de sus jefes con amigos, colegas, familiares y *coaches*.

La ira está fuera de control

Allí donde exista este tipo de lenguaje hay trabajo pendiente que hacer. Muchas personas están enfadadas, son autodestructivas y echan la culpa de ello a sus jefes. Necesitan la ayuda de alguien que pueda pulsar la pausa en la Máquina de la Cortesía, les ayude a arremangarse la camisa, se comprometa con ellas, se ría y llore junto a ellas durante el viaje que les convertirá en personas distintas, capaces de mostrar su agradecimiento hacia los demás e invertir sus esfuerzos con el fin de que la empresa para la que trabajan tenga éxito en su sector del mercado.

Si no crees que hay una corriente de ira y resentimiento fluyendo bajo la superficie de todos los chistes y el humor acerca de los jefes actuales (empezando por el eternamente famoso *Dilbert*, de Scott Adams, pasando por la serie *The Office*, de la BBC y de la NBC, sin olvidarnos de la película *El diablo viste de Prada*, de Fox 2000 Pictures, ni de *Cómo acabar con tu jefe*, de New Line Cinema), es que no estás muy atento. Desde la publicación de la primera edición de *Cómo trabajar para un idiota*, en 2003, el tsunami de críticas a los jefes ha alcanzado nuevos límites. Bien seas el que manda o el subordinado, ha llegado el momento de tomarse esta sátira del jefe con un poco más de seriedad.

En su momento escribí este libro básicamente para desahogarme de forma humorística, pero enseguida descubrí que muchísima gente lo compraba porque estaba desesperada. Las críticas que dejaba la gente en Amazon.com sobre la primera edición se convirtieron en un curioso debate entre lectores con un gran sentido del humor y otros que albergaban fantasías homicidas sobre sus jefes. Hubo quien compró el libro porque esperaba humor, logró su objetivo y se lo pasó pipa. Cinco estrellas. También hubo alguno que esperaba que la primera edición contuviera técnicas y métodos secretos aún sin publicar para desbancar a un jefe sin ser descubierto. Algunos lectores creyeron que mi intención era compartir distintas formas de enfrentarse al jefe, hacerle papilla y encima ser recompensado con un aumento de sueldo y viajes con todos los gastos pagados a Filadelfia, o quizá pensaban que se convertirían en el centro de los aplausos y que la gente les arrinconaría pidiendo autógrafos en su camino a la cafetería de empleados o a las ferias comerciales del sector.

Estos últimos lectores sufrieron una gran decepción y así lo describieron en sus mordaces reseñas, llamándome farsante e impostor por haberles prometido que les enseñaría cómo trabajar para un idiota, cuando el verdadero aprendizaje para trabajar con un idiota es *no ser el idiota*. Algunos críticos de Amazon.com a quienes les gustó el libro empezaron a atacar a aquellos lectores que lo odiaban, enfatizando que estos no habían entendido el mensaje principal; de esta manera, la página de críticas de Amazon.com se acabó convirtiendo en un foro.

Por desgracia, ninguno de los dos bandos del debate pilló un detalle del mensaje, lo cual deja en evidencia mi paupérrima capacidad como comunicador. Aquellos que leyeron la primera edición y se desternillaron de risa supieron apreciar la sátira y el sacrilegio, pero obviaron algunos mensajes sustanciales basados en cómo manejar al jefe. Aquellos que compraron el libro y leyeron entre líneas en busca del mensaje secreto e invisible, la pista de unas instrucciones ocultas para llevar a cabo un jeficidio a prueba de balas, el crimen perfecto por el que ningún jurado del mundo llegara a condenarlos, no encontraron nada de eso y se sintieron engañados por el autor.

Pero el corazón se me rompió definitivamente cuando recibí numerosos correos de distintas partes del mundo (la primera edición se tradujo a casi una veintena de idiomas) en la página www.howtoworkforanidiot.com, en los que se me decía que muchos de los que habían comprado el libro —el cual les había encantado y con el que se habían reído a carcajada limpia, llegando incluso a dejar un ejemplar encima del escritorio de sus peores enemigos mientras estos estaban fuera para, de este modo, asegurarse de que lo vieran— no consideraban que la información sobre la gestión de los jefes que contenían estas páginas fuera legítima. Después de que algunas personas perdieran su trabajo o no recibieran el ascenso que tanto ansiaban en su empresa, me escribieron relatándome su momento de revelación cuando comprendieron lo siguiente: «Oh, realmente existe un arte y una ciencia sobre la gestión de los jefes y se suponía que debía hacer esto». Esto le ocurrió a un gran periodista, quien escribió una excelente crítica sobre el libro, aunque decidió desafiar a su nuevo y jovencísimo director y recibió una carta de despido como respuesta a sus esfuerzos.

COMO LOS TRES MONOS SABIOS

El tono de este libro es claramente irreverente porque, además del despilfarro de dinero, el fraude, la negligencia o la estupidez, nada consume los recursos más valiosos de una empresa con mayor rapidez que las vacas sagradas. Estas pastan en un campo sagrado en casi todas las empresas, incluso en las organizaciones sin afán de lucro. Siempre me he topado con ellas. Las vacas sagradas y el campo sagrado forman parte de una cultura no documentada que a nadie se le permite reconocer públicamente, por no hablar de desafiarla. Tan sólo un puñado de líderes empresariales adquirieron ejemplares de la primera edición de *Cómo trabajar para un idiota* con el fin de que sus empleados leyeran el libro, porque la mayoría de ellos sentía que esto violaría de manera explícita el código empresarial del «no ver, no oír y no decir nada malo». Tenían razón: infringía este código.

Sólo porque los trabajadores no se paseen por la oficina insultando a sus jefes y llamándoles idiotas a la cara no significa que no lo piensen. Sólo porque los empleados no se enzarcen en peleas a vida o muerte entre sí no significa que trabajen a gusto. Hay mucho más poder y, por lo tanto, un mayor peligro potencial en lo que la gente encierra en su corazón que en aquello que decide mostrar a los demás. Cualquiera que lleve bastante tiempo en una empresa es consciente de que la compañía opera siguiendo unas reglas tácitas y según un organigrama no oficial. Fingir lo contrario sería actuar como una de esas figuras de los tres monos sabios que ni ve, ni escucha, ni dice nada malo.

HAMBURGUESAS CON QUESO EN EL PARAÍSO

Tal como dijo una vez Mark Twain, «las vacas sagradas hacen las hamburguesas más sabrosas». Siento que mi misión como buen cristiano es cuidar del ganado, alimentar a los pobres con carne de vacuno y vestirlos con pantalones, chaquetas, cinturones, zapatos, sombreros y guantes de cuero que antaño fueron reses sagradas que pastaban por propiedades sagradas. Pero no te sorprendas si es tu propiedad la que está en juego. He aquí la verdad: «Nadie ha avanzado jamás en su carrera profesional haciendo quedar a su jefe como un inútil». (De todos modos, los jefes no suelen necesitar ayuda para eso). Tu brillantez como empleado viene de ayudar a tu i-jefe a brillar, no de eclipsarle. Tu próximo ascenso o despido dependerá de una conversación que tendrá lugar cuando tú no estés cerca. Todo lo que pienses, digas y hagas, incluso cuando creas que nadie está prestándote atención, aparecerá en dicha conversación.

Este libro contiene respuestas auténticas para problemas de verdad, incluyendo:

— Idioma idiota: cómo hablar y entender correctamente el idioma de tu jefe idiota.
— Comida idiota: qué hacer durante una comida cuando tu i-jefe tiene un trocito de lechuga entre los dientes.
— Talento desaprovechado: cómo parecer más tonto que tu jefe y conservar el trabajo.
— Castigo basado en la competencia: cuando pagas el precio por hacer las cosas bien.
— Reconducir la ira: porque guardar rencor a tu jefe es como beberse una copa de veneno y esperar que sea él quien estire la pata.
— Estupidez situacional: porque no todos los jefes son idiotas y no todos los idiotas son jefes; la flexibilidad es fundamental en el mundo de los incompetentes.

Esta nueva edición contiene dos tipos nuevos de jefe: el jefe reacio y el jefe inepto, además de nuevo material sobre cómo todos los tipos de jefes se alinean en una matriz de diez características y competencias de liderazgo. Tal y como verás, algunos de los resultados son bastante aterradores. Esta nueva edición trata la estupidez situacional de un modo más contemporáneo y afilado, lo que, con toda probabilidad, me acarreará más pleitos que la primera edición. Además, en esta nueva edición también hay más conversaciones transgeneracionales. Los miembros de la vieja escuela charlan con los de la generación Y, y viceversa, en busca de un terreno común.

Aviso legal

La lectura de este libro en una reunión, cuando se supone que debes estar prestando atención, no es muy recomendable, porque reírse a carcajada limpia puede ser motivo de despido. (Quizá te estés riendo de ti mismo, pero tu i-jefe no lo sabrá). Tampoco se recomienda leerlo durante el inicio de un discurso, sermón o funeral si quieres que tu esposa, marido o hijos vuelvan a dirigirte la palabra. Toma precauciones cuando lo leas en un avión, pues, hoy en día, muchos pilotos llevan armas. Si tienes la suerte de que no te disparen, puede que las autoridades locales te lleven a un calabozo de tu ciudad de destino, donde permanecerás alrededor de setenta y dos horas arrestado. *Caveat emptor.*

Quizá tengamos la oportunidad de trabajar juntos en un taller de coaching y podamos examinar la situación de tu jefe a través de una lente lo bastante afilada para revelar las verdades más ocultas, tanto de él como de ti. Lo creas o no, lo pasaremos en grande, tanto como lo harás tú al leer esta nueva edición. Quizá en un momento dado te entren ganas de golpearme con mi libro. Tal como decía el personaje de John Nash en la película *Una mente maravillosa*, de 2001: «No tiene sentido estar chalado si no puedes divertirte un poco».

Te invito a que te pongas en contacto conmigo en www.howtoworkforanidiot.com y desahogues tu rabia contra tu jefe idiota, le nomines para el premio de idiota del mes o incluso despotriques de este libro. Sin embargo, si piensas poner una queja, dudo mucho que expongas algo que no haya oído ya a estas alturas. Escribir este libro no es el primer error que cometo en mi vida.

Lee sin prisa pero sin pausa, mastica la información y trágatela con cuidado.

1. Confesiones de un idiota rehabilitado

Esta no es una fábula empresarial que narra las aventuras de Barry, Larry, Frederica o Ferdinand mientras navegan por las traicioneras aguas del liderazgo o cultivan el equipo perfecto de gran rendimiento. El número de fábulas que ha acumulado la publicidad empresarial es más que notable. Los cuentos y las parábolas son unas herramientas de enseñanza maravillosas y, de hecho, pueden ser muy útiles para muchas personas. Intentaré utilizar alguna fábula en mi próximo libro. Sin embargo, *Cómo trabajar para un idiota* es una advertencia urgente para todas aquellas personas que están sobre el alféizar de las ventanas de su oficina, listas para saltar y acabar con su existencia porque consideran que su vida en la oficina carece de sentido. Todas ellas se levantarán un día y descubrirán que han estado observando su rutina a través de una lente equivocada. Para todas estas personas, la idea de tener que realizar su trabajo para un jefe idiota durante el resto de su carrera profesional es como encontrarse al borde de un abismo, una situación desesperada.

Esa persona podría haber sido yo durante la mayor parte de mi vida laboral y, si todavía piensas que tu jefe es el único culpable de las penas e infortunios en *tu* vida laboral, también podrías ser tú. Específico lo de vida laboral porque ya traté el resto de la existencia en *How to Live With an Idiot*

(Cómo vivir con un idiota), los mismos principios y normas de compromiso pero con distinta sede, expectativas y parámetros de conducta.

Este es un libro sobre mí, pero también sobre ti. Trata de problemas y personas reales, y va de estar vivo frente a estar muerto. En concreto, es un libro dedicado a los muertos vivientes que han perdido la alegría que un día hallaron en su lugar de trabajo, pero que siguen apareciendo en la oficina cada día y cobran la nómina a fin de mes. También va destinado a personas tan enfadadas y molestas con los defectos de sus jefes que se han convertido en seres invisibles para sus compañeros de trabajo, que, en una situación diferente, podrían hacerles sentir vivos y llenos de energía. La ira es un factor importantísimo en la insatisfacción laboral, así que he decidido dedicar el último capítulo a este tema, titulándolo «Recalibrar expectativas, reconducir la ira».

Hay un punto en que nuestro cargamento de expectativas respecto a cómo creemos que nuestro jefe debería tratarnos se estrella contra las rocas de la cruda realidad. La mayoría de lo que estás a punto de leer a continuación trata sobre aprender a nadar entre las olas de las expectativas que se rompen contra esas rocas de cruda realidad y de no ahogarse entre la espuma del mar.

La promesa de este libro es que tú y yo podemos pasar el resto de nuestras vidas, en especial nuestra carrera profesional, con una sensación de paz y felicidad que surge tras aceptar las cartas que nos han tocado. Para jugarlas necesitamos conocer muy bien el juego; el dominio de este, junto con la dignidad, no incluye quejas, gimoteos ni cualquier tipo de ruidito fruto del resentimiento que podamos hacer mientras apretamos los dientes. Debemos estar presentes en la partida y mantener la esperanza de que alguien o algo cambie las reglas a nuestro favor.

Las normas son las normas. Si pudiera cambiarlas, lo habría hecho mil veces, y las que puedo modificar, las modifico. Pero el comportamiento humano es como es y el papel del trabajo no ha sufrido cambio alguno desde que Adán y Eva mordieron algo más que una manzana, se vistieron, salieron a la calle y encontraron un trabajo de verdad. Tratar de abrirse camino en el mundo laboral de malas maneras y fingir que así es como realmente queremos que sea suele meternos en problemas a casi todos.

Esto no quiere decir que nuestra vida laboral sea inútil. Todo lo contrario, hay un montón de razones para no perder la esperanza en un mañana mejor. Mientras sigamos anclados a una percepción retorcida y distorsionada de las relaciones laborales *porque consideramos que así deben ser*, estaremos apagando la llama de la vela de la esperanza. Tal como

Theodore Roosevelt dijo una vez, se trata de empezar desde donde estamos, utilizando lo que tenemos a nuestro alcance y haciendo todo lo que esté en nuestras manos.

La cruda realidad

Tener claro cómo la condición humana puede afectar las condiciones laborales es el primer paso. Todo empieza cuando uno se rinde y admite que quizá haya otra explicación además de la propia para entender el mundo. Mira tú por dónde, existen otras formas de trabajar y relacionarse con los compañeros de la oficina, muy distintas a las que hemos utilizado durante todos estos años. Además, también existe una gran verdad gobernada por un Poder Superior, el cual asegura que ha estado tratando de seducirnos, atraernos y persuadirnos para implantar estos mensajes en nuestros cerebros desde hace mucho, mucho tiempo. El Poder Superior conoce qué realidad nos conviene para nuestro propio bien, individual y colectivo. Con un poco de suerte, utilizaremos nuestra queridísima voluntad para alejarnos del rechazo y dirigirnos hacia la luz de la realidad.

Si te pareces un poco a mí, habrás alcanzado récords mundiales de tozudez en tu empeño por resistirte a la sabiduría que tu Poder Superior ha intentado transmitirte en tantas ocasiones. Como coach ejecutivo, hago todo lo que está en mi mano para evitar imponer mi ignorancia a mis clientes, porque esa no es una aproximación muy hábil para ayudar a alguien a solucionar sus problemas o superar retos profesionales y personales. En cambio, procuro establecer un entorno seguro en el cual mis clientes puedan acceder a la sabiduría que ya poseen o enfrentarse a esa gran verdad. Si ellos me lo permiten, intento facilitarles, a través de preguntas algo peliagudas, una armonización entre lo mejor para ellos y lo mejor para la empresa que los ha contratado. En resumen, trato de alinear las habilidades de mis clientes con las necesidades de la empresa. Una asociación sana entre jefe y empleado supone el nirvana para ambos.

Pero esto no resulta fácil. Ninguna relación que merezca la pena es sencilla, excepto en la fase de luna de miel, cuando la realidad brilla por su ausencia. Cuando dejamos de ver el mundo de color de rosa, la cesta de la colada empieza a llenarse de calcetines malolientes y ropa interior sucia, de forma que las expectativas iniciales irrealmente optimistas que ambos tenían, tanto a nivel profesional como personal, empiezan a agitarse como aguas turbulentas. Antes de que te des cuenta, aquella relación inicialmente armoniosa tanto en el campo personal como en el profesional se habrá convertido en la tormenta perfecta y las posibilidades de sobrevivir indemne al chaparrón son muy pocas. Es bastante más probable que la tormenta te cambie para siempre. Saldrás magullado, apaleado y, lo peor de todo, con un carácter cínico y eternamente rencoroso. Tus expectativas de labrarte una carrera profesional perfecta yacerán en el fondo del mar con Bob Esponja.

Para un baile como el tango, por ejemplo, se necesitan dos personas: nadie puede hacerlo solo. En *The coaching connection* (La conexión coaching), Paul J. Gorrell y yo escribimos sobre tratar la relación entre un ejecutivo que recibía el coaching y la empresa que se lo pagaba como si fuera entre clientes. Esta idea forma parte integral del concepto de «coaching contextual» de mi colega Paul. Del mismo modo, cuando estaba en la universidad cursando un máster sobre terapia familiar y matrimonial, aprendí que el marido que acude a mi consulta no es mi cliente, ni tampoco su esposa. Es la relación que mantienen, de hecho, su matrimonio, lo que yo me dispongo a tratar.

Ya verás que despotricar del jefe es una de las indulgencias más habituales y, para muchos, de las más satisfactorias existentes. Tú y yo debemos abandonar esta costumbre si realmente deseamos recuperar una sensación de plenitud en el trabajo que desarrollamos. Cuando a ti y a mí se nos hace difícil, o incluso traumático, charlar con la persona que está por encima de nosotros en el trabajo, la solución universal de insultar al jefe no tiene mucho sentido, y menos cuando a él le parece la mar de bien ponernos verdes si tiene un mal día. Dos personas no discuten si una no quiere. La verdadera solución (escríbete esto en la palma de la mano y que se te quede grabado en la cabeza para siempre) sólo surgirá cuando domines el arte de la aceptación y el reconocimiento.

Suena muy bonito pero un poco confuso, ¿verdad? No hagas caso. Aprender a trabajar con, para y alrededor de idiotas requiere un verdadero cambio de comportamiento *por nuestra parte*. Pero la experiencia de esta iluminación no tiene que ser negativa. Pregunta a los lectores que se divirtieron con el sentido del humor de este libro y se lo tomaron a cachondeo la primera vez que lo leyeron. Ahora me escriben correos explicándome cómo han aplicado mis consejos y, dejando a un lado las bromas, no han perdido sus trabajos, lo cual les ha dejado patidifusos. Algunas de las reseñas en Amazon.com reflejan esto. Hasta donde yo sé, *Cómo trabajar para un idiota* fue un éxito de ventas teniendo en cuenta que se trataba de un libro empresarial; al público le encantó su humor y la sátira mordaz. Las apariciones en programas como *Today*, de la cadena NBC, o *Fox and Friends*, de la CNN, junto a más de un centenar de entrevistas en otros programas y al hecho de que el *New York Times* le dedicara al libro media página de la sección de negocios del domingo, colaboraron, y mucho, en esta broma. Neil Cavuto me invitó a su programa *Your World* en dos ocasiones y se lo pasó bomba con la sátira. Pero a pesar de la tremenda cobertura de la que gozó la primera edición de este libro, muchos lectores no pillaron el mensaje más claro y evidente: a la hora de trabajar para un idiota (o cualquier otro jefe), *no seas tú el idiota.*

A medida que leas esta nueva edición, verás que a veces hago referencia al cliché de abrazar al niño que llevamos dentro. Debo admitir que la idea del niño interior parece un galimatías sensiblero de la década de 1980. Sea como fuere, yo tenía un *idiota interior* que causó grandes estragos en mis aspiraciones profesionales. Olvídate de mi niño interior. A lo largo de mi carrera laboral, cuando me llevaba fatal con mi jefe, con mis compañeros o con mis subordinados, mi idiota interior se desataba y, orgulloso, ignoraba por completo cualquier gran verdad o Poder Superior, tratando de imponer lo que en aquel momento yo consideraba mi sabiduría soberana, inmutable e incorregible sobre los demás, causando unos efectos catastróficos.

Quiero abrazar a mi idiota interior, de acuerdo. Quiero estrecharle. Estrecharle con fuerza. Quiero agarrarle por el cuello y asfixiarle hasta que deje de respirar. No creo que pase un día sin que ese maldito idiota me avergüence de un modo u otro. Te puedo garantizar que no pasa una semana en la que no ponga en peligro una amistad o una relación con un cliente. Es una gárgola repugnante y sabe encontrar el momento ideal, por lo general cuando estoy estresado, ansioso o asustado, para asomar su asquerosa cabecita y hacer un comentario lunático y fuera de lugar. Si me encuentras en una reunión parloteando como un idiota, escupiendo chorradas de las que más tarde me arrepentiré, se trata de mi miniyó, mi idiota interior, que se ha escapado de su jaula y está intentando ayudarme a salir de una situación tensa o comprometida haciéndome hablar como una cotorra. Por favor, busca algo con que golpearnos, a mí y a mi álter ego idiota. No quiero abogar por el uso de la violencia; de hecho, poco más puedo hacer aparte de tomármelo a risa, porque aporrear a mi idiota interior sería golpearme a mí mismo. Lo único que necesito es tenerle contento, implicado, satisfecho y seguro de sí mismo. Sólo de esta manera se comportará bien. Como tu jefe idiota, ¿eh? No tengo la necesidad de expresar este tipo de cosas con una parábola o fábula. Lo cierto es que resulta muy duro digerir la verdad cuando te la dicen así, directa, de golpe y porrazo, pero podemos masticarla y tragarla antes de tomar otro bocado. Los escenarios empresariales de la vida real ya son lo bastante demenciales sin utilizar una sola gota de ficción. Dicho esto, debo admitir que existen algunos personajes en el libro que me he inventado para cubrir algunos huecos en una historia basada en hechos reales. Así que táchame de la lista de petulantes. Tan sólo soy un escritor, un educador empresarial y coach ejecutivo que supervisa la práctica de coaching ejecutivo de la empresa neoyorquina Partners International, pero, en todos esos campos, tengo un problema que debo solucionar. Así que abróchate el cinturón. Mi idiota interior es real, tanto como el tuyo, y no creo que vayan a comportarse demasiado bien durante el viaje que estamos a punto de emprender.

Conócete a ti mismo

El escritor John Irving aconseja a los autores sin experiencia que escriban sobre lo que saben. Publiqué cinco libros de carácter empresarial antes de darme cuenta de que tenía que escribir desde el terreno personal. Eso fue hace ya más de diez libros o reediciones. Ahora, igual que entonces, me asiento sobre un montón de fragmentos que antaño conformaban una casa de cristal. No recuerdo quién lanzó la primera piedra: quizá fuera yo o puede que no; qué más da. El bombardeo de piedras fue tan intenso que incluso olvidé por qué querían derribarme. Ah, sí, ahora me acuerdo. Yo me dedicaba a señalar a todo el mundo con el dedo, acusándoles continuamente de cosas de las cuales yo también era culpable. Por cada piedrecita que lanzaba, recibía el impacto de una más grande. Utilizaba las acusaciones como justificación y me creía víctima de las críticas de mis compañeros. Atacar a los demás me salía de forma natural y, de hecho, creía que era lo correcto; sin embargo, cuando yo recibía un trato recíproco, esto me parecía forzado e injusto. Sólo porque vivía en una casita de cristal esto no implicaba que quería que los demás me vieran. ¿O sí?

Mi casa es tu casa

¿Vives en una casa de cristal? ¿Acusas a tu jefe idiota de cosas por las que tú también podrías ser condenado? No son preguntas fáciles, ni que estemos acostumbrados a hacernos de vez en cuando, y por esa razón te las hago. Los defectos que nos fastidian de quienes nos rodean suelen corresponderse con las mismas características molestas que nosotros poseemos. Nuestros propios fallos nos parecen irritantes cuando los observamos en las palabras y acciones de los demás, y resulta imposible describir lo fastidiosos que pueden llegar a ser cuando los vemos en las palabras y acciones de alguien con poder y autoridad sobre nosotros.

Ahora que mi casita de cristal se ha hecho añicos, puedo escribir sobre la falsa confianza, la falsa seguridad y el falso orgullo, pues conozco estos atributos a la perfección. En algún momento de mi infancia se me cruzaron los cables; si no fue al nacer, fue poco después. ¿Fue la naturaleza o la educación? ¿La genética o mi entorno? Da igual. Ahora rezo a diario a fin de que Dios me conceda serenidad para aceptar la naturaleza y valor para cambiar la educación. Tal y como el teólogo Neinhold Niebuhr indica, la sabiduría es la capacidad de distinguir ambas cosas: aceptar lo que viene dado y tratar de cambiar lo que esté en nuestra mano. Temas de autorrealización personal aparte, no puedo evitar sentirme un tanto trastornado y molesto ante el hecho de que nadie me explicara estas diferencias después de haber desperdiciado gran parte de mi vida. Pero eso también sería echarle la culpa a otro. Quizá debería agacharme y coger otra piedra.

No seas una víctima de tus propios ataques

Cuando escuchas la palabra *gatillo*, ¿piensas en ese acontecimiento o instante en que toda la hostilidad y rencor que has reprimido estallan manchando todas las paredes de la sala de reuniones con todo tipo de desechos tóxicos? ¿Qué o quién te impulsa a apretar el gatillo o suele sacarte de tus casillas? Si te paras a pensar durante un momento en tu martirio, tu cruz o cualquier cosa que te provoque malestar, sin duda podrás elaborar una lista detallada de problemas personales que debes afrontar. Las probabilidades de conseguir que alguien en una posición de poder o autoridad deje de hacer esas cosas que te desquician son nulas. En general, el modo de actuar o de hablar que tiene la gente está más allá de tu control.

Sin embargo, sí tienes la sartén por el mango cuando se trata de poner el seguro a tus gatillos internos para que no se disparen y, por lo tanto, de disminuir la probabilidad de que tu i-jefe o compañeros de trabajo te enerven. El ejercicio de autocontrol por tu parte cambiará por completo la dinámica entre tu jefe y tú, sea idiota o no. Desactivar conscientemente tus gatillos es el mejor modo de alcanzar la inmunidad contra el fastidio, la tensión y la ansiedad. Continuarás sintiéndolos, pero estarás más tranquilo.

¿Qué más da el poder que tenga un idiota, siempre y cuando no pueda utilizarlo para molestarte? Reducir la capacidad de tu i-jefe para ponerte histérico, ya lo haga de forma intencionada o no, es una manera maravillosa, y me atrevo a decir *fenomenal*, de autodeterminación. Y, al igual que la dignidad, nadie puede arrebatártela.

Enfrentarse a alguien «de gatillo fácil»

—Me llamo John y soy idiota.

Así es como me presento al grupo que se reúne en la sala embaldosada ubicada en el sótano de la iglesia cada miércoles a las siete de la tarde.

—Hola, John —responde el coro entre sorbo y sorbo de café. Algunos me saludan en voz alta, como si quisieran darme una cálida bienvenida. Otros, en cambio, susurran, como si el hecho de hablar entre murmullos pudiera ocultar su presencia allí.

—Solía pensar que mi casa de cristal era el lugar perfecto para vivir —continúo.

—Habla más alto —comenta uno de los que balbuceaban, cuya voz, de repente, suena alta y clara—. No te oímos.

Molestos por tal interrupción, mis instintos me empujan a atacarle con una mezcla tóxica de sarcasmo e indirectas para poner en entredicho su inteligencia y, en caso que esté muy, muy irritado, la de sus antepasados. Eso es lo que hacemos aquellos que nos consideramos superlistos, los que orbitamos alrededor de la estupidez. Cuestionamos la inteligencia de los demás, sobre todo después de que nos hayan pillado haciendo o diciendo alguna tontería. Eso es lo que yo llamo *cháchara enfermiza* y por eso hablo de un proceso de rehabilitación. Al menos ahora puedo controlarme antes de lanzar una piedra. Casi siempre.

De forma instintiva me agacho para recoger piedras y formular una pregunta envenenada que lanzaré como un dardo como «¿Alguien ha olvidado tomarse su medicación esta mañana?». Pero ahora soy capaz de retomar el control antes de abrir la bocaza y soltar alguna lindeza. En ese momento, cuando la piedra está a punto de impactar contra mi objetivo, la realidad cae sobre mí como lluvia ácida, devorando todas mis pretensiones. *Estaba murmurando*; me declaro culpable del delito. Si estoy en una reunión de idiotas en rehabilitación, tratando de librarme de las ideas y comportamientos que han limitado mi potencial personal y profesional durante todos esos años, ¿por qué sigo murmurando? El ácido corroe otra capa y decido compartir mi mala conciencia con el grupo.

—Aprendí que vivir en una casa de cristal no es una buena idea si piensas lanzar piedras contra ella.

—Qué original —dice el Sr. Susurros, *sotto voce*.

No tardo en recoger otra piedra e inspirar, no para calmar los nervios, sino para tener el oxígeno suficiente para gritar a pleno pulmón. Y justo entonces me doy cuenta de que los demás le están mirando fijamente.

—No interrumpas más —regaña una mujer—. Ya conoces las normas.

«Sí —pienso para mí—. Eso».

Siento un gran alivio y me noto cómodo, protegido, pues alguien ha dado la cara por mí y le he importado. De inmediato, la ira se desvanece de mi cuerpo y el Sr. Susurros me produce compasión. El tipo se deja caer en la silla plegable de metal y recoge el vaso de espuma de poliestireno del suelo. Cuando veo que alguien se pone de mi lado y se preocupa por mí, todos los pensamientos tóxicos se esfuman y una tremenda curiosidad por conocer a los demás ocupa su lugar. Incluso empiezo a preguntarme cómo soy. Tu jefe idiota también necesita sentir que alguien lo apoya, le guarda las espaldas y lo defiende. Nunca te olvides de que él y tú sois, por encima de todo, seres humanos y, sin duda, él o ella responderá igual que tú a ciertas situaciones o sentimientos. Esto es fundamental porque cuando sientes que nadie te apoya ni te valora, tiendes a mostrarte más quisquilloso y desconfiado. Tu jefe idiota hace exactamente lo mismo.

Busca formas de apoyar a tu jefe idiota, sobre todo en momentos de incertidumbre y duda. Al hacerlo, se sentirá de la misma manera que yo cuando esa mujer me defendió de mi detractor delante de todo el grupo;

hice una nueva mejor amiga. Intenta recordar la última vez que alguien se puso de tu lado y lo gritó a los cuatro vientos, en especial cómo te sentiste. Puedes provocar esa sensación en tu jefe: inténtalo y ya verás como la tensión se evapora. Envíale un correo esperanzador, coméntale en el pasillo lo bien que ha manejado una situación y felicítale por ello. Sin embargo, no te excedas: mantente dentro del contexto laboral y, sobre todo, no endulces demasiado tus palabras.

Las «C» asesinas

Es preferible dejar a un lado las cuatro «C» asesinas (criticar, culpar, combatir o chulear al jefe), si quieres mejorar tu relación con tu i-jefe. Quizá te parezca divertido dar rienda suelta a estas cuatro acciones y, a la larga, incluso justo por todo lo que tu jefe te ha hecho sufrir. Pero al final eres tú el que resultará herido. *Al final*, literal y figuradamente. Una satisfacción con retraso es la palabra clave aquí, con una demora suficiente para que sustituyas estas fantasías de blandir una espada justiciera por un plan sólido para engendrar y mantener un entorno saludable en el que puedas navegar con serenidad, sin importar las tormentas tropicales que tu jefe esté dispuesto a descargar sobre ti.

«C» asesina n.° 1: criticar al jefe

Me encuentro con muchísima gente que está condicionada desde la infancia a detestar y desafiar cualquier clase de autoridad. Sinceramente: ¿cuántos de vosotros habéis tenido padres que os han transmitido la afabilidad, la tolerancia y el respeto por la autoridad como valores positivos de una persona? ¿Predicaban con el ejemplo además de daros la charla? ¿O exponían sus problemas con el jefe durante la cena familiar? ¿Se producía un subtexto de venganza y revolución que jamás llegó a articularse en voz alta pero que, sin embargo, era entendido así por todos?

Formamos parte de una sociedad que convierte canciones como *You can take this job and shove it* (Métete el trabajo donde te quepa) en un auténtico éxito de ventas. ¿Cuánto crees que vendería una canción titulada *Me encanta mi trabajo y haré lo que pueda para conservarlo*? ¿Dónde está la resonancia con el espíritu asediado e intimidado del trabajador? Sin importar si vestimos traje y corbata o mono de trabajo, cargamos con un legado que, de vez en cuando, asoma la cabeza en nuestra cultura en forma de película, como *Trabajo basura*, de serie televisiva, como *The Office*, o de tira cómica, como *Dilbert*. Si esto no fuera cierto, ya habrías dejado este libro en la estantería o tal vez lo habrías puesto a la venta en eBay.

No muerdas el anzuelo: no te enzarces en conversaciones que tu jefe pueda oír desde el despacho y que exigen un control de daños posterior. Cuando veas que estás a punto de entablar una conversación basada en el tema «C» con amigos, familiares, compañeros de trabajo o perfectos desconocidos, da media vuelta y aléjate de ese maldito lugar lo antes posible.

No permitas que tu reputación se aparte del camino del éxito y para ello:

1. Cambia el tema de conversación hacia uno de los retos empresariales a los cuales estés enfrentándote en el mercado. Es muy fácil caer en la costumbre de despotricar del jefe en vez de fijarse en quién se levanta cada mañana con el objetivo expreso de dejarte sin trabajo, es decir, tu competencia.
2. Supera la oferta y reconduce la charla hacia la economía mundial o doméstica. Es mejor nadar entre esas aguas y, además, resulta un tema de conversación muchísimo más interesante a largo plazo. En otras palabras, céntrate en un panorama más general.
3. Admite que muchos aspectos de la vida son desafiantes y exigen un gran esfuerzo. ¿Qué tienen de nuevo? De manera educada, rechaza la invitación de insultar a tu jefe (o al jefe de otra persona) y propón otro tema de conversación. Por ejemplo, puedes decir que uno de tus principios vitales es hallar un modo en que todos ganen. Después desvía el debate hacia otra persona de la conversación.

Es un espejo, no una ventana

Antes de cruzar esa fina línea entre la idiotez activa y la recuperación, no entendía que considerar a los demás como papanatas fuera, en el fondo, una autocrítica. No quería que mi jefe dejara de ser un idiota, sino que quería ocupar su puesto y convertirme en el idiota alfa. No quería que mi jefe dejara de fastidiarme con impunidad: ansiaba tener el poder de fastidiarle a él y a los demás sin recibir ningún castigo. Mi misión no consistía en crear un ambiente laboral más agradable y saludable: codiciaba la autoridad para amargar la vida a los demás.

Cuando por fin me di cuenta de que los demás sólo veían al idiota que era (y que sigo siendo), me sentí desnudo. Peor aún, tuve la sensación de haber estando viviendo dentro de un sueño en el que yo aparecía desnudo sin saberlo. Fue muy embarazoso, pero ¿qué puedo hacer ahora al respecto? Supongo que lo único posible es aceptar mi desnudez. Eso, o taparme las partes pudendas con unas hojitas. Construir otra casa de cristal con paredes más gruesas no funcionará, porque siempre habrá piedras más grandes y pesadas para hacerla añicos otra vez.

Ahora puedo escribir sobre ser un idiota desde una posición de conocimiento, tal y como John Irving sugiere, porque caí en la trampa. Siguiendo mi propio plan para alcanzar el éxito, acabé en el desvío hacia la carretera de la idiotez absoluta.

En aquel entonces, el éxito era sinónimo de alcanzar la libertad de hacer lo que quisiera, cuando quisiera, y de obtener recursos ilimitados. Además, también deseaba gozar de un anonimato absoluto para no tener que dar explicaciones a nadie sobre las decisiones que tomara y, por si fuera poco, quería conseguirlo sin levantar un dedo. Quería transformarme en un híbrido de William Randolph Hearst Junior, Howard Hughes, Donald Trump y algún miembro de la familia Kennedy. Conviérteme en el príncipe Carlos de Inglaterra, por favor. Al menos Mark Zuckerberg inventó el código de Facebook para ganar su fortuna. En lo más profundo de mi corazón, no quiero eso; deseo forrarme al viejo estilo, heredando una fortuna. Dame la oportunidad de nacer con un pan debajo del brazo. Ups, demasiado tarde.

Que sea un jefe idiota rehabilitado no quiere decir que haya dejado de codiciar todas esas cosas. Las sirenas nunca dejan de sonar, ni yo de fantasear. Lo que sí ha cambiado es mi actitud hacia los objetos que deseo y las condiciones bajo las cuales quiero vivir y trabajar. Ahora soy capaz de aceptar que jamás tendré la misma vida que esos bebés que nacen con un pan debajo del brazo. Soy consciente de que este libro jamás me permitirá jugar en la misma liga que Zuckerberg. Sin embargo, estoy agradecido por todo lo que tengo. Si algún día logro acercarme al estado financiero del que estos tipos gozan (o gozaron), será gracias a mis esfuerzos y a mi Poder Superior. Siempre tendré oportunidades de ganar la lotería.

Como idiota rehabilitado, disfruto de una vida más feliz, pacífica y satisfactoria. Aunque mi pasado haya sido un desastre, todavía estoy a tiempo de conseguir que mi vida tenga sentido.

Idiotas, idiotas por todas partes: quédate con lo que vale la pena

Para hacer que tu vida tenga sentido debes aceptar que siempre habrá: idiotas, idiotas rehabilitados, como yo, y aquellos que ignoran por completo que son idiotas. La idiotez suele definirse como un estado de estupidez permanente; lo siento, pero no estoy de acuerdo con esta definición. Como idiota rehabilitado, sé que siempre seré vulnerable a pensamientos, palabras y actos estúpidos. Pero al menos puedo reducir la frecuencia con que se suceden. Esto puede sonar muy ridículo, pero, por la gracia de mi Poder Superior, he sobrevivido a mi estupidez. Puedo ejercer cierto control sobre ella, minimizar sus enfermizos efectos y estar menos molesto con las actitudes estúpidas de los demás.

Podemos observar a Jim Carrey y Jeff Daniels interpretando a dos idiotas en una película como *Dos tontos muy tontos* y partirnos de risa. Lo mismo pasa con Owen Wilson y Jason Sudeikis en *Carta blanca* o Jack Black en *Año uno*. Pero cuando un tonto muy tonto dirige una empresa, una organización o una agencia gubernamental deja de ser gracioso. La asquerosa realidad es que los idiotas en activo merodean a nuestro alrededor. Los tentáculos de su estupidez rozan la vida de millones de personas y su poder no tiene límites. Por suerte, los idiotas no suelen ser conscientes del poder que les han concedido. Si los i-jefes supieran las balas que tienen en la recámara, las cosas se pondrías feas, muy feas. ¿Por qué la estupidez tiene tanto poder? La respuesta la encontrarás en las páginas de este libro, aunque no basta con una frase o una expresión ingeniosa. Se deben construir contextos y cambiar paradigmas. Y muchas ideas tienen que salir de la caja.

«C» asesina n.° 2: culpar al jefe

¿Quién no le ha echado la culpa al jefe por un lío que uno mismo ha provocado? Sí, ese soy yo levantando la mano. Se trata de responsabilidad y aceptar la culpa cuando es nuestra y (respira hondo) también cuando no. Paul Watzlawick escribió un gran libro titulado *The Pragmatics of Human Communication* (La pragmática de la comunicación humana), cuya tesis principal era la siguiente: «Uno jamás puede no comunicarse». Watzlawick utiliza con inteligencia la doble negación para reiterar el mensaje de que ser un acusica en el trabajo es anunciar a los cuatro vientos que no tienes interés alguno en formar parte del equipo, de la solución o del futuro.

Recuerda, todo lo que digas o hagas, incluso en ciertas ocasiones aquello que pienses, podrá ser utilizado en tu contra. Todo el mundo con quien hables, ya sea cara a cara, por teléfono o virtualmente, interpretará a su modo el mensaje que tú intentas comunicar. Asegúrate de que todo lo que hagas comunique *algo*.

Siempre que estés tentado a transferir la responsabilidad a tu jefe con el objetivo de evitar que un error te acabe salpicando, piensa creativamente. Pese a la ineptitud de tu jefe, tú formas parte de su equipo. Es más probable que el jefazo te identifique como un miembro del equipo de [inserta el nombre de tu jefe]. No te verán como un testigo inocente si el grupo fracasa, así que piensa en la responsabilidad como un esfuerzo de equipo.

Algunas de las características principales de culpar al jefe son:

1. Culpar a los demás de algunos problemas es acusarse a uno mismo. Entonces, ¿para qué queremos llegar a eso? Señalar con un dedo proverbial a mi jefe es como señalarme a mí con otros tres dedos proverbiales.
2. Cada vez que surja una responsabilidad de la que hacerse cargo, abalánzate sobre ella como si fuera una oportunidad. Cuando dices «yo me encargo de esa parte» o «ya me responsabilizo yo de esa parte del programa», en realidad estás lanzando un mensaje sólido al resto del equipo: no estás dispuesto a quedarte en una esquina ocupándote de asuntos de poca importancia. Quieres invertir en tu éxito y en el de los demás.
3. Culpamos a una persona, pero no al problema. Cuando se inicie la búsqueda del chivo expiatorio, apunta alto y redirige la conversación hacia el problema que estáis intentando solucionar. ¿Cuál es el orden del día y cómo puedes alterarlo para producir un mejor resultado la próxima vez? Si a estas alturas no lo tienes muy claro, John Hoover asegura que debemos centrarnos en buscar soluciones y deshacernos de todo tipo de búsquedas de culpables y discusiones personales lo antes posible, a menos que queramos que el agujero negro de la culpa nos absorba.

Preguntas cósmicas

Todos los que estamos comprometidos en proteger el universo de idiotas debemos alcanzar un pacto y rezar mucho. Además de cuidar y alimentar a mis mejores ángeles, tengo una lista de preguntitas para Dios que, si mis oraciones no consiguen una respuesta manifiesta, espero que él mismo me responda cuando le vea en el cielo. Te animo a que también te hagas preguntas en voz alta. Si el Todopoderoso nos responde rápido, sabremos que nuestras preguntas son las acertadas y de este modo podremos empezar a idear soluciones sostenibles para la pandemia del i-jefe. A continuación te presento algunos ejemplos de preguntas a tu Poder Superior:

- ¿Por qué creaste idiotas en primer lugar?
- ¿Por qué la gente inteligente sufre preocupaciones, miedos y ansiedad mientras que los idiotas duermen con placidez y se levantan completamente descansados?
- ¿Cuál es el objetivo de mantener a los idiotas ajenos a la carnicería que ellos mismos han creado?
- ¿Cuál es el sentido de la existencia de los idiotas?
- ¿Cómo encajan los idiotas en la gran obra del mundo?

La pregunta que planea sobre la mente de cualquier trabajador del mundo es: «¿Por qué Dios permite que los idiotas asciendan hasta llegar a ser jefes?». En un mundo en el que los futbolistas cobran mucho más que los científicos que investigan la cura del cáncer y donde a la población le preocupa la opinión de actores de Hollywood y músicos multimillonarios sobre la política mundial y el calentamiento global, lo cierto es que el hecho de que los idiotas lleguen a ser jefes parece el menor de los males.

Poner a prueba la teoría

Ya ves por qué este tipo de preguntas tan profundas deben hacerse de forma gradual. La orca *Shamu* no pudo tragarse una pastilla de grandes dimensiones de una vez. La pregunta inicial, y más importante, que debes hacerte, a menos que no *estés dispuesto* a hacértela, es: «¿Soy un idiota?». El siguiente cuestionario te ayudará a determinar si perteneces a esa categoría o no. Si crees que someterte a este cuestionario de zopencos va a ponerte nervioso, no te preocupes y utiliza las preguntas para evaluar a tu jefe. Responde las preguntas con sinceridad; tú mismo decidirás si la prueba es precisa y certera cuando compruebes si los resultados concuerdan con tus ideas preconcebidas o no.

1. Cuando algo va mal en la oficina, yo…
   a. Le echo la culpa a otra persona de forma automática.
   b. Dejo lo que estoy haciendo para valorar los daños.
   c. Pido una *pizza*.
   d. Todas las anteriores.
2. Al recibir la orden de reducir el personal a mi cargo…
   a. Me fijo en los resultados de cada trabajador en el equipo de fútbol del departamento.
   b. Me deshago de las personas que me desafían y me hacer pensar e innovar.
   c. Pido una *pizza*.
   d. Todas las anteriores.
3. Cuando recibo órdenes de aumentar la producción, yo…
   a. Amenazo con despedir a las personas que me desafían y me obligan a pensar e innovar.
   b. Empiezo a escribir una lista de personas culpables de la baja producción.
   c. Pido una *pizza*.
   d. Todas las anteriores.
4. Cuando recibo órdenes de reducir costes, yo…
   a. Cancelo la cena de empresa de Navidad.
   b. Obligo a los trabajadores a comprarse el material de oficina.
   c. Obligo a los trabajadores a pagarse su *pizza*.
   d. Todas las anteriores.
5. Cuando recibo órdenes de premiar a los trabajadores por su esfuerzo, yo…
   a. Me fijo en las camisetas de los trabajadores que juegan en el equipo de fútbol del departamento.
   b. Dejo que los trabajadores encarguen material de oficina extra.
   c. Pido una *pizza*.
   d. Todas las anteriores.

Cada respuesta *a* vale un punto; las *b*, dos; las *c*, tres y, por último, las *d*, cuatro. Las equivalencias de la puntuación total son las siguientes: cuatro puntos, estúpido sin más; de cinco a doce, un verdadero idiota; de trece a diecinueve, un completo idiota; veinte puntos, un idiota colosal. ¿Has respondido pensando en tu jefe? ¿Qué tal le ha ido?

«C» asesina n.° 3: combatir con el jefe

Esta «C» suele ser asesina porque muchos i-jefes son legendarios por su costumbre de tomar decisiones malísimas y obligarte a acatarlas sin protestar o, lo que es peor aún, a encargarte del trabajo sucio. En la medida en que puedas influir en tu jefe para tomar una decisión más acertada, por favor, utiliza tu energía. En los próximos capítulos encontrarás técnicas para ejercer influencia en aquellos puntos donde tengas una autoridad limitada. De momento, averigua cuándo es mejor agachar la cabeza y seguir las instrucciones de tu jefe para, en un futuro, conseguir un ascenso.

No estoy sugiriendo, y jamás animaría a nadie a creerlo, que la resistencia es inútil, sobre todo cuando se trabaja codo con codo con un jefe incompetente. Eso sería abdicar del poder que sí tienes para tomar decisiones bien fundadas respecto a tu vida y trabajo. Pero está en tus manos comportarte como una persona sensata y decidir cuándo es mejor seguir el curso del río, flotar en el agua o remar a contracorriente. Los riesgos que estés dispuesto a asumir dependen únicamente de ti. Nadie puede arrebatarte esa decisión, *ni tampoco* tu dignidad.

Discutir con el jefe significa alejarse de la responsabilidad de hacer lo que se te ha pedido y no protestar al respecto, o de no hacer lo que se te ha pedido y no protestar al respecto. No, no me refiero a que debas cerrar el pico literalmente y convertirte en un pasivo-agresivo. Lo que quiero decir es que no deberías murmurar tu desagrado, rezongar, gimotear, tratar a la gente o a sus ideas de «estúpidos» ni enzarzarte en una discusión torpe o inútil. Cuando veas que estás a punto de rebatir una minucia, un asunto sin importancia, piénsatelo dos veces antes de hacerlo. Discutiendo con el jefe sólo conseguirás forjarte una reputación horrenda, convirtiéndote en un compañero insoportable en vez de una persona con ideas creativas y sentido común. Lo mismo ocurre cuando despotricas del jefe. ¿De verdad es tan importante ganarse la aprobación de los trabajadores más descontentos y asqueados? ¿Dónde quieres que coloquemos tu foto en el diccionario: junto a *fastidio* o al lado de *buenas ideas y sensatez*?

He aquí algunas pistas que te ayudarán a resistir la tentación de discutir con él:

1. Da igual el trabajo que tu jefe te encargue: hazlo con dignidad. No digo que te pasees por la oficina cantando *The Greatest Love of All* de Whitney Houston, a menos que te guste hacerlo. Mi

mensaje es que aunque tu i-jefe te obligue a hacer tareas cutres no tienes por qué comportarte de un modo cutre. Hagas lo que hagas, muestra una conducta respetable hacia los demás.
2. Si quieres rebatir algo a tu jefe, empieza a practicar la frase proverbial «Sí, y…» en vez del típico «Sí, pero…» o el simple «Pero…». Por ejemplo, puedes decir «Si vamos a seguir por ese camino, creo que deberíamos tener los ojos bien abiertos y estar preparados para adaptarnos a cualquier respuesta que podamos recibir». Ale, ya está, ya lo has dicho y nadie puede discutírtelo. Estás comportándote de forma estratégica, y tu jefe sentirá que le estás guardando las espaldas.
3. Cuando tus compañeros de trabajo, o incluso tus subordinados, intentan inducir un comportamiento agresivo en ti o tratan de animarte para que te pelees con tu jefe, reconduce la conversación hacia el principio que estás tratando de seguir. Di, por ejemplo, «Ya lo sé, ya lo sé», porque en realidad lo sabes. Ya lo has pillado. Pero de inmediato añade algo como «El problema que estamos solucionando aquí es…».

El mito de la imitación

Mucha gente se gana ascensos y llega a ser jefe sin tan siquiera haber participado en un taller de liderazgo o realizado una formación de desarrollo personal. Por este motivo, es muy habitual que los jefes idiotas imiten las formas de liderazgo y las prácticas de sus predecesores. Así es como aprendemos a ser padres, ¿verdad? O hacemos lo mismo que ellos o lo contrario, y ninguna de las dos opciones es la mejor en la mayoría de los casos. Ya que los i-jefes no están preparados, formados ni aclimatados a las prácticas más acertadas para un liderazgo efectivo, su aprendizaje depende de ti. Ese es tu pequeño secreto. Prepara tu programación didáctica y sé constante con ella.

Imagina que eres un detective forense del CSI. Fíjate en las fotografías y cuadros que tu i-jefe cuelga en las paredes de la oficina y qué objetos coloca con orgullo a su alrededor. ¿Qué animales están dibujados en el calendario? Presta especial atención a las palabras y expresiones que utiliza. ¿Tu i-jefe sabe escribir sin faltas de ortografía? ¿Sabe utilizar un ordenador? ¿Podría construir uno? ¿Es capaz de crear *software*? ¿Puede deletrear esta última palabra? ¿El niño que aparece en la fotografía de su escritorio es feo a morir? ¿Puedes armarte de valor y alabar a tu i-jefe por todas las cosas por las que siente un evidente aprecio y cariño, incluyendo el niño (no muy mono) que sólo una madre podría querer? Ten paciencia; esto no ocurre de la noche a la mañana. Por lo menos así tendrás una motivación en el trabajo. Piensa que de este modo podrás estar satisfecho, pues así estás mejorando el entorno laboral de todos tus compañeros. No te sientas como un trepa ni te culpes por tratar de mejorar la relación con tu jefe: se trata de pura supervivencia. Considérate un misionero de los incompetentes. Estás limpiando el depósito de agua de todos los pececitos que nadan en ese acuario; eres uno de los buenos.

Una regla tácita para el éxito laboral: no eres invisible

Recuerda que uno jamás puede no comunicarse. Es bastante probable que la gente te observe y lo haga en mayor grado de lo que imaginas. Esta regla implícita del éxito laboral sorprende a muchas personas cuando la escuchan por primera vez porque debería tratarse de algo muy obvio. Tu futuro dependerá de conversaciones que tienen lugar cuando tú no estás presente. La decisión de concederte un aumento de suelo o un ascenso, de renovarte el contrato o despedirte, se tomará cuando tú no estés en el despacho, y tendrá lugar en el cursillo de golf, en el hotel, en el restaurante o allí donde la decisión pueda tomarse, vaya. Para cuando alguien se siente frente a ti para comunicarte la decisión, los mismos que la tomaron ni se acordarán de ella. Tú y yo debemos aprender no sólo a intuir qué se puede decir en ese tipo de conversaciones que ocurren en nuestra ausencia, sino también a asegurarnos de que podemos modificarlas como queramos, para empezar.

Si sientes que eres invisible y que el resto de la oficina te ignora, es más que probable que tu trabajo no sea muy impresionante o importante para quienes te rodean o están por encima de ti. Todos ellos se comportan como si tú no existieras. Pon en marcha todas tus habilidades detectivescas, fíjate en qué tipos de comportamiento aprueban y empieza a mostrarte justo así. Como coach ejecutivo, suelo destacar que adoptar el lenguaje metafórico de alguien, enmarcar ideas en el contexto que tú y esa persona conocéis y después transmitirlas utilizando esa clase de lenguaje en una reunión o en un correo electrónico dos semanas después produce un resultado positivo casi inmediato a tu favor. Incluso aunque no tengas pensado alterar tu estilo personal o tus hábitos laborales a largo plazo, el experimento te demostrará que cualquier cosa que digas o hagas influye en todas tus relaciones, mucho más de lo que puedas llegarte a imaginar.

Complace a la gente y te ganarás su reconocimiento. Debes distinguir entre lo que tu i-jefe percibe como comportamiento positivo y negativo. Sin pasarte, verás que los comportamientos negativos y positivos convertirán a aquellos que se creen invisibles en visibles. Si no captas la atención de tu i-jefe, nunca te ganarás su reconocimiento ni su apremio: todo tu trabajo caerá en una zona muerta.

Los jefes idiotas suelen carecer de imaginación o, en caso contrario, se conciben a sí mismos como unas personas mejores y más gloriosas de lo que lo son en realidad. Esta deficiencia, sumada a la restricción del campo visual en forma de efecto túnel que todos los jefes idiotas padecen, simboliza el barco que se hunde incluso antes de haber llegado a chocar contra un iceberg.

Si deseas más atención, sólo debes decir o hacer cosas que garanticen la atención idiota por parte de tu jefe. Además, debes exagerarlas para cerciorarte de que tu jefe no las pase por alto. Si intentas impresionar a tu i-jefe regando las plantas de la oficina, hazlo con la manguera antiincendios que cuelga junto al ascensor. Si quieres que tu jefe se dé cuenta de que estás pasando la aspiradora por la moqueta, extrae el silenciador del aparato para que el ruido ensordezca a los trabajadores de la primera planta; después, da un par de vueltas corriendo alrededor de su escritorio.

Conviértete en una persona influyente

Un antiguo jefe ejecutivo de la también antigua marca de detergentes Maytag me confesó que cuando le contrataron como administrador no se atrevía a tomar un café en la oficina porque su despacho estaba al otro extremo del pasillo. Para llegar al cuarto de baño tenía que cruzar todo el corredor y pasar por delante del despacho de Fred Maytag Junior, y no quería que el nieto del fundador (que en aquel momento era el presidente de la empresa) le viera visitando al Sr. Roca muy a menudo. Así que dejó de tomar café por la mañana. ¿Hasta dónde estás dispuesto a llegar para mejorar tu situación? El ex cafetero estaba intentando evitar causar una impresión negativa. Yo te sugiero que desarrolles y emplees ciertas tácticas para generar de forma intencionada y sistemática la impresión deseada. Aquí tienes algunas:

- Si estás dispuesto a cuidar las plantas de la oficina, hazlo cuando tu jefe pueda ser testigo de ello, pero sólo si ese tipo de comportamiento juega a tu favor.
- Si ves algo tirado en el suelo, recógelo, pues nunca sabes quién te está vigilando. Si tienes la oportunidad de patrullar la zona cuando tu jefe está presente, haz una demostración razonable y creíble. Hazle ver que eres lo que Disney llamaba un personaje de un «espectáculo soberbio».
- Si se presenta la oportunidad de echarle una mano al jefe con cualquier asunto, desde ayudarle a cargar con una pesada caja hasta reiniciar el ordenador, ofrécete voluntario. Recuerda las «C» asesinas y haz exactamente lo contrario: no critiques, culpes, combatas y chulees al jefe.
- Trae pastelitos de vez en cuando y, si lo haces, no dejes la caja en la zona de cafetería y ya está. Pasa por delante del despacho de tu jefe, abre la caja y dile: «Tienes una opción preferente antes de que los deje en la cafetería para las masas».
- Si tu jefe expresa su frustración con una situación en la que puedes aportar una solución razonable, ofrécele tu ayuda. No muestres una actitud prepotente porque empeorarás su inseguridad; en cambio, haz alguna sugerencia en forma de pregunta: «¿No crees que te sería de gran ayuda que…?» o «¿Qué tal si intentamos…?».
- En cualquier momento y situación, sé positivo. No seas exagerado y no aturdas a la gente hasta el punto de que tengan ganas de vomitarte encima, sino simplemente sé positivo: eso significa encontrar maneras de llevarse bien con gente complicada, saludar a los superiores de tu jefe con actitud optimista y asegurarte de que este sabe que formas parte del equipo.
- Llega temprano y márchate tarde. Si no quieres que tu vida familiar se resienta por ello, no les des la tabarra a los tuyos con la propuesta que se te acaba de ocurrir en casa y madruga para llegar pronto a la oficina y trabajar en esa idea.

Que consigas trabajar a gusto con tus compañeros o con las personas en posición de poder depende de una actitud, de la tuya en concreto. «Pero, Dr. Hoover —replicarás—, tengo problemas serios y necesito soluciones del mismo tenor». Estoy de acuerdo. He estado en la misma posición que tú, haciendo eso, y conservo aún la alfombrilla del ratón para demostrártelo. Da igual lo mala que sea tu situación, la solución empieza en tu cabeza y está en tus manos. Piensa en cómo puedes convertirte en una influencia positiva para el ambiente que se respira en tu oficina. Pero, tal y como Jack Welch dijo una vez, diviértete un poco.

Si crees que ordenar la cafetería mientras tu jefe te mira o que ofrecerle los primeros pastelitos es un poco cursi es que no entiendes su funcionamiento cerebral. Henry Ford aseguró que estaría dispuesto a pagar más dinero por la capacidad de una persona de llevarse bien con sus compañeros que por cualquier otra cualidad de un gerente. Si crees que dejar de lado el resentimiento y la hostilidad y sustituirlos por una conducta útil a la par que positiva es algo propio de *boyscouts* significa que no te estás tomando muy en serio la idea de mejorar tu atmósfera laboral (dicho en otras palabras: tu carrera profesional). No existe una forma más eficaz de impresionar a un jefe que ser su apoyo, ni nada más deprimente para este que un detractor. Hasta un idiota sabe esto.

Piénsalo de otro modo y considera la conclusión lógica de todo lo anterior. Es *tu* oficina la que estás ordenando. Te gusta tener esas plantas animando la vida laboral, al igual que al resto de la gente. Un jefe contento, idiota o no, es clave para un entorno laboral agradable. Sé honesto y trata de ver las cosas como son. Hacer todas esas cosas, por muy tontas que puedan parecer, para cambiar tu actitud y mejorar tus condiciones laborales. ¿Acaso no vale la pena?

«C» asesina n.º 4: chulear al jefe

Provocar o chulear al jefe se ha convertido en el pasatiempo nacional para muchos trabajadores, por encima incluso del fútbol. Algunas personas están atrapadas en ese espacio en que el jefe es el enemigo y no pueden pasar ni un solo día sin aludir irónicamente a la persona que está al mando, con independencia de quién sea o de las circunstancias que le rodeen. Cuando tú y yo nos damos cuenta de que el jefe vive en una especie de jaula —atrapado, por un lado, entre nosotros, sus empleados, y los problemas que esperamos que solucione, y, por otro, por los conflictos que sus superiores esperan que solucione por ellos—, sólo tenemos dos opciones.

La primera es pasarnos nuestro tiempo productivo golpeando los barrotes de la jaula de nuestro jefe con palos para atormentarle aún más. Pocas personas harían esto abiertamente a menos que tuvieran apoyándolas un poderoso colectivo que negociara acuerdos de mejoras laborales. Pero incluso eso ya no es lo que era. Desde luego, puedes estar tranquilo si tu jefe trabaja para tu tío Billy o, mejor aún, para papá. Si ninguno de los anteriores es tu caso, provocar o chulear al jefe puede ser algo bastante peligroso. La segunda opción es darse cuenta de que la presión a la que está sometido tu jefe es una oportunidad para ti: aprovéchala, afloja las cuerdas y ponte en su lugar. Aunque un i-jefe probablemente no aflojaría las cuerdas como lo harías tú por él, no te olvides de que hay ojos puestos sobre ti y que uno jamás puede no comunicarse. Si alguna vez has leído alguna fábula de Esopo, recordarás que Androcles salvó su vida tras arrancar una espina de la zarpa de su enemigo natural, el león. Si alguna vez has llegado a creer que el jefe es tu enemigo natural, da la vuelta a esto de forma deliberada y empieza a actuar con amabilidad y a ofrecer tu ayuda. ¿Demasiado tierno para ti? Llámalo interés propio.

En cambio, no te «olvides» de poner en copia a tu jefe en aquellos correos electrónicos importantes, no te «olvides» de invitarle a las reuniones adecuadas o no te «olvides» de transmitirle todo lo que estás aprendiendo en tu carrera profesional, unos conocimientos importantes y relevantes. Así evitarás que se muera de vergüenza cuando necesite una determinada información de la que no dispone porque tú le has soslayado. Intuyo que no quieres mezclarte con los típicos lameculos que no dejan de hacerle la pelota al jefe todo el día, esos mismos que aparentan sacarle la espina de la zarpa para después colocarla de forma estratégica en alguna silla donde vaya a sentarse y reírse tontamente de ello. Cuando la tentación es chulear o atormentar al jefe, quizá haya llegado el momento de reunirse con el equipo y aprovechar la oportunidad de dar a conocer tu postura sobre el tema. Quizá sea un poco exagerado o puede que no.

- Si resulta evidente que tu jefe trabaja con una mano atada tras la espalda, piensa que sus iguales le mirarán con lástima. Tu jefe siempre tendrá un compañero compasivo que le echará una mano. Recuerda que muchísima gente te observa y, por lo tanto, estará esperando impaciente tu respuesta: entre ellos, los compañeros de tu jefe y sus superiores, tus propios compañeros y tus subordinados. Asegúrate de que la actitud que adoptes con tu jefe sea la misma que demuestras ante los demás grupos, en especial con tus iguales y subordinados.
- Programa actos de amabilidad. En serio, esta clase de cosas son demasiado importantes para dejarlas en manos de la casualidad, por lo que no debes esperar a que llegue el momento propicio para hacerlas. Ten en cuenta que no estoy hablando de preparar el café, a menos que quieras hacerlo, sino que me refiero a ges-

tionar tu departamento recorriéndote los pasillos. La fama de Dave Packard, de Hewlett & Packard, se atribuye a esta habilidad. Si tu jefe no lo hace, vete a dar una vuelta con él y transmítele un informe provisional sobre algún asunto importante.

- Convierte la jaula de tu jefe en un lugar habitable manteniendo los principios y la personalidad bajo control. Si sabes de dónde proviene su estrés, asume alguna de sus tareas para aliviarlo, aunque no las realices todas, pues ya tienes bastante trabajo. Sin embargo, el gesto de ofrecer tu ayuda bastará para lanzar un mensaje claro: tú has «escogido» trabajar para esa empresa, y no al revés. Ese tipo de detalles pueden ayudar a reconducir las conversaciones críticas en las que no estás presente hacia donde quieras.

El gen de la estupidez

Ten cuidado con tu diagnóstico de la idiotez, pues, a veces, lo que parece ser un idiota es una persona normal y corriente con «idiotasincrasias». Todos tenemos «idiotasincrasias» y ese tipo de rarezas se exageran si padecemos cansancio o deshidratación. Si un colega llega a la oficina con cada calcetín de un color distinto, podemos pensar que se trata de un genio loco, de una persona que marca tendencias o de alguien simplemente daltónico. Sin embargo, tendremos a considerar que es un idiota y punto.

La estupidez es distinta al alcoholismo, la drogadicción o el tabaquismo. Bueno, quizá no tanto, pero ese es otro tema. La analogía que estoy a punto de hacer nace libremente de los programas de recuperación basados en doce pasos. Mi intención no es desacreditar estas terapias, desde luego, sino que se trata de una manera de recordar cómo y dónde pasaba las noches de los miércoles. El caso es que la estupidez es casi tan omnipresente como el oxígeno, y no podemos controlar la de los demás. No somos la causa de ella, no podemos curarla y no podemos asumir el control. La única estupidez que podemos manejar es la nuestra.

Pasos para poner freno a la estupidez

Cuando por fin te conviertas en un idiota consciente, inteligente y trascendente (en el sentido de que traspases los límites de la experiencia normal), uno que puede reflejar simultáneamente el pasado, el presente y el futuro de su condición personal y de sus circunstancias, ya no puedes volver a introducirte entre la población idiota y no destacar en ella. Tu inteligencia, si es que la tienes, te atormentará día y noche. Padecerás un trastorno del sueño grave (que exagerará tus «idiotasincrasias»), empezarás a sufrir episodios psicóticos, te ingresarán en un centro psiquiátrico, un abogado de oficio conseguirá sacarte de ahí, regresarás a casa y tu familia estará preocupada por ti hasta que tu perro te encuentre durmiendo en el garaje.

La única alternativa razonable que te queda es aceptar lo inevitable, la estupidez en forma de idiota. Bienvenido al mundo real. Te sería más sencillo cambiar el clima de todo el planeta que ejercer el más mínimo efecto sobre el número y la distribución de idiotas sobre la faz de la tierra. A veces me da la sensación de que unos extraterrestres idiotas con forma humana han invadido nuestro astro. Quizá es una conspiración cósmica para impedir que sigamos explorando el espacio y nos alejemos de nuestro vecindario. Puede que los ocupantes de las galaxias vecinas ya sospecharan hace mucho tiempo que el mercado inmobiliario de nuestro planeta se vendría abajo.

Tú estás aquí; yo también. Sea cual sea su procedencia, los idiotas están aquí. Ellos son los únicos que no lo saben. ¿No podemos intentar llevarnos bien y ya está? Yo diría que sí… bueno, depende. Tenemos que concentrarnos en nuestro viaje personal hacia la rehabilitación, la iluminación y el enriquecimiento propio. Los auténticos idiotas probablemente no leerán este libro, así que podemos decir que esto es una conversación privada entre nosotros. La buena noticia es que podemos tener una vida plena y gozar de una carrera profesional gratificante a pesar de trabajar para idiotas; la mala noticia es que tenemos que hacer todo el trabajo. No te enfades conmigo. Los idiotas en activo (que no están en recuperación) no tienen ni la menor idea de lo que ocurre a su alrededor, así que dime: ¿cómo podrían ayudar? ¿No te parece que una vida plena y una carrera gratificante sí que merecen ese esfuerzo? Yo diría que sí, rotundamente. Ahora dirijámonos al paso uno de nuestro viaje hacia el nirvana a prueba de idiotas (por así decirlo).

¿Te has fijado que he intentado dejar a mi idiota interior fuera de este último sermón? Mi conciencia no está tranquila si no me incluyo: debo ser sincero, coger a mi idiota interior de la mano y unirme a la fiesta. Estoy rehabilitado, pero sigo siendo un idiota. Trato de no olvidar que he sido un trabajador idiota, un jefe idiota, un esposo idiota, un estudiante idiota y un profesor idiota. He sido un grano en el culo para tantísimas personas que ya he perdido la cuenta. Así pues, te invito a que me acompañes, admitas tus errores, sufras en tus propias carnes la catarsis de hablar abiertamente sobre tus «idiotasincrasias» e inicies tu propio viaje hacia una experiencia sin idiotas. Al igual que los programas de rehabilitación típicos, el programa de idiotas anónimos cuenta con doce pasos.

> Paso uno: «Admito que no puedo actuar sobre la estupidez de los demás y que mi vida se ha vuelto tan estúpida que no puedo manejarla».

No dejes que este primer paso te deprima demasiado. De hecho, la estupidez no es una enfermedad, aunque al menos debería clasificarse como un síndrome. No podemos iniciar nuestro camino hacia la recuperación hasta que confesemos y admitamos el lío en que nos hemos metido. A la mayoría de la gente le resulta intolerable sentir impotencia, y ni piensa en admitirla, pues implica una pérdida de control (un dominio que, por cierto, jamás han tenido) y no están dispuestos a llegar tan lejos. Te presento a los muertos vivientes: estos zombis merodean por nuestro planeta pensando que pueden cambiar a los idiotas que les rodean. Mi propuesta es alcanzar el éxito a pesar de los idiotas que pululan por nuestra vida.

Si intentaras dominar la estupidez ajena en vez de la propia, tu vida sería incontrolable. ¿Tengo que repetirlo otra vez? Es una carga demasiado pesada; déjala pasar. Tu Poder Interior puede soportar la idiotez de los demás. Tú y yo tenemos que invertir nuestros recursos en gestionar nuestra propia estupidez: *ahora* estamos siendo razonables. Si no perdemos la perspectiva ni olvidamos el contexto de este asunto del idiota universal, hay esperanza. Intentar gestionar nuestra estupidez sin respetar la que nos rodea es como conducir en sentido contrario por la autopista; de esta manera nos buscamos problemas, problemas serios. Sin embargo, si conduces por tu carril y te preocupas sólo de tus asuntos, esto no te garantiza que algún idiota pirado acabe chocando contra ti. Cada uno de nosotros es un coche en una carretera abarrotada de vehículos; no le quites ojo a tu retrovisor.

La confesión es buena para el alma; aunque siempre requiere algo de creatividad, déjate llevar. Reconocer la propia impotencia es el primer paso de la recuperación. Los siguientes revelarán quién tiene el poder y qué técnicas puedes utilizar para alcanzar la serenidad. Reflexiona sobre lo que he comentado antes sobre el autocontrol. Al fin y al cabo, tú eres tu propio jefe, aunque estés bajo las órdenes de otra persona. ¿Eres tu propio jefe idiota, como yo? ¿Puedes ser un i-jefe rehabilitado, como yo? El hecho de que la relación con tu jefe sea más o menos efectiva depende de ti. ¿Serás el típico empleado «mono de feria»? ¿O el simio se dará cuenta del mal comportamiento de su jefe y se lo pensará dos veces?

En los próximos capítulos, iremos al grano y examinaremos el tema del idiota a fondo y los distintos papeles que jugamos en él. Si consigues ver paralelismos con tu propia experiencia, te darás cuenta de que es mucho más sencillo tratar con tu i-jefe en la oficina. No estoy sugiriendo el tipo de reflexión que conduce al arrepentimiento, pero cambiar tu forma de pensar y conducta no ocurre de forma natural ni sin esfuerzos por tu parte. Echar un vistazo a tu pasado sólo servirá para predecir tu futuro, a menos que decidas tomar otro camino. Bienvenido al viaje.

Ejercicio para el paso uno

Piensa en lo que más te molesta de la relación con tu jefe o con tus compañeros de trabajo. Elabora una lista con tres columnas. Titula la primera: «Cosas que no puedo cambiar»; la segunda: «Cosas que sí puedo cambiar», y la tercera: «Actividades en las que invertiré esfuerzos». El ejercicio te ayudará a organizar tus ideas y a centrar tus esfuerzos en actividades en las que puedas destacar. Esta tarea te servirá para liberarte de la tiranía y las opresión de aquellas cosas que no puedes controlar. De este modo, te verás desafiado a tomar responsabilidad de todas aquellas cosas que sí puedes controlar.

Del mismo modo que uno jamás no comunica, la gente no hace nada sin motivo. Si te has estrujado el cerebro al acabar el ejercicio y te preguntas por qué te preocupas tantísimo por controlar cosas que están más allá de tu control y evitas asumir un dominio activo sobre las cosas que sí puedes controlar, tengo una pregunta aún más sorprendente para ti. En el largometraje *El último show*, Jearlyn Steel cantaba *¿Por qué trabajamos tanto para conseguir lo que no queremos?*. Si consigues responder a esta pregunta, por favor, envíame un mensaje.

Existe una razón que explica por qué algunos de nosotros nos comportamos así. Las soluciones que dependen de cambiar procesos de pensamiento seguramente no ayudarán mucho, puesto que para em-

(Continúa)

> pezar fue el pensamiento ilógico el que nos metió en este lío. Tan sólo un comportamiento totalmente nuevo efectuará el cambio que tú y yo queremos. Haz el ejercicio: no intentes darle muchas vueltas. Invertir esfuerzos en actividades que sí puedes controlar producirá resultados positivos: diviértete.

2.
¿El verdadero idiota puede levantarse, por favor?

Si piensas que eres más listo y tienes más talento, recursos e ingenio que tu jefe, y estás molesto con él por todo lo anterior, ¿quién es el auténtico idiota aquí? Si verdaderamente eres más inteligente y tienes más talento y recursos que tu superior, aquí tienes la oportunidad de demostrarlo, aunque sólo sea para tu propia tranquilidad. Cuando digo demostrarlo me refiero al fino y elegante arte de controlar cada milímetro de tu bienestar físico, emocional y espiritual a pesar de trabajar para un idiota.

No todos los jefes son idiotas, ni viceversa. Algunos jefes se encuentran bastante por encima de la idiotez, e incluso los jefes idiotas tienen sus virtudes. La mayoría de los jefes tienen alguna habilidad. Aquí, hasta el más tonto hace relojes: ya conoces el refrán. El jefe idiota no es, por norma general, bueno; sin embargo, cuando aprendas algo más de los demás tipos de jefe, agradecerás tener a uno que es simplemente idiota. Ha llegado el momento de ajustar tu radar para empezar a distinguir las señales que emiten todos los jefes. No son iguales, y, por lo tanto, no podemos enfrentarnos a ellos del mismo modo.

Es un error, quizá uno fatídico, asumir que tu jefe es idiota si en realidad no lo es. Enseguida te darás cuenta de que utilizar técnicas de modificación de idiotas sobre un no-idiota es tan efectivo como emplear un aerosol nasal para eliminar una piedra del riñón. Según el tipo de jefe para el que trabajes, el uso de un enfoque equivocado puede conducir al desesperado estado de desear tener una piedra en el riñón. He organizado el mundo de los jefes en diez categorías muy generales:

- Buenos jefes
- Jefes endiosados
- Jefes maquiavélicos
- Jefes sádicos
- Jefes masoquistas
- Jefes paranoicos
- Jefes reacios
- Jefes ineptos
- Jefes colegas
- Jefes idiotas

Ejercicio

Puesto que vamos a examinar cada tipo de jefe, clasifica a todos los jefes para los cuales hayas trabajado, incluyendo al actual, en la categoría apropiada. Haz una lista con todos sus nombres y escribe una nota al lado de cada uno con la categoría o categorías que los representan. Sería una buena idea que esperaras a acabar de leer este capítulo para entender mejor a cada tipo de jefe. Un vistazo al capítulo 3 te aportará una visión más amplia, pues verás una matriz de 10 × 10 de todos los tipos de jefe.

Cuando ya hayas elaborado una lista con todos tus jefes anteriores y actuales, y el tipo donde se incluyen, verás que tu historia laboral muestra un patrón un tanto preocupante. Tras haber sido un jefe idiota y un trabajador idiota, he descubierto que existen patrones que se repiten a lo largo de la vida personal, lo cual puede significar que:

a) Sentimos cierta atracción hacia un tipo específico de jefe que satisface el deseo subliminal de autocastigo.
b) Existe un tipo de jefe que predomina en el sector donde trabajamos.
c) Nosotros somos los idiotas.
d) Todas las respuestas anteriores.

Como coach ejecutivo, te recuerdo que hay un denominador común en cada experiencia laboral y con cada uno de los jefes a los que has

(Continúa)

> prestado tus servicios: tú. Haz los cálculos necesarios; tú eres la constante en todos los trabajos. Hay quien ha conseguido llevarse bien con los distintos tipos de jefes que he enumerado en este libro, o en cualquier otro. Hay quien ha acabado como el rosario de la aurora con todos los jefes que ha tenido, incluso con aquellos que clasificaríamos con la etiqueta de buenos. Da igual en qué extremo del espectro te sitúes, la pregunta sobre la quiero que reflexiones es la siguiente: ¿con qué tipo de jefe te has llevado mejor? ¿Con cuál has mantenido una peor relación y te has peleado constantemente? Y, lo más importante, ¿cuál ha sido tu papel tanto en las buenas como en las malas experiencias? Estudiar los tipos de jefe que he comentado antes te ayudará a trazar el mejor camino hacia las aguas plácidas de la gestión de jefes. Cuando completes el primer ejercicio del capítulo 1, ten en cuenta el tipo de jefe que tienes delante. ¿El cambio de tipo de jefe alteraría el ejercicio? ¿Hasta qué punto? Quizá no puedas cambiar a la persona, pero sí puedes modificar la naturaleza de la relación. El poder está en tus manos, en el caso de que tengas el valor de utilizarlo.

BUENOS JEFES

Por muy increíble que parezca, existen buenos jefes ahí fuera. Quiero empezar con este tipo porque encontrarlos es tan raro como dar con un miembro de la generación X o un *hippy* (o a ambos) en un concierto de Wayne Newton. No es imposible, por supuesto, pero no es una apuesta segura. Dicho esto, si ves que un compañero de trabajo se echa hacia atrás en su cubículo con los ojos cerrados y con una sonrisa bobalicona en su rostro, lo más probable es que esté rememorando los buenos tiempos, cuando trabajaba para un buen jefe. Todos los que han estado bajo las órdenes de uno suelen ponerse nostálgicos. Aquellos que jamás han disfrutado de ese placer sólo pueden dejar volar su imaginación. A lo largo de los capítulos de este libro, verás que acostumbro a nombrar a los buenos jefes al final; únicamente hay una explicación para ello, y es que aquellos con una personalidad desastrosa suelen ser más numerosos. Poco después de la primera edición de este libro, en el número de junio de la revista *CPA Journal* se publicaban los resultados de una encuesta donde se identificaban las cinco razones principales por las que la gente dejaba su trabajo. En el mismo estudio también se enumeraban las cinco razones principales por las que la gente opta por conservar su trabajo:

- Tener un buen sueldo
- Llevarse bien con los compañeros de trabajo
- Gozar de seguridad laboral y construir una igualdad/jerarquía
- Disfrutar de ciertos beneficios, como seguro médico o dental y planes de pensiones
- Estar acostumbrado al trabajo

Según el mismo estudio, las cinco razones principales por las que la gente deja su trabajo son:

- Más dinero
- Mejores beneficios
- Más oportunidades para el crecimiento laboral
- Menos estrés o presión
- Un cambio de aires

Así pues, los temas principales para el bienestar de los empleados son: satisfacción laboral, apoyo social, compensación y un futuro prometedor. Sospecho que «no llevarse bien con el jefe» no era una de las opciones disponibles en el estudio. Los resultados de la investigación, junto con mis décadas de experiencia como ejecutivo corporativo, coach ejecutivo y asesor de comunicación, indican que las prácticas de gestión constituyen el factor que determina si una persona se queda en una empresa o deja su puesto de trabajo. He conocido a personas que deciden dejar trabajos muy bien remunerados sin haber hecho ni siquiera una entrevista para otro puesto porque la relación con su jefe y la empresa es demasiado dolorosa. Muchos trabajadores envenenan su relación con el jefe o con sus subordinados, lo cual puede producir una situación poco beneficiosa donde a la larga la empresa decide que se vayan a buscar la felicidad a otro lugar.

Tras dirigir un estudio de permanencia de los trabajadores titulado *Las diez razones principales por las que la gente deja su trabajo,* su autor, el asesor de negocios internacionales Gregory P. Smith, llegó a la siguiente conclusión: «La gente no deja su trabajo, sino a su jefe». Sin embargo, también he visto la otra cara de la moneda. He conocido a gente que ha preferido quedarse en una empresa que le pagaba un sueldo bajísimo o rechazar oportunidades de ascenso para quedarse al lado de su jefe. He visto a gente rechazar aumentos de sueldo u oportunidades de un puesto mejor en empresas fantásticas por la misma razón. Mucha gente tiene la presciencia de saber cuándo han encontrado el auténtico tesoro.

Ser un buen jefe es muy, pero que muy fácil. Por eso me pregunto por qué hay tantísimos jefes que no entienden lo anterior. Si un buen jefe es el factor más influyente a la hora de retener al personal de calidad, ¿por qué las empresas no prestan más atención e invierten más recursos en ascender a las personas con autoridad más populares (aquellas que infunden respeto, admiración, poseen capacidades demostrables y facultades para liderar a los demás)? Apuesto a que conoces al menos un i-jefe que no ha tomado una buena decisión desde la época de la administración Clinton y, sin embargo, sigue en el poder. Sin duda, también habrás conocido a un jefe estupendo que, por casualidad o no, se topó con la persona equivocada, cruzó la línea que no debía o cortó el cable erróneo, aunque fuera involuntariamente, y no has vuelto a saber de él o ella.

Antes de tirar más piedras, debo confesar que tardé muchísimo tiempo en entender esto y, a decir verdad, no acabo de pillar del todo cómo funciona. Las formas en que pensamos y actuamos son como los neumáticos del coche: no les damos ninguna importancia hasta que, un día, descubrimos que tenemos la rueda pinchada. Para que un jefe idiota cambie (y, créeme, puede hacerlo), deben ocurrir una serie de incidentes de proporciones colosales. Sólo así, un i-jefe se dará cuenta del problema. A veces es cuestión de presentarle a un coach ejecutivo y, de este modo, su ceguera desaparecerá. Una vez el jefe idiota sea consciente del problema y se dé cuenta de que es él o ella, puede iniciar la transformación a buen jefe adoptando una de las reglas de oro del liderazgo, muy simple y a la vez muy profunda: dirige tal y como te gustaría que te dirigieran. Qué novedad, ¿no? Debo admitir que es mucho más fácil decirlo que hacerlo por un gran número de razones que se discutirán en las próximas páginas.

En pocas palabras, los buenos jefes mandan del modo en que les gustaría que les mandaran. En la mayoría de las interacciones humanas, cuanto más simple es algo, más efectivo resulta. Todos queremos respuestas poco complicadas, tomar el camino más sencillo y ganar dinero fácil. Deseamos llevar una vida simple, sin complicaciones. ¿Alguna vez has escuchado un anuncio de electrodomésticos que prometa «en sólo tres difíciles pagos»? Staples, una tienda de material de oficina, llevó a cabo una campaña publicitaria que giraba en torno al eslogan «Eso ha sido fácil». Todavía siguen vendiendo un botón gigante de color rojo con la palabra «Fácil» que recita el eslogan cuando pulsas el botón. Los buenos jefes tienen dos dedos de frente y pueden llegar a imaginarse cómo les gustaría que les trataran sus superiores y, por lo tanto, intuir que a sus empleados les gustaría recibir ese mismo trato.

El modo en que nos comunicamos con los demás es un buen punto de partida cuando queremos ser mejores jefes o sobrevivir a uno pésimo. Recuerda que la misma talla no sirve para todo el mundo. Los buenos jefes transmiten información clara y concisa y te animan a ti y al resto de tu equipo a actuar de la misma manera. A los buenos jefes no les gusta tener que hacerte veinte preguntas para adivinar qué quieres decir y, por si lo dudabas, tampoco leen la mente. En general, los buenos jefes no hacen ese tipo de cosas, no son telépatas.

Elimina el misterio

Si cada vez que tu jefe te pregunta qué asunto te llevas entre manos le haces jugar a *¿Quién quiere ser millonario?*, obligándole así a hacerte un montón de preguntas al respecto, es que tenéis un problema, y de carácter serio.

Forzar a alguien a adivinar información importante que sólo tú conoces tiene un nombre: se denomina conducta pasivo-agresiva. Suele ser fruto de tu rencor y resentimiento; tendemos a ser pasivo-agresivos con aquellas personas a quienes ansiamos castigar. ¿Cuándo fue la última vez que hiciste el vacío o castigaste con tu silencio a alguien con quien estabas bien? Es muy fácil poner a prueba este concepto: simplemente invierte la situación y piensa cómo te sientes cuando tu jefe se niega a revelarte cierta información. Sin duda dejarás volar tu imaginación: «¿No confía en mí? ¿Cree que soy tan estúpido que contaré el gran secreto a los cuatro vientos? ¿Le asusta que pueda utilizar esa información para recibir todo tipo de elogios?». Se te pasarán miles de cosas por la cabeza, pero ninguna cariñosa respecto a tu jefe. Si él también duda de ti, ¿por qué esperas que se muestra agradable y simpático?

La desconfianza siempre conduce a la desazón. ¿Cuántas veces las personas comen juntas sólo para especular sobre lo que está sucediendo en la oficina? ¿Cuántas veces escuchas conversaciones entre susurros por teléfono? ¿Alguna vez has estado en la situación de encontrarte en el lavabo justo en el momento en que tu jefe entra con alguien más? Sin duda, te habrás quedado inmóvil, con la esperanza de escuchar información que afecte a tu trabajo, ¿me equivoco? ¿Eres consciente de cuántas veces pones la oreja para intentar escuchar la conversación que mantienen dos compañeros de trabajo en el cubículo contiguo? Recuerda el capítulo 1: la conversación que determinará tu futuro ascenso, o despido, tendrá lugar cuando tú no estés presente.

Los buenos jefes saben que compartir información en el momento oportuno hace sentir a la gente incluida, respetada y reconocida por su capacidad de contribución, por no mencionar su capacidad de producción. Los buenos jefes convierten la comunicación abierta en una prioridad y mantienen a todo el mundo informado continuamente; y además les gusta saber qué piensan los demás. No sólo cuando conectan sus dispositivos inalámbricos, entre las tres y las cuatro de la tarde de cada tercer martes del mes, sino siempre. Es tan fácil y simple que todos los jefes que no hacen esto deberían someterse a una evaluación psiquiátrica y, si fuera necesario, a una terapia de electroshock. ¿Cuáles son los beneficios de este compromiso que no se entienden? ¡Zas!

Un trato equitativo de todos los miembros del equipo es casi tan importante como la comunicación. Y digo «casi tan importante» porque si la gente va a recibir un trato desigual, es preferible que nos lo digan a la cara en vez de fingir que no está pasando. Lo peor del tratamiento preferente es la farsa de que todo el mundo recibe el mismo trato. A la gente no le importa ser Cenicienta antes de su golpe de suerte, pero detesta que le prometan un príncipe azul y un zapato de cristal si después esto no va a ocurrir.

Los buenos jefes son justos

La imparcialidad en la oficina significa, simple y llanamente, aplicar las normas con equidad y sin tener en cuenta la opinión política de nadie. Incluso aunque las normas sean un engorro, aplicarlas de forma imparcial con todo el mundo ayuda a construir buenas relaciones. Poner la zancadilla a unos y dar vía libre a otros produce hostilidad, resentimiento e incluso venganza, si va demasiado lejos. Comunicarse de forma abierta y honesta con los demás y actuar con equidad es cuestión de tratar a los otros del mismo modo que te gustaría que lo hicieran contigo. Repite conmigo: «Dirige de la misma manera que te gustaría que te mandaran». Parece muy fácil, y además funciona. Y lo hace con todo el mundo, independientemente del lugar que ocupes en la cadena alimenticia de la empresa. Los buenos jefes tratan igual a sus superiores que a sus subordinados: todos son personas. Sin embargo, ¿cuántas veces te has encontrado con un doble rasero? Peor aún, ¿cuántas veces lo usas tú mismo? Reconozco que soy culpable de eso.

Los buenos empleados suelen ser buenos jefes, del mismo modo que estos son trabajadores excelentes para sus superiores y sus compañeros, porque los factores importantes son los mismos. Los comportamientos positivos que propician buenas relaciones funcionan en cualquier situación. En cambio, los trabajadores indulgentes consigo mismos suelen convertirse en jefes igual de indulgentes. La gente que exprime al más pequeño haría lo mismo con uno de mayor tamaño si tuviera la oportunidad de hacerlo. Si no eres una persona justa e imparcial o no te comunicas de forma abierta, jamás podrás llegar a ser ese jefe de ensueño que todo empleado fantasea con tener. Saber mandar en cualquier situación es un concepto muy importante que aprender, porque las implicaciones de ello tienen un gran alcance. Si conoces a algún buen jefe, piensa que también debe de ser un trabajador maravilloso. Los valores que demuestra en tu presencia son los mismos por los que se rige cuando tú no estás delante.

Ser un buen jefe es muy sencillo y hace que te preguntes por qué alguien de este planeta querría invertir tantos esfuerzos y energías para convertirse en uno horrendo. Supongo que se debe a que uno no conoce nada más y se ha acostumbrado a actuar como un monito de feria. O quizá ha escogido el modelo de jefe equivocado de todas las opciones disponibles. Por mucho que las personas más sociales de la oficina se empeñen en hacer creer que los animales y los niños son capaces de apañárselas por sí mismos sin hacerse daño los unos a los otros, siempre hay planes secretos y un motivo oculto. Cuando tienes un jefe despreciable, es más que probable que haya alguien tramando algún plan.

La imparcialidad es un don fantástico, pero no albergues expectativas poco realistas. Como i-jefe rehabilitado, en el sótano de aquella iglesia, aprendí que la justicia es algo muy poco habitual, además de tener un precio excesivo. Si te topas con una relación imparcial entre un jefe y un subordinado, considéralo la guinda del pastel.

La sangre tira

Cuando el hijo del jefe trabaja en la empresa, tienes que ser un cabeza de chorlito para no comprender que para él rigen unas normas especiales. No tienes que haber estudiado mucha historia para aprender que la sangre tira y el dinero familiar todavía más. He conocido a cabezas de familia despedir a empleados con gran talento y capacidad, leales y dedicados a su trabajo, para entregar sus negocios a un hijo o una hija cuyas facultades mentales son un ejemplo de que se han reducido generación tras generación. Esta capacidad limitada suele contribuir a la desaparición de la empresa. Normalmente, la primera generación establece el negocio, la segunda lo hace prosperar, la tercera apenas es capaz de sostenerlo y la cuarta acaba por destrozar todo lo que queda de la empresa. No me refiero únicamente a los negocios familiares, sino a grandes empresas con cientos de millones de beneficios. Imagínate.

También hay excepciones. He conocido a alguna cuarta generación que sigue contribuyendo al crecimiento del negocio familiar. También me he encontrado con fundadores que han estado al mando de la empresa todos los días de su vida, y la han llevado de la prosperidad a la más absoluta ruina sin que sus hijos pudieran llegar a hacerse cargo del negocio. Al igual que muchas otras cosas contra las que me rebelé hace tiempo, el nepotismo se encuentra en mi lista de «Supéralo y continúa con tu vida». En el primer ejercicio que propongo al final del capítulo 1, el nepotismo iría, sin duda, en la lista de cosas que no puedo cambiar ni controlar. Incluso cuando este se encuentra dentro del orden del día, la comunicación abierta y sincera, junto con la imparcialidad y todo lo demás, pueden ser muy útiles. Trabajar para un negocio familiar puede ser una experiencia muy gratificante.

JEFES ENDIOSADOS

Hay personas que se creen Dios. Llámalo si quieres narcisismo con matices ilusorios, pero nadie sabe cómo ni por qué algunas personas se consideran todopoderosas, o algo por el estilo, aunque podría tratarse de un caso extremo de prepotencia. No hay nada malo en querer imitar cualidades típicas de un dios, pero si me dices que te imaginas que eres la reencarnación de la voz que salía de la zarza ardiente, bueno, entonces estarías empezando a asustarme.

Un jefe endiosado no es un jefe idiota en el sentido clásico. Pensar que eres Dios trasciende los límites de la ignorancia; es parecido a creerte que eres Napoleón Bonaparte. Por su propia seguridad, y por el bien de la población mundial, los jefes endiosados deberían estar encerrados en una cárcel cuya llave yaciera en lo más profundo de un río. Por supuesto, ejércitos de abogados de oficio les sacarían de esa cárcel antes de que llegara la medianoche, así que ¿para qué molestarse? Por muy irónico que parezca, los jefes endiosados suelen encontrarse en las iglesias o empresas apostólicas donde, para empezar, se considera que el auténtico jefe es el Dios verdadero y único, así que todo este asunto acostumbra a solucionarse bastante rápido. En estos casos, el mortal mal encaminado simplemente trata de usurpar la autoridad. El Señor seguramente no considera a los jefes endiosados como una amenaza, sino más bien como un fastidio y/o un alivio cómico. Deberías respirar hondo y hacer lo mismo, a menos que trabajes para uno de ellos. Si tienes un jefe endiosado, espero y rezo para que sea un persona adorable y compasiva, porque el fuego y la gasolina pueden ser muy peligrosos en las manos equivocadas. Con un poco de suerte, ese megalómano no esperará que vayas vestido con sandalias

y un hábito. Una vez más, cuánta más autoridad institucional tenga un jefe endiosado, resulta más esencial encontrar un modo de coexistir en paz con él. Si consideras oportuno apaciguar a tu jefe endiosado, reza para obtener el perdón de tu verdadero Poder Superior y acude a la iglesia. Cada vez que veas a tu jefe endiosado por la mañana, inclina la cabeza a modo de reverencia. Cuando te dé la sensación de que está tristón o deprimido, sal del despacho y entrégale diezmos y ofrendas en forma de su comida, brebaje o artilugio favoritos. Si tu jefe endiosado te deja claro que le has fallado o decepcionado, no discutas con él; simplemente ruega que te perdone. Cuando tu jefe endiosado esté enfadado, encuentra algo o alguien que puedas sacrificar sobre su escritorio. Johnson, el de contabilidad, sería una buena ofrenda para incinerarlo: únicamente ve con cuidado para que las cenizas no caigan en la alfombra de tu jefe.

Utiliza tu imaginación. El hecho de no creer que el Dios de verdad pudiera crear tal estado de devoción en el lugar de trabajo explica por qué la mayoría de jefes endiosados son un fastidio. Por lo tanto, empieza creyéndotelo y considera la posibilidad de que esté jugando a ser una divinidad para compensar su tremenda falta de confianza. En cualquier caso, vale la pena tratar de imaginar qué le satisfaría y entregárselo. Intentar minar la autoridad de un jefe endiosado o competir con él siempre tiene el mismo resultado: él gana y tú pierdes.

He aquí algunos indicadores que debes tener en cuenta cuando trabajas con un jefe endiosado:

- Asegúrate de que te diriges a tu jefe endiosado tal y como a él le gusta. Si le agrada que le llamen Sr. Johnson en vez de Joe, hazlo. Oponerte a este tipo de cosas sólo servirá para alterarte aún más, lo cual influenciará, y de forma negativa, en las condiciones laborales que esperas mantener.
- Sigue sus normas. Aunque estas reglas entren en conflicto con la política de la empresa, adopta una postura neutral y hazle creer que haces las cosas a su manera, desde el formato de los correos electrónicos hasta el tipo de cuadros que puedes colgar en tu cubículo.
- Pierde las batallas y gana la guerra. Los jefes endiosados están obstinados con el poder porque este esconde la incompetencia, en muchas ocasiones. Sin embargo, ellos viven en el interior de su propia ilusión y no son capaces de ver algo tan evidente como la mala gestión o la incompetencia. Esto juega a tu favor, así que aprovéchate de ello. El jefe endiosado es capaz de echarte una mano si está contento contigo y esa es la guerra que tú quieres vencer. ¿Para qué enredarte en batallitas? Pasa de los juegos de niños y céntrate en los asuntos de mayores.
- Ofrécele sacrificios. En serio. Es posible que te cueste menos de lo que imaginas. Si le gustan las rosquillas, tal y como he mencionado en el capítulo 1, has de aparecer un día por su despacho y ofrecerle una, o la caja entera. Si le gustan las barritas de cereales, llévale algunas (y cómete una cuando estés con él). Puede que sean minucias, pero los jefes endiosados están convencidos de que si no eres uno de ellos, estás contra ellos. Deja guardado tu orgullo en el armario. Si sigues anclado en la desafiante expresión «por encima de mi cadáver», el jefe endiosado estará más que encantado de que se haga realidad.
- Pide perdón por pensar cosas que no procedan de la mente del jefe endiosado. No es tan difícil: si dices cosas como «Si estás de acuerdo con ello...», «¿Te importaría que...?» o «¿Qué te parece si...?», tu jefe endiosado entenderá lo siguiente: «Tienes el poder de concederme...» y, a la larga, «Tu voluntad es lo más importante aquí».
- Reconoce su presencia. Los jefes endiosados no se creen invisibles, por lo que no cometas el error de ignorarle. Cuando se dirija a una reunión o entre en la cafetería, dale la bienvenida verbalmente. Si en ese momento no tienes ganas, establece contacto visual y asiente con la cabeza para darle a entender que su llegada ha captado tu atención.

Si se cumpliera la voluntad de tu jefe endiosado, se produciría un anuncio en la cafetería de empleados cada vez que llegara que diría: «Damas y caballeros, por favor, levántense para saludar al jefe Todopoderoso»; cuando las puertas del ascensor se abrieran, la vocecita metálica que anuncia los pisos estaría programada para decir: «Por favor, háganse a un lado para dejar pasar al jefe Todopoderoso». A ti y a mí nos suena ridículo, pero para un jefe endiosado se trata de música celestial, además de una idea fantástica, así que alguien debería encargarse de cumplir sus deseos. Los jefes endiosados pueden ser cómicos y graciosos, pero te aconsejo que respetes su poder. No hacerlo sería arriesgarse a atraer una plaga de langostas que devorarían todo lo que se encontrara en la nevera de la sala de personal.

Jefes maquiavélicos

Los jefes maquiavélicos son increíblemente inteligentes y, además, son capaces de canalizar su formidable intelecto no hacia fantasías de autodeificación, sino hacia la búsqueda implacable del poder. Ellos ven el universo como una gigantesca pirámide y la cúspide les pertenece por derecho divino. Los jefes maquiavélicos destinan cada pizca de su ser a conseguir alcanzar ese punto tan alto. Les da igual tener que pasar por encima de los demás para llegar hasta allí; nadie será capaz de impedírselo. Si en la ascensión de los maquiavélicos hasta la cima te sientes atropellado, no te lo tomes como algo personal. No es por ti; nunca lo fue y jamás lo será, a menos que te interpongas en su camino. Ese momento en que tú estás en medio del camino entorpeciendo su carrera hacia la meta es tuyo para siempre, y continuará presente a lo largo de los años en tus peores pesadillas.

Los jefes maquiavélicos son demasiado listos y astutos para ser considerados jefes idiotas. Sólo son incompetentes con asuntos que les son indiferentes, como la salud y el bienestar de los demás o los objetivos de la empresa. Poseen una gran capacidad de concentración, son tenaces y muy eficientes; en otras palabras, son máquinas de matar. Apartan los obstáculos que entorpecen su camino utilizando cualquier medio que necesiten. No te atrevas a cruzar el paso de cebra cuando haya un maquiavélico al volante, aunque el semáforo de los peatones esté en verde.

Si trabajas a las órdenes de un maquiavélico, existen varias formas de protegerte. Puedes decir cosas como «Jefe, no sé si te habías fijado en que la alfombra del despacho del director adjunto hace juego con sus ojos». Si además ese directivo de tu empresa conduce un Lexus 430, añade: «Para mí, eres el típico tío que conduciría un Lexus 430». O puedes pasar de tanto simbolismo y apelar directamente a su insaciable apetito de poder con frases como «Esta empresa iría sobre ruedas si tú la dirigieras». Decir a los jefes endiosados y a los maquiavélicos lo que quieren oír es siempre una apuesta segura. La resistencia es inútil, además de potencialmente letal.

Al igual que un jefe endiosado, el maquiavélico tiene una percepción de sí mismo muy idealizada y le importa un comino tu vida, a menos que te utilice para su propio beneficio. Tómate esto como una oportunidad: mostrar una actitud adecuada con respecto a tu jefe maquiavélico mejorará el ambiente laboral y, quizá, evitará que te despidan.

Aquí tienes algunos trucos para manejar a un maquiavélico:

- Utiliza las palabras *para ti* muy a menudo. Simplemente con decir «Yo me encargo de eso», el maquiavélico interpreta que estás amenazándole con pisarle la cabeza o quitarle protagonismo. Sin duda, tu intención no es tal, pero si un jefe maquiavélico sospecha que quieres desbancarle, te hará papilla, créeme. Para que tu vida no corra peligro, tu jefe maquiavélico debe creer que todo tu trabajo lo haces sólo para que él o ella se lleve los aplausos y el reconocimiento.
- Imita su retórica. Puesto que todo lo que un maquiavélico dice y hace está estratégicamente planificado para alcanzar la cúspide de la pirámide, no dudes en utilizar su mismo lenguaje. Si el maquiavélico cree que estás trabajando en su nombre, incluso cuando él no anda por ahí, es muy probable que empiece a cederte parte de su autoridad institucional para que puedas hacer más cosas por él. Entonces, y sólo en ese momento, podrás utilizar esa autoridad adicional para realizar buenas obras. Así, encontrarás un modo de ayudar a los demás, no sólo por puro entretenimiento, sino también en tu propio beneficio.

- Pon su inteligencia en alerta. Cuando descubras algo interesante, cuéntaselo: envíale un correo electrónico o menciónaselo al pasar por delante de su despacho. Puesto que está en constante competición con todo el mundo (o eso es lo que piensa), el maquiavélico agradecerá cualquier dato que pueda resultarle útil. Puede que, en tu opinión, esa información no sea importante, pero recuerda que tu jefe está obsesionado con su lucha por la supremacía. Esta es una buena forma de fortalecer tus «comunicaciones positivas». Los maquiavélicos son famosos por matar al mensajero que entrega malas noticias, sin importar lo objetivo que este sea. Así que suaviza las malas noticias al comunicarlas.
- Que sea el primero en enterarse. Asegúrate de que tu jefe maquiavélico sea la primera persona en conocer cualquier noticia. Aunque parezca una banalidad inútil y absurda, deja que sea tu jefe quien decida si quiere escucharla o no. Si cree que estás ocultando cierta información, concluirá que estás tratando de competir con él, y las cosas se pondrán muy feas para ti en un abrir y cerrar de ojos. Tu objetivo es desintoxicar tu ambiente laboral, ¿recuerdas? Para garantizar esta seguridad, redacta informes y compártelos con tu jefe maquiavélico, ensalzando siempre el buen hacer de sus trabajadores. No tienes que ser siniestro ni críptico en estos informes. Un maquiavélico es perfectamente capaz de recibir una noticia inofensiva y hallar en ella amenazas ocultas.
- Acepta sus invitaciones. El hecho de que un maquiavélico te invite a algo es una prueba irrefutable de que te considera fundamental para su carrera: no eches a perder esta oportunidad. Es posible que tus compañeros de oficina cuchicheen a tus espaldas cuando se den cuenta de que el jefe empieza a incluirte en sus planes. De hecho, puedo garantizarte que ocurrirá; lo único que debes hacer es recordarles quién eres. Tener acceso a la autoridad institucional del maquiavélico sólo puede conllevar cosas positivas para todo el equipo.
- Formula tus contribuciones según lo que pueda impresionar a tu jefe maquiavélico: «Sin duda, lo que has hecho ha puesto al Sr. Big de muy buen humor». Incluir los logros de tu jefe maquiavélico en el estratégico orden del día de la empresa contribuirá a tu desparpajo planificador. Deberías desarrollar ambas habilidades. Además, le estarás demostrando al maquiavélico, una vez más, que estás promoviendo sus aspiraciones profesionales uniendo los puntos entre las cosas de las cuales puede atri-

buirse el mérito y aquellas que construyen una valiosísima equidad ante los ojos de aquellos que el jefe maquiavélico debe complacer para seguir ascendiendo.

La diferencia entre una carrera de éxitos y una estancada depende de si consideras estas tácticas como un sacrificio o una oportunidad. Ten cuidado y presta atención a tus actitudes y conductas, pues tu jefe las observará desde su punto de vista. Aunque él y tú bailéis a ritmos distintos, recuerda que él establece el tempo en la oficina. Aprender una nueva cadencia te será más útil que formar tu propia banda de percusión. De lo contrario, sólo conseguirás frustrarte y decepcionar a tu jefe, quien acto seguido te echará a la calle de una patada.

JEFES SÁDICOS

Hola, Cruela. Cada vez que los jefes sádicos oyen lo que quieren, como por ejemplo «auch», lo único que conseguimos es recibir otro castigo, unas veces más sutil y otras explícito. Pongamos por ejemplo la típica bromita del jefe sádico, que empapela la oficina con carteles donde podemos leer: «Cuando quiera tu opinión, ya te la daré». Ja, ja. Por lo visto, los jefes sádicos no se dan cuenta del mensaje que, en realidad, la gente capta de ese pseudohumor: un recordatorio de quién manda allí. Nunca entenderé por qué hay tanta gente que está convencida de que dejar clara la disparidad de poder en el lugar de trabajo es algo positivo y beneficioso.

Al igual que un felino jugueteando con un ratón pero que no llega a matarlo, un jefe sádico jamás te dejará escapar; te mantendrá vivo sólo para torturarte. Si intentas pedir un traslado a otro departamento, aparecerá como por arte de magia en tu puerta, con una sonrisa de oreja a oreja y con tu petición de traslado en la mano con la palabra D-E-N-E-G-A-D-A escrita en enormes letras rojas. Te pellizcarás para despertar de esa horrenda pesadilla, pero enseguida te darás cuenta de que no se trata de un sueño y de que tu jefe sigue ahí, con esa sonrisa maléfica. Es posible que incluso cuelgue la noticia en la puerta de la nevera de la sala de personal para que más tarde descubras que todo el mundo se ha enterado de la noticia. Si le persigues para hacer que cambie de opinión, ten por seguro que acudirá al mismo papa para conseguir que tu solicitud de traslado sea rechazada. Para un sádico, el dolor es como un afrodisiaco.

Hay quien denomina a estos tipos jefes matones. Por norma general, los sádicos intimidan a la gente. Si les comentas que ese abuso de poder está acabando contigo, el sádico y el matón no dudarán en intimidarte todavía más. Ignorar el abuso, o fingir que te da lo mismo, puede disuadir a un matón (quien, sin duda, está intentando infligir el mismo dolor que él siente). Es muy complicado explicar qué se esconde tras los castigos de un sádico; cuando este goza de autoridad institucional para golpear y herir, la motivación principal se convierte en algo inmaterial. Los jefes sádicos alivian su sufrimiento... infligiendo dolor a los demás.

Si trabajas para un jefe sádico, asegúrate de que los signos de tu malestar sean evidentes. Tal y como describo aquí, es fundamental que no te escondas cuando llores, rechines los dientes o te rasgues las vestiduras en tu cubículo o en el baño. Hazlo a los cuatro vientos. Contento de que estés sufriendo tanto, tu jefe sádico te dejará durante unos días y buscará otras víctimas.

Aquí tienes algunos comentarios que deberías tener en mente si trabajas para un jefe sádico.

- Finge estar muy ocupado y con muchísimo trabajo. No desafíes a un jefe sádico asegurando que estás libre; en cambio, protesta por el volumen de trabajo que te ha asignado: «Llevo dos semanas trabajando en este informe y no sé si conseguiré entregarlo en la fecha asignada. Además, acabo de darme cuenta de que tengo que volver a calcular todas las medias de los últimos seis años». Haz que tu trabajo parezca excesivo y agobiante. El jefe sádico te dedicará una sonrisa en señal de aprobación y supondrá que ya tienes demasiado trabajo para hacerte sufrir. Quizá inventarte el tema de las medias sea un poco exagerado, pero mientras estés trabajando duro y esforzándote mucho, ¿qué importa una pequeña hipérbole de vez en cuando?

- Debes estar siempre preparado para responder con rapidez, aunque no con alegría, a un jefe sádico. Acepta el trabajo adicional que te manda, pero no con una sonrisa. Asegúrate de mencionar que te ocuparás de ese tema después de que acabes con las otras doce tareas que te ha pedido hacer desde que has llegado esa mañana. Debes entender de una vez por todas que, a ojos de un sádico, el dolor es poder; en concreto, tu dolor es su poder. Si intentas luchar contra este, sólo estarás entrando en el juego. Para no perder la cordura, has de intentar encontrar un modo de discernir entre los asuntos importantes y los superficiales. Tienes que aplicar este criterio cuando haya una figura de autoridad institucional a tu alrededor. No entierres el hacha de guerra en tu propia cabeza.

- Los jefes sádicos disfrutan viéndote sufrir hasta límites insospechados, pero jamás quieren verte agonizando. Eso significaría que deberías estar de baja médica y, de este modo, el sádico no podría hacerte la vida imposible. (Un sádico realmente superdotado y creativo puede exigirte que trabajes desde la camilla del hospital en vez de permitir que veas *¿Quién quiere ser millonario?*, pero no te podrá obligar a trabajar desde el ataúd). De hecho, los jefes sádicos se lo pasan de maravilla cuando ven que todos sus subordinados están con el agua al cuello.
- No organices actividades en un departamento dirigido por un jefe sádico. En el caso de que se celebren, mantenlas en el más absoluto secreto. No salgas de la oficina vestido con el uniforme de jugar al fútbol. Si el jefe sádico te ve a punto de irte a pasar un rato de diversión, ten pon seguro que te obligará a quedarte en el despacho a trabajar y te perderás el partido. Quizá puedas programar gemidos y lamentos para que suenen por los altavoces de tu ordenador, después de salir de hurtadillas de la empresa. Pensándolo mejor, olvídalo: ni siquiera un libro empresarial en tono satírico sobre jefes horrendos puede ir tan lejos. Si un sádico descubriera tal artimaña, se daría inicio a la temporada de caza. Tu cubículo parecería una zona de guerra, con pilas y pilas de informes que llegarían hasta el techo y una papelera llena a rebosar.
- No permitas que te pille perdiendo el tiempo. La holgazanería invita al castigo en forma de trabajo y más trabajo. No estoy diciendo que finjas trabajar. De hecho, tienes bastaste que hacer y puedes estar ocupado en actividades productivas sin tener que comportarte como un embustero. Para crear un mejor ambiente laboral, debes trabajar en actividades importantes que te proporcionen una gratificación personal. Si alguna vez has probado a devolverle el golpe a un jefe sádico, no hace falta que te recuerde qué puede pasar.
- Mírale a los ojos. Todo el dolor que inflige lo ha sentido en sus propias carnes por culpa de alguien más poderoso. Esto también ocurre en el caso del matón. Sea cual sea la razón, el sufrimiento se ha convertido en un modo de vida para ambos. A veces, establecer contacto visual alivia un poco la tensión, siempre y cuando lo mires con empatía y audacia; ¡una señal de miedo y serás historia! Si el contacto visual le exaspera todavía más, no insistas.

Si trabajas en el departamento de un jefe sádico, te aconsejo que des la impresión de estar ocupado y concentrado en tu trabajo y dejes a un lado actitudes más serias que son difíciles de ignorar por él. Esto no significa que no puedas mostrarte positivo y optimista cuando estás lejos de la órbita del sádico; todo lo contrario, aumentarás las posibilidades de que alguien te contrate y te aleje de su lado.

El hecho de que tu jefe sea un sádico seguramente no es algo nuevo en la empresa. La gente ubicada en los puestos más altos de la cadena alimenticia de la empresa saben más de lo que tú imaginas, aunque no lo demuestren cuando tú andas por ahí. Si te comportas de forma adusta y seria en cualquier situación y con todos tus compañeros, no sabrán si el problema es tuyo o de tu jefe.

Por último, jamás despotriques de tu jefe sádico delante de sus superiores. De hecho, nunca lo critiques, estés donde estés. Si los demás ven una actitud positiva en ti cuando tu jefe no merodea por los alrededores, se lamentarán por tu situación e incluso puede que admiren tu tenacidad. Con un jefe sádico, procura no hacerte el listillo.

Jefes masoquistas

Decir en voz alta lo que un jefe masoquista quiere oír —«Eres un baboso»— no es lo más apropiado. Y, además, si alguien escucha por casualidad el comentario e ignora por completo la situación, puede enfrentarse a ti. Desgraciadamente, felicitar a los masoquistas sólo sirve para molestarlos aún más y, en general, responden con un acto despreciable para poner las cosas en su lugar.

Tal y como su nombre indica, los masoquistas creen que deberían recibir todo tipo de castigos y están dispuestos a arrastrar a todos los que entren en su área de influencia hacia su agujero negro de inutilidad. Su necesidad de ser castigados es tan imperiosa que incluso se castigarían a sí mismos si nadie decide hacerlo. En casos extremos, un jefe masoquista puede negarse a creer que nadie le critique como se merece. Los jefes masoquistas no son idiotas en el sentido clásico de la palabra, pero se acercan bastante. Este tipo de jefes atraen a codependientes como moscas a un picnic de domingo; estos últimos se vuelven locos para llenar ese agujero negro del alma del masoquista, lo cual es imposible, por supuesto. Sin embargo, el esfuerzo hercúleo continúa un día tras otro. Los codependientes llenan por completo los oídos del masoquista, quien les vomita encima todas sus afirmaciones. Si quieres jugar al exorcista, tú mismo.

Es muy fácil distinguir aquellos departamentos que están gestionados por jefes masoquistas. Para empezar, nadie moverá un dedo, a menos que no sea para marcar el número de la policía e informar de que el jefe masoquista está a punto de arrojarse por la ventana. Si logran acabar un par de tareas podríamos decir que están a punto de conseguir alguno de los objetivos del departamento. Pero eso podría parecer todo un éxito y, como todos sabemos, este es lo opuesto al fracaso absoluto; así que de eso nada. Los jefes masoquistas se aseguran de que su departamento fracase para que sus superiores les castiguen por eso, lo cual ellos valoran mucho, desde luego.

El mejor modo para tratar con un jefe masoquista es salir del departamento donde trabaja. Estos jefes jamás consiguen estar satisfechos con su trabajo y tampoco están dispuestos a permitir que tus logros les hagan sentir mejor, o más valorados. Hacer algo que pueda contentar a tu jefe puede desembocar en una respuesta de este tipo: «Oh, genial, me alegro por ti. Supongo que en breve te ascenderán y no dudarás en darme una patada para que me caiga por la escalera empresarial. Perfecto, adelante. Si eso te hace feliz, acepta el ascenso». Ese comentario basta para coger tu logro, hacer una pelota y lanzarlo a la basura. Lo más probable es que tu jefe masoquista ya se haya colocado la papelera sobre la cabeza para darse golpes contra la pared. Aquí tienes una lista de cosas que debes recordar cuando te enfrentas a un jefe masoquista:

- La mayoría de los jefes masoquistas interpretan el típico «yo gano, tú ganas» de otra forma. Entienden que si uno gana, el otro pierde. Retorcido, ya lo sé, pero no encuentro una forma más sencilla de explicarlo. Un jefe masoquista ve su vida como un fracaso monumental y desea arrastrarte hacia su derrota. Tu jefe masoquista está convencido de que cualquier logro o éxito que tú consigas le hará parecer, en comparación, un fracasado. Es aconsejable, tanto para ti como para él, que sobrevivas a esta tralla. Lo que es bueno para ti también lo es para él, porque de ese modo el masoquista consigue parecer el malo de la película.
- La mayoría de los jefes esperan que todos sus empleados los incluyan en las cadenas de correos electrónicos y en el anuncio de algún acontecimiento especial porque les gusta decidir si asistirán o no, dependiendo de lo que haya en juego. Sin embargo, el jefe masoquista sólo quiere confirmar que todo el mundo está precisamente donde no está él. Pero quizá con eso no baste; el jefe masoquista también querrá que todos los asistentes se lo pasen de maravilla sin él.
- No entables conversaciones de aire pesimista con tu jefe masoquista y tampoco intentes animarle, bajo ningún concepto. Aun-

que a los demás jefes les encante atribuirse el mérito de tus logros, los jefes masoquistas rechazan formar parte de tus éxitos, a no ser que eso les haga quedar fatal. Si puedes aportar algo brillante y útil, sobre todo algo que pueda desencadenar elogios o reconocimiento, no incluyas a tu jefe. Hacer protagonista a un jefe masoquista sólo servirá para ponerle de mal humor.

- Prevé las cosas que pueden llegar a ocurrir. El estrafalario y retorcido modo de pensar del jefe masoquista vuelve a entrar en escena aquí. Si bien la mayoría de la gente realiza un análisis de fuerza/debilidad y oportunidad/amenaza para predecir y prepararse para cualquier posible problema y así aprovecharse de las ventajas, al jefe masoquista le aterra la idea de que todo salga bien, tal y como planeó. Necesita un análisis de riesgos que le asegure la probabilidad de éxito para poder estar preparado y acabar con el proyecto en el último momento si lo considera necesario. Cuando el equipo de un jefe masoquista consigue un logro sólo puede significar dos cosas: que el jefe está de vacaciones o de baja médica.

- No le invites a la fiesta. Tu jefe masoquista prefiere quedarse solo en casa mientras vosotros os lo pasáis pipa. En circunstancias más normales (si es que podemos llamar trabajar para un jefe masoquista o sádico una «circunstancia normal»), el jefe asistiría a la fiesta si pudiera sacar algún beneficio de ello. El masoquista es más feliz estando solo.

- Utiliza el lenguaje corporal. Haz exactamente lo contrario de lo que harías para cualquier otro jefe; en otras palabras, ignora a tu jefe masoquista. Encuentra un modo de decir algo como «Sé que estás sometido a mucha presión. Pero al fin y al cabo te la mereces y tu fracaso está cantado. Además, si estuviera en mis manos, te pondría de patitas en la calle para sacarte de tu miserable vida. Así, supongo que estaría cumpliendo tu más ansiada profecía. Créeme, lo haría. Pero lo único que puedo hacer es deslustrar tu reputación. Espero que eso te sirva de ayuda».

No suelo aconsejar a nadie que deje su trabajo, pero tal y como W. C. Fields dijo en una ocasión: «Si al principio no consigues tu objetivo, vuelve a intentarlo. Después ríndete. De nada sirve ser un completo imbécil». Como ya he mencionado antes, el mejor modo de tratar con un jefe masoquista es alejarse de él. Pero vigila: no dejes el departamento demasiado rápido. Independientemente del tipo de jefe que tendrás en tu nuevo empleo, todo (reconocimiento, inclusión, atribución de méritos) funcionará de forma inversa. Podría ser peligroso tener que aprender a conducir por el otro lado de la carretera. Mi consejo: sal de ahí antes de caer en la trampa que tu jefe ha colocado para sí mismo, a menos que seas un sádico. En ese caso, puedes juguetear con el masoquista como el gato con el ratoncito indefenso, y así los dos seréis felices para siempre. Eso sí que es un «yo gano, tú ganas».

Jefes paranoicos

Un jefe paranoico es otra buena pieza. Para él, todo el mundo va en contra suya, incluyéndote a ti. Trabajar para un jefe paranoico puede ser una tortura, pues todo lo percibe como una amenaza. Todo lo que hagas y digas es un intento de socavar su puesto, o eso es lo que él cree. ¿Qué puedes hacer? Una vez más, muy poco. La paranoia es como un campo de minas, aunque sólo existe en la imaginación del paranoico y, por lo tanto, no es accesible ni para ti ni para los demás.

El jefe endiosado utiliza su imaginación de otro modo; podríamos decir que el jefe endiosado es demasiado optimista sobre el lugar que ocupa en el universo. Sin embargo, el paranoico es, sin duda, pesimista y cree que todo el mundo está en su contra. El jefe endiosado considera que es inalcanzable. El jefe paranoico, por el contrario, invierte toda su energía en buscar y demostrar todas las conspiraciones que hay contra él. A veces, encuentra una, aunque la mayor parte del tiempo se la inventa. Sea como fuere, la concentración y el liderazgo que deberían destinarse a los objetivos empresariales se malgastan y toda operación acaba convirtiéndose en un fracaso, lo cual no hace más que confirmar sus sospechas de que alguien estaba tramando una conspiración para sabotear la operación desde el principio.

Escapar de un jefe paranoico no es muy complicado. Si eres capaz de hacerle creer que formas parte de la conspiración, hará todo lo que esté en su mano para castigarte, lo cual equivale en la mayoría de las empresas a un traslado. Aunque sea éticamente sospechoso, quizá te atrevas a toser en las reuniones; de inmediato, tu jefe paranoico dejará lo que está haciendo para decir «¿Qué? ¿Qué pasa?». Tú mira a tu alrededor y responde «Nada». Unos noventa segundos después, indica a uno de tus cómplices que tosa. Tamborilea los dedos sobre la mesa de reuniones, como si estuvieras imitando el código morse, y hazle una señal a otro de tus cómplices para que haga lo mismo. Cuando tu jefe paranoico pregunte una vez más qué está sucediendo, encoge los hombros. Si niegas sus acusaciones, él sospechará aún más de ti y no parará hasta conseguir echarte de su departamento.

Aquí tienes algunos trucos que debes tener en mente si trabajas para un jefe paranoico:

- Mantén todas tus actividades a la vista. Si estás charlando con un compañero en la zona de descanso y pillas a tu jefe paranoico mirándote desde la esquina, salúdale con la mano e invítale a acercarse. Si decide no unirse a la conversación, sonríe y continúa hablando como si tal cosa. Evita cualquier tipo de reacción después de que rechace tu invitación. Cuando vuelvas a tu lugar de trabajo, detente en el despacho de tu jefe paranoico y di algo como «Phyllis y yo estábamos comentando que...». Puede que no se crea lo que le estás contando, pero al menos no le has dado la espalda para continuar hablando con tu compañero.
- Al igual que con el maquiavélico, mantén informado a tu jefe paranoico de todo. Con esto no te aseguro que no registre tus correos electrónicos en busca de una prueba que demuestre una conspiración en su contra. Contra eso, no puedes hacer nada. Sin embargo, sí puedes adoptar un lenguaje que le ayudará a sintonizar un canal claro de comunicación. Una frase como «Tal y como discutimos en nuestra última reunión...» indica que, sea cual sea el asunto que estáis a punto de debatir, ya es un tema de dominio público. Y una expresión del tipo «Quizá quieres corroborarlo con Ralph o Phyllis...» indica que no te importa que otras personas echen un vistazo a tu trabajo.
- Llega un momento en que parece que no puedas hacer nada más. Sólo te falta trasladarte al despacho de tu jefe paranoico para que él pueda escuchar cada una de tus llamadas telefónicas o apoyar su barbilla sobre tu hombro para leer los correos que envías y recibes. El ejemplo de la sala de descanso también puede aplicarse a reuniones a las que, en general, tu jefe paranoico evitaría asistir a toda costa. Invítale a todos los acontecimientos y envíale actualizaciones de todo lo que ocurre cuando no está en la oficina.
- Convence a alguien en quien confíe, si es que se fía de alguien, para que le ayude a sentirse menos amenazado. Sociabilizarse es, sin ninguna clase de duda, lo último que desea hacer tu jefe paranoico, pero quizá pueda ser el mejor modo de ganarse su

confianza. Además, si se relaja un poco, cabe la posibilidad de que te desvele por qué es tan paranoico. Esa información te será de gran ayuda para mejorar vuestra relación de ahí en adelante.
- Compartirlo todo con tu jefe paranoico es una forma excelente de diluir su miedo al secretismo. Sin embargo, manifestar abiertamente que compartes toda la información con él puede tener otro efecto: que quiera entablar una conversación más larga y profunda. Ahí es adonde quieres llegar, a que tu jefe paranoico se atreva a mantener ese tipo de conversaciones contigo. De hecho, es una forma un tanto solapada de ponerlo en una situación un tanto paradójica. Quieres que su diálogo interior empiece por cuestionarse a sí mismo: «Si todo el mundo habla de estas cosas tan a la ligera, delante de mí incluso, ¿dónde esconden los secretos?».
- Ponte el uniforme. En vez de seguir al rebaño al salir del despacho para dirigirte al partido de fútbol de la empresa (lo cual tu jefe paranoico interpretará como una señal que indica que acudes a una reunión clandestina), anima a tus compañeros de trabajo a que se pongan las camisetas de jugar al fútbol antes de irse. No es que no puedas conspirar en contra de tu jefe vestido así, pero al menos le darás la impresión de que haces algo legítimo. Y, por supuesto, invítale a participar en el partido. Si rechaza tu invitación, tráele fotografías o háblale del partido a la mañana siguiente en el despacho. O envíale fotos durante el partido. Es una forma distinta de salir del trabajo que nada tiene que ver con el «escabullirse del despacho a toda costa». Deberías considerar también esta opción si trabajas para un jefe sádico.

Hay un límite en el pensamiento de un jefe paranoico; incluso su imaginación tiene fronteras. Si todos los empleados llevan uniforme de fútbol al final del día y le envías mensajes de texto o correos electrónicos con fotografías adjuntas del partido, cuesta creer que incluso un paranoico exacerbado pueda sospechar que estás en un sótano oscuro, tramando un plan para desbancarle. Si pasas por delante de su despacho de camino a comer con tus compañeros y te tomas la molestia de pararte en su puerta para preguntarle: «Vamos a comer, ¿te apetece venir?», yo te diría: «Buen trabajo». Si le traes un trozo de pastel del restaurante o le ofreces la *pizza* que ha sobrado, te diría: «Un movimiento brillante».

Los jefes paranoicos tienen una cura posible. Empieza cualquier conversación con un preámbulo cautivador, como «¿Puedo contarte algo que me ronda por la cabeza?». Naturalmente, tu jefe paranoico esperará que le confieses que has estado conspirando contra él. Otras formas de entablar una charla serían «Mi vocecita interior me dice que debería...» o «¿Alguna vez te preguntas...?». A esto yo lo llamo *cargar tu conversación*. Del mismo modo que un director cinematográfico decide qué entra en el plano y qué no, tú puedes dirigir tu conversación hacia un lugar donde tu jefe paranoico sienta compasión por ti.

Como has visto, puedes hacer muchas cosas para mejorar tu entorno laboral. En cambio, si decides *no* modificar el ambiente, piensa que sólo conseguirás potenciar lo que precisamente no quieres. La inacción en la oficina no es inofensiva; la pasividad tiene consecuencias.

Jefes reacios

A mucha gente no le apetece ser el jefe, pero necesitan el sueldo. En general, los cerebritos que toman las decisiones de la empresa, en concreto aquellas que afectan a la gestión de talento, sucesión y desarrollo empresarial y humano, destacan por un factor común y es que parecen gritar a los cuatro vientos «¡No me asciendas!». Como coach ejecutivo, he perdido la cuenta de todos los brillantes expertos con los que he charlado mientras estaban a punto de lanzarse por la cornisa porque hacía mucho tiempo que habían dejado de hacer aquello que verdaderamente les apasionaba. Abandonaron un trabajo que se les daba de maravilla para aceptar un nuevo empleo que, en esencia, no contenía ninguna de sus tareas preferidas y tuvieron que invertir casi toda su vida para cumplir con el calendario empresarial de objetivos. Este alejamiento está presente en todas las historias melancólicas y tristes en que la gente «descarta» permanecer en la empresa para obtener una subida salarial y quedarse allí el resto de su vida, hasta que se jubilen o les despidan. Tras la crisis económica que se inició en 2008 muchos de los empleados que estaban desesperados por dejar de trabajar en su empresa vieron cómo la jubilación se alejaba de sus objetivos a corto plazo; esto hizo que numerosos jefes que no querían serlo y que jamás lo habían deseado no tuvieran más remedio que pasarse otro puñado de largos años ejerciendo la misma profesión.

En el fondo, la implosión fiscal es economía básica. Las mentes empresariales brillantes del siglo XXI continúan ignorando lo que ha estado pasando delante de sus narices: la gente está dispuesta a dejar un trabajo que le encanta a cambio de cobrar más dinero a final de mes. Mientras las mejores compensaciones y los paquetes de beneficios se entreguen a aquellos que dirigen y gestionan a los demás, los empleados más críticos de una empresa serán relegados a puestos donde no desarrollarán las tareas que la empresa más valora de ellos. Las empresas ignoran continuamente a trabajadores con potencial de jefes buenos y, en cambio, promocionan a técnicos estelares y vendedores en la entropía.

Todo esto forma parte de un fenómeno que yo denomino *procreación idiota* y que explico con más detalle en el capítulo 4. Por ahora, basta con decir que alejar a la gente de un trabajo que les apasiona y extorsionarles (recuerda el asunto del dinero) para hacer algo que detestan no ayuda mucho a crear jefes entusiastas y hábiles. Las generaciones más jóvenes reconocen que, cuando se les invita a unirse al mundo de la gestión, también se topan con jefes igual de desagradables. La mayor diferencia entre una persona de mediana edad que se arma de valor y acepta un trabajo que odia sólo por dinero y un joven que hace lo mismo está en la expresión de su desagrado. Contrata a un joven y ofrécele un puesto que odie y, créeme, le oirás quejarse día tras día. Que Dios les bendiga. Ha llegado el momento de que alguien se levante y diga: «Este trabajo apesta».

Trucos para aguantar a un jefe reacio:

- Si acabas trabajando para un jefe reacio, muestra empatía. No digas cosas como «Dios, cómo me alegro de que seas el jefe», pues es posible que crea que te estás burlando de él. Si tu jefe reacio ronda la treintena, es muy probable que esté resignado a ello, así que no hagas ningún comentario al respecto, a menos que después del trabajo te vayas a tomar una copa con él.
- Si el léxico juvenil es demasiado chirriante para ti, aprende a decir «Qué plomazo. Este trabajo apesta de verdad» de una forma más especial y adecuada. Mientras tu jefe reacio reconoce el carácter desagradable de la situación insostenible en la que se encuentra, tú sigue adelante y ofrécele ayuda para aligerarle la carga. Decir algo como «Ningún problema, deja que yo me ocupe de eso» puede dar la impresión de que no tienes otra opción más que ocuparte de algo que debería ser responsabilidad del jefe reacio, pero no es así. Te marcarías un puntazo.
- Someterte a una revisión de tu propio rendimiento porque tu jefe reacio no va a tomarse la molestia de hacerlo no es tan rebuscado como crees. De hecho, este tipo de jefes suelen apreciar el hecho de que rellenes todo el papeleo. Pídele a tu jefe reacio que te reenvíe los documentos que el departamento de recursos

humanos le envió hace tres semanas y que tan alegremente enterró entre los papeles de su escritorio. Haz una valoración de ti mismo. Seguramente la empresa no tendrá dinero en la caja fuerte para ofrecerte un aumento salarial, así que evítale un problema a tu jefe reacio y, si tienes ocasión, aprovéchate de ello.

- Deja que el jefe reacio haga lo que le encanta. Si era un acérrimo de los códigos antes de ser nombrado director ejecutivo, deja que sea él quien los escriba. Si era un comercial feliz, deja que sea él quien se encargue de las llamadas. Si era un analista feliz, deja que analice. Sabes que lo único que no soporta es merodear por la oficina para ver que ahora tú te encargas de asuntos que, en términos oficiales, él ya no puede manejar. Así que marca un horario de forma que tú puedas operar al máximo nivel posible sin tener que estar recordándole constantemente a tu jefe que estás allí. Si se da cuenta de tu presencia, actúa como si no lo necesitaras ni quisieras nada en absoluto.

No podría ser un buen coach ejecutivo si no creyera en la posibilidad eterna de la salvación, incluso en las circunstancias más funestas y extremas. Así que presta especial atención a las señales que tu jefe reacio pueda estar enviándote. Quizá le has caído en gracia y no lo sabes. Recuerda que no lo expresará con muchas palabras, pero si empieza diciendo cosas como «Me gustaría que fueras sincero y me dijeras si estás a gusto en tu puesto de trabajo», quiere decir que, sin darse cuenta, está tomando otro camino para dirigir el departamento. Si muestra una chispa de interés en lo que pasa a su alrededor, coge algunas hojas secas, ramitas y astillas, sopla la chispa, echa leña al fuego y mira a ver si puedes generar un poquito más de calor. Si a un jefe reacio le entran más ganas de mandar cuando tú andas por ahí, quizá es que hayas colaborado a que la experiencia sea más agradable.

La diferencia entre un jefe reacio más o menos invisible o ausente y uno insensible y de estilo «Apártate de mí, mindundi» suele estar en la relación que mantienen ambos con sus subordinados directos. Si los subalternos confirman las sospechas del jefe reacio de que los empleados son como un dolor de muelas, no dudes de que este experimentará dolor. Si, en cambio, los subordinados se comportan como adultos maduros y saben trabajar de forma autónoma y eficiente, es probable que el jefe reacio afloje un poco la tensión. Tú puedes jugar un papel decente en esa situación ayudando a tus compañeros a entender que tu jefe reacio es una persona capaz de desarrollar su trabajo. «Sólo necesita un poco de espacio y oxígeno para estar más cómodo», podrías explicarles. Si consideras ese vacío en la gestión de un departamento como una oportunidad que el jefe reacio ha creado, podrías salir de allí como un héroe.

Los jefes reacios pueden tomar dos caminos: o bien enterrar la cabeza como un avestruz, evitando así cualquier contacto con sus empleados directos, o poquito a poco ir cogiendo el gusto a dirigir a los demás. Si tu jefe reacio está completamente absorbido por el ordenador y no se le puede interrumpir en siete horas esto significa que está hundiéndose en su miseria, y por lo tanto, es muy probable que esté destinado al fracaso más absoluto. Por otro lado, tu capacidad de liderazgo puede salir a relucir entonces. Si tu jefe reacio está conectado a su ordenador tan sólo tres horas al día, ha llegado el momento de inspeccionar los alrededores, leer las instrucciones del artefacto y reunir las piezas.

JEFES INEPTOS

Es mejor tener un jefe reacio que uno inepto. Al menos el primero prefiere mantener todo lo que sabe, o no conoce, sobre gestión y liderazgo en secreto, sin decírtelo a la cara (normalmente porque no quiere ni vértela). En cambio, los jefes ineptos desean serlo a pesar de no poseer las capacidades más básicas para mandar y dirigir a un equipo. Sin embargo, por muy retorcido que pueda parecer, a veces son capaces de generar unos cuantos seguidores gracias a su carisma personal. Esta cualidad seguramente ha sido la razón principal de su ascenso, a pesar de su falta absoluta de credenciales de liderazgo.

Te adelanto que algunos puristas del campo del liderazgo estarán gritando ahora mismo que «¡El liderazgo y la gestión no son lo mismo!». Sí, sí. Tengo dos másteres, un doctorado y créditos universitarios que tendré que devolver hasta el día en que me muera: he captado la idea. Pero todas las personas que reciben un sueldo por dirigir el trabajo de departamentos enteros y empleados individuales deben ser capaces de inspirar cierta admiración, incluso a los directores ejecutivos. O quizá me atrevería a decir que *especialmente* a los directores ejecutivos.

Sin embargo, cuando esta capacidad de inspirar admiración es la única virtud que posee un nuevo jefe, créeme, se avecinan problemas. Es cuestión de tiempo que todas sus carencias salgan a la superficie, y sus superiores no tardarán en exagerar esta falta de capacidad a la hora de gestionar un departamento. Durante los primeros meses de trabajo de un jefe inepto, resulta difícil darse cuenta de los evidentes huecos en su capacidad de gestión, y más si está como una cabra. El hecho es que, por lo visto, nadie se da cuenta de que la mayoría de jefes están pirados hasta que ascienden y se instalan definitivamente en su puesto de trabajo. Y, como suele ocurrir, el jefe chalado parece ser una persona normal y corriente hasta que cruza ese inevitable y a la vez letal umbral que desencadena una fusión nuclear. Cuando esto pasa llega un correo electrónico o suena el teléfono en el despacho del coach ejecutivo.

Los jefes ineptos no son conscientes de que no tienen ni idea de lo que no tienen ni idea; me parece justo. A falta de tal iluminación, asumen que todo el mundo debería reaccionar a ciertas situaciones igual que ellos. Los jefes ineptos tienen mucho que aprender o, mejor dicho, deben aprenderlo todo sobre su oficio. La cuestión es: ¿pueden hacerlo lo bastante rápido para evitar un descarrilamiento del tren, que es un escenario seguro que producirá la ignorancia en la gestión y dirección de un departamento? Si trabajas para un jefe inepto debes tomar una decisión: ¿te tirarás a las piscina y le ayudarás a aprender lo que necesita saber para mantener la empresa a flote? Y si es así, ¿por qué?

Debes tener muy claro si tu jefe tiene el potencial suficiente para convertirse en alguien eficaz. O si es capaz de llegar a ser un buen jefe en el caso de que se le diera la oportunidad de adquirir unas capacidades de liderazgo. Si te equivocas, es posible que crees un monstruo que te devorará vivo. Si decides enfrentarte a tu jefe inepto, ya sea de forma activa o pasiva, alguien se aprovechará de ello. O peor aún, lo primero que tu jefe inepto aprenderá será a erradicar las influencias enemigas, como por ejemplo, tú.

Aquí tienes algunas cosas que deberías tener en mente cuando trabajes para un jefe inepto:

- ¿Quién nace enseñado? ¿Qué padres primerizos conocen los pormenores de la paternidad? Sabemos que podemos aprender por imitación, pero los primogénitos de cualquier familia recibirán, sin duda, la misma educación que recibieron sus padres, una herencia que pasa de generación en generación, o de manera premeditada e intencionada una educación completamente opuesta. Cada aproximación tiene sus virtudes y sus defectos.
- Del mismo modo, si un jefe nuevo no ha recibido formación alguna en gestión o liderazgo, es probable que caiga en la imitación, *n'est-ce pas?* Esto pasa desde los inicios de la humanidad. Si Adán y Eva hubieran sido mejores padres, su hijo mayor no le habría dado un porrazo a su hermano pequeño.

- Los hijos también ayudan a criar a sus padres, en cierto sentido, y ahora es un momento perfecto para hacer un buen uso de esa experiencia. Tus padres estaban destinados a serlo, por mucho que tú te hubieras empeñado en cambiarlos por personas distintas. ¿Quién no ha tenido esa misma sensación con su jefe? Utiliza tu mano izquierda.
- Mantén la mente despejada y confía, de todo corazón, que todo lo bueno que hagas por los demás acabará repercutiendo en ti. Tus buenas acciones están cósmicamente alineadas con todas las cosas buenas que te ocurran. Cuando hablo de «los demás», en realidad me estoy refiriendo a incluir en este grupo a tu jefe, además de a tus compañeros y subordinados que también trabajan bajo la autoridad institucional de él.
- No caigas en la tentación de ganar autoridad popular a costa de tu jefe. Al igual que sucede con el proverbial jefe idiota, del que te hablaré en breve, un jefe inepto suele ser objeto de burlas. A ciertas personas les ofende sobremanera la incapacidad de un jefe inepto de darles lo que desean; para estos trabajadores enfadados o socarrones, el jefe es como un padre de alquiler. Y, por lo visto, no se le da demasiado bien. Lo he dicho unas mil veces: «Jamás un empleado ha mejorado su carrera profesional dejando a su jefe como un estúpido».
- Echa una mano al jefe inepto para que aprenda a hacer su trabajo. ¿Aprender el qué? A cómo gestionar el departamento charlando con los empleados, tanto de forma literal como virtual, y así encontrar a gente (es decir, a ti) que está haciendo su trabajo a las mil maravillas. Enséñale a felicitar a la gente (a ti) cuando hace las cosas bien porque de ese modo se esforzará más. Muéstrale cómo recompensar a la gente (a ti) por el valor que aporta a la empresa. Dile cómo debe crear un ambiente de compañerismo y apoyo mutuo, donde todo el mundo pueda beneficiarse de los esfuerzos de los demás.
- Pese a mis constantes avisos de que tener mano izquierda es una forma de interés propio, esto no se trata de ti ni de mí. Cuando hablamos de trabajar en equipo tenemos que incluir a todo el mundo, desde el primero hasta el último. Ese es el ambiente laboral en el que deseas trabajar y, de hecho, es el que tu jefe inepto, con tu ayuda, puede construir y preservar. Para muchos, ver cómo su jefe inepto fracasa en una tarea que apenas requiere preparación es una tentación demasiado irresistible. Por mucho

que te cueste creerlo, alguien situado más arriba que tú en la cadena alimenticia decidió asignar a tu jefe inepto ese cargo con autoridad institucional. Para una persona inteligente, es decir, alguien capaz de controlar a su idiota interior (ya sabes, en este caso, el que disfrutaría viendo a los jefes sufrir), este es un buen momento para resistirse a esta tentación y darse cuenta de que su jefe inepto es su puerta de acceso al poder, además de una oportunidad para incorporar a la empresa valores que considera importantes, como la verdad, la justicia y una perspectiva global. Si el jefe inepto carece de la capacidad de gestionar a sus subordinados, no dudes que tampoco sabrá arreglárselas muy bien con sus superiores. Ayudar a tu jefe inepto a prepararse las presentaciones, las reuniones importantes o la redacción de informes relevantes puede ser tu oportunidad de ascender. ¿No te parece genial?

Jefes colegas

«No necesito más amigos, ¿y tú?». Cuando escribí esta frase por primera vez en 2003, era demasiado simplista. El hecho es que la gente es la alegría y el propósito de mi vida y mi trabajo. No puedo ser feliz sin personas a las que ayudar y atender. Me convertiría en un lamentable coach ejecutivo si sólo hablara de mí y de mi ego. Quizá de ese modo mi cuenta bancaria tendrías más ceros, pero ¿sería un profesional acorde con su certificación? No, gracias. Sin embargo, reconozco que soy más servicial que animador y, por lo tanto, me siento realizado y estimulado cuando gozo del apoyo, los estímulos y la responsabilidad que sólo los que piensan como yo pueden ofrecerme. El problema es que un jefe colega asume que piensa de la misma manera que tú cuando, en realidad, no es así. No estoy diciendo que no debamos respetar puntos de vista distintos al nuestro ni tratar de ser inclusivos y receptivos a opiniones opuestas a la nuestra. Pero el objetivo del clásico jefe colega es meterse en tu cerebro y establecer allí su residencia.

El típico jefe colega está obstinado en ocupar el espacio del universo situado junto al tuyo. Su obsesión será tal que un día agradecerás cualquier excusa para eludirle, incluido el trabajo. «Lo siento, jefe —practicarás mirándote al espejo y poniendo la expresión más apenada que consigas—. El presidente de la junta acaba de ponerme una fecha límite. ¿No te ha informado?». Una cosa tan lógica como esta pone al jefe colega en un aprieto un tanto paradójico. Si te despiden, él pierde a su colega y no tendrá más remedio que abordar a un nuevo subordinado para que te sustituya. Afligido por tu inminente desaparición, no cuestionará por qué el presidente de la junta está dándote órdenes directas.

Aquí tienes algunos trucos que debes tener en cuenta cuando trabajas para un jefe colega:

- Sólo por supervivencia, invita a tu jefe colega a todos los eventos. Piensa que, de todas formas, él piensa acudir. Si descubre que no le has incluido en alguna actividad, se entristecerá y lo pagará contigo, lo cual le convertiría en un jefe sádico. Un jefe colega dolido da mucha lástima, de veras. Tras varios días de bajón, lágrimas y llorera, desearás haberle invitado al acontecimiento.
- Comparte información de forma abierta con tu jefe colega. Eso le hará sentirse incluido. Compartir información es una práctica empresarial más que reconocida, así que acostúmbrate a hacerlo. Ten presente, sin embargo, que a la mayoría de tipos de jefe, con excepción del bueno, les importan un comino las prácticas más beneficiosas. Puedes inmovilizar a un jefe colega simplemente transfiriéndole información y, por si fuera poco, conseguirás que te deje en paz durante un rato y puedas hacer tu trabajo mientras tanto.
- Solicita reuniones regulares con tu jefe colega. Como si habláramos de una mamá gallina, a él le encanta tener a sus polluelos merodeando a su alrededor, así que, a menos que él mismo lo sugiera, revolotea por su despacho de vez en cuando, porque, de lo contrario, se molestará, se pondrá triste y acumulará un rencor que, más tarde, descargará sobre ti. Evita las lágrimas y la llorera tristona. Si solicitas una reunión de personal al menos una vez a la semana, obtendrás dos beneficios: podrás usar la reunión para obtener un provecho empresarial y, además, tu jefe colega estará encantado de que hayas tomado tal iniciativa. Para él, significa que te implicas. Con mucho gusto dejará que seas tú quien planee y dirija la reunión, lo cual pone la pelota en tu campo (es decir, dejará el poder en tus manos). Podrás influir con mayor independencia en el ambiente laboral y avanzar el orden del día. Teniendo en cuenta que tú eres uno de los tipos buenos (como lo son la mayoría de los lectores de este libro), eso es algo positivo.

- Cuelga fotografías donde aparezcas junto a tu jefe colega por todas partes. Las demostraciones y recordatorios visuales de ambos le ayudarán a sentirse más seguro a nivel emocional. Cuando veas que se pone triste porque nadie le invita a ningún plan, ignora el comentario y, con aire melancólico, suelta algo como «Ostras, tú, ¿te acuerdas del torneo de fútbol sala que patrocinamos?». Señala la fotografía que hay encima de su escritorio. «Recuerdo cómo tenías a aquel tío entre las cuerdas. Y, si quieres que sea sincero, creo que hizo trampas». Cada año, para su cumpleaños, regálale un álbum de recortes que le demuestre cuánto le queréis. Hoy en día existen publicaciones electrónicas en todo tipo de plataformas, así que no dudes en incluir un DVD o enviarle fotografías y vídeos a su iPhone o iPad, tal y como harías si tuvieras un jefe paranoico. Cuelga en su página de Facebook este tipo de imágenes, etiquétale en las fotos donde aparece y programa la red social para darle un toque de forma automática cada par de horas durante el fin de semana.
- Envíale con regularidad correos electrónicos o SMS para recordarle que no está solo. No cuesta mucho decir «Hola» o el clásico «¿Cómo te va?». Enviar imágenes o correos electrónicos divertidos a su dirección también ayudará a promover su sentido de inclusión. Añade su correo personal en el campo CC y asegúrate de incluirle en tu red de amistades para que reciba todos tus mensajes, sobre todo cuando está de vacaciones. Bueno, eso si consigues que se vaya de viaje sin ti o tu familia.
- Cuidado con el confesionario. Tu jefe colega dedicaría horas y horas a escuchar tus penas y glorias y a confesarte sus secretos; esto puede distraerte e impedir que cumplas con tu trabajo. Cuando empiece su confesión, pregúntale con suma educación si puede reservársela para más tarde, porque tienes un montón de asuntos que arreglar en ese momento que requieren toda tu atención. Serás sincero con él y además aprenderás a tomar el control cuando aparezca una distracción. No dudes en enviarle tu calendario de Outlook para que sea consciente de todas las tareas de las que debes ocuparte. Le encantará saber todo lo que tienes que hacer y esto le servirá para controlar su ansiedad.

Quizá el mayor desafío al que uno puede enfrentarse cuando trabaja con un jefe colega sea la gestión del tiempo: establece límites horarios. Cuando tu jefe colega te pregunte si tienes un minuto, dile que tienes tres y que son todos para él. Aleja cualquier distracción que pueda desconcentrar a tu jefe colega: haz que se siente, acomódate enfrente, establece contacto visual y no parpadees durante tres minutos. Después levántate y sal de su oficina, dándole las gracias por compartir esa información contigo. Esta técnica de modificación de la conducta suele ser muy eficaz si se aplica de forma sistemática y coherente. Si cada vez que te pide un tiempo estableces un límite, se acostumbrará a no preguntarte si tienes un minuto cuando su verdadera intención sea iniciar una conversación eterna. Esta técnica funciona a las mil maravillas con personas necesitadas, ya sean jefes o subordinados. Hace ya décadas que enseño estas técnicas. Así, los trabajadores interrumpen su jornada unos pocos minutos al día y se ahorran horas de interrupciones constantes e inútiles. Estas técnicas funcionan.

Una y otra vez me he encontrado con jefes y empleados que se adelantan a sus superiores o compañeros más necesitados y les piden tres minutos de su tiempo cada mañana. La mayor parte de las ocasiones, un gesto así te evita una interrupción posterior. Debes estar muy concentrado para que tu jefe colega se aleje sin sentirse acongojado por eso. Con un poco de suerte, te trasladarán a un departamento donde mande un jefe idiota.

Jefes idiotas

Agradece cualquier tipo de aprobación, por pequeña que sea. A diferencia de los jefes colegas, ineptos, reacios, paranoicos, masoquistas, sádicos, maquiavélicos y endiosados, el i-jefe es sencillamente un mutante incompetente crónico que se ha perdido en algún punto de la evolución de las especies. El vagón del desarrollo humano se topó con un bache en el camino y el i-jefe cayó y se quedó sentado en mitad de la carretera, rodeado de una nube de polvo y frotándose el chichón de la cabeza. Deambuló hasta el edificio de oficinas más cercano para ir al lavabo y poco después ya la estaba dirigiendo. Este es el mundo real.

Si creías que la incompetencia era el único obstáculo al que te ibas a enfrentar en tu lugar de trabajo, espero que este capítulo te ayude a desengañarte. En general este libro hace referencia a los diez tipos de jefes más habituales, aunque debo reconocer que siento cierta debilidad por los i-jefes. La principal razón es que hay muchísimos (recuerda, yo era uno de ellos). Sin embargo, no agotaré el tema del i-jefe en esta sección. Puesto que estoy en rehabilitación, tengo que confesarte algo: a pesar de todos los esfuerzos que invierto para recuperarme, sigo siendo un idiota con un ambicioso y obsesivo idiota interior, preparado para asomar la cabeza en cualquier momento y hacerme quedar como un absoluto imbécil. Y todo por culpa de mi maldita obsesión de parecer un erudito y un sabio. La otra explicación es que me gusta que la gente se compadezca de mí. La buena noticia es que tu i-jefe seguramente:

- No pensará que es Dios, como haría un jefe endiosado.
- No es lo bastante astuto para abrirse camino hasta la cima, como haría un jefe maquiavélico.
- No provocará laceraciones con regocijo, dejándote desangrado sobre su escritorio, como haría un jefe sádico.
- No se mutilará a sí mismo, ni te pedirá que lo hagas, para morir desangrado sobre tu escritorio, como haría un jefe masoquista.
- No sospechará que una banda de ninjas está a punto de colarse por la ventana para atacarle mientras está despistado, como haría un jefe paranoico.
- No se esconderá bajo el escritorio para evitar hacer cualquier tarea que corresponda a un jefe, como haría un jefe reacio.
- No forcejeará para mantenerse a flote, como haría un jefe inepto.
- No conectará su cordón umbilical con tu célula energética para absorberte todo el chi de tu cuerpo, como haría un jefe colega.

Sé amable con tu i-jefe; hazlo por mí. Aunque todo parezca embriagador, no te desanimes, para eso está el Poder Superior. Por eso hay doce pasos que seguir: para ayudarnos a sintonizar con nuestro Poder Superior y deshacernos del confuso ruido que crean los jefes más imbéciles. Una vez más, el segundo paso de nuestro programa de doce pasos para idiotas rehabilitados te ayudará a ver las cosas desde otra perspectiva para poder entender lo que tenemos que hacer cuando trabajamos con jefes horrendos y/o cómo podemos evitar convertirnos en uno de ellos.

> PASO DOS: «ME HE DADO CUENTA DE QUE EL RETO DE UN I-JEFE ES DEMASIADO GRANDE Y QUE SERÉ INCAPAZ DE MANEJARLO YO SOLO, Y, POR ESE MOTIVO, NECESITO UN PODER SUPERIOR A TODOS LOS JEFES QUE NO DEJAN DE VOMITAR PALABRERÍA, YA SEAN BUENOS O MALOS, PARA EVITAR VOLVERME COMPLETAMENTE LOCO».

Puede que Papá Noel sea un mito, pero los i-jefes son reales y, en mi humilde opinión, creo que Dios los quiere tanto como al resto de los mortales. Si no, ¿por qué creó a tantos? Están en la tierra para poner a prueba nuestra fe, para proteger nuestra cordura y para enseñarnos qué es la supervivencia.

Como ves, todo encaja a la perfección: el jefe que no nos mata nos hará más fuertes. Si no fuese por los i-jefes, quizá empezaríamos a pensar por nosotros mismos y nos convenceríamos de que podemos controlar el mundo que nos rodea. Con un delirio de tales dimensiones, tú y yo no somos más que un i-jefe esperando en la esquina del despacho para abrir nuestro propio negocio. Nuestra verdadera cordura depende de reconocer nuestra impotencia y, de un modo honesto, convertir a nuestro i-jefe en la omnisciente, omnipresente y omnipotente preocupación por nuestro Poder Superior.

Los jefes idiotas nos obligan a ser honrados y honestos. Si no los tuviéramos revoloteando a nuestro alrededor, ¿cómo podríamos enriquecer nuestras vidas? Como dice una canción de música country, *How can I tell you how much I miss you if you won't go away?* (¿Cómo puedo decirte que te echo de menos si no te alejas de mí?). Da las gracias por tener a un idiota como jefe. Sin duda, será facilísimo trabajar codo con codo con él y además no amenazará tu salud, a diferencia de los demás tipos de jefe, a excepción del buen jefe. Te lo repito otra vez: asegúrate de que tu jefe es un i-jefe antes de empezar a aplicarle métodos y técnicas diseñadas para i-jefes. Tratar de usar este tipo de soluciones específicas para ellos en otros tipos de jefes es como intentar instalar una aplicación con un *software* incompatible. En el mejor de los casos, colapsarás el sistema; en el peor, iniciarás una reacción intermolecular que provocará la explosión del planeta, creando así un agujero negro que absorberá toda la materia de nuestra galaxia y dejando el planeta en manos de los i-jefes hasta el próximo Big Bang. Por lo visto, los i-jefes son inmunes a todo lo que puede acabar con la vida de los mortales.

Recuerda que no todos los jefes son idiotas, y viceversa. Lo mejor que puedes hacer es estar preparado para tratar con todo aquello que te puedas encontrar en tu camino. Vive y deja vivir. En vez de considerarte una víctima de un i-jefe, o de cualquier tipo de jefe, imagina que eres un barco diseñado para repartir amor y salvación a los personajes más detestables de este planeta y más allá. El ejercicio para el paso dos que viene a continuación te ayudará a determinar si eres una víctima de un mal jefe o un voluntario para el trato desagradable que un mal jefe puede proporcionarte.

Ejercicio para el paso dos

Mantén tu radar en alerta, escruta tus alrededores en todo momento en busca de cada tipo de jefe. Ahora que te estás convirtiendo en un diagnosticador experto de los distintos tipos de jefes, estarás más preparado para distinguir en un abrir y cerrar de ojos las diferentes variedades de señales que emite cada uno de ellos y, de forma inmediata, podrás empezar a aplicar los métodos y técnicas que contienen las páginas de este libro. Asumo que te das cuenta de que estas capacidades de diagnóstico y la gama de posibles intervenciones pueden utilizarse con cualquier persona que padezca estos trastornos, no sólo con jefes que poseen autoridad institucional para imponer su ignorancia y/o defectos de personalidad sobre personas con menos poder. El objetivo de este libro, sin embargo, está centrado en estos últimos.

Puedes considerarlos el malo de la película o llamarles aves carroñeras; todos compartimos la misma historia familiar, así que saca tu bloc de notas, traza una línea vertical en el centro de una página y haz tu propia hoja de balance comparativa. En la columna de la izquierda, redacta una lista de cómo respondería una víctima a los comportamientos de un jefe según el tipo de jefe que sea. La columna derecha debería contener una lista de respuestas paralelas que esperarías de una persona dotada de sabiduría y empatía. Por mucho que reces por ello, a tu jefe no le van a trasladar a la isla de los Juguetes Inadaptados con el resto de los jefes malos. Así que estudia y compara tus listas y dale a tu jefe el mismo beneficio de la duda que, con toda seguridad, otorgarías a un amigo o un pariente muy cercano. ¿Puedes ver cómo ambas listas, una escrita desde la perspectiva de una víctima y la otra desde la de una persona empática, representan puntos de vista radicalmente distintos? Una columna apesta a conflictos interminables y la otra desprende un aroma primaveral. Una columna retrata la oscuridad y la fatalidad mientras que la segunda representa la esperanza en plena floración. Cuanto más nos esforcemos en controlar cosas que escapan de nuestro control, más profundamente nos hundiremos en el tanque de la victimización.

Si hay algo que los jefes iluminados pueden compartir con nosotros (un agradecimiento a la escritora Laura Crawshaw) es la diferencia entre intentar nadar a contracorriente en las cataratas del Niágara, lo cual equivale a pensar que podemos luchar para cambiar algo que nosotros ni siquiera hemos creado y que no podemos curar ni controlar, y dejarse llevar por la corriente sobre un flotador de aceptación.

(Continúa)

«¡Un minuto! —espetan los participantes de mi taller en este momento del ejercicio—. Si no soy el causante del trastorno de mi jefe y no puedo curarlo ni controlarlo, sólo puedo ser una víctima».

«Tranquilízate —le respondo con serenidad y manteniendo una distancia de seguridad—. Las cosas no son siempre blancas o negras».

En otras palabras, abre la mente y no pienses en el «todo o nada» o en el «blanco o negro». Siempre habrá cosas que no podrás modificar, ni tú ni yo; déjalas en manos de nuestro Poder Superior. En cambio, existen otras que sí podemos alterar; ten en cuenta la cita de Niebuhr relativa a la «sabiduría para conocer la diferencia». Si dominamos y demostramos la serenidad, el coraje y la sabiduría necesarios, podemos sacar lo mejor de cualquier jefe, incluso de los idiotas. La llave a nuestra paz y tranquilidad está en establecer unas expectativas razonables y alcanzables. Puedes tardar mucho tiempo en conseguir este objetivo.

Como empleados con voluntad propia, siempre podemos intentar agarrar el toro por los cuernos. Cada uno funciona de forma distinta y toma decisiones que marcarán su vida, desde renunciar a un puesto de trabajo y salir de la empresa cantando la melodía de *Métete este trabajo donde te quepa*, hasta el «Haría cualquier cosa por ti, jefe, todo lo que me pidas porque te debo todo lo que tengo». En algún punto entre esos dos extremos está tu lugar personal y homeostático, una posición desde donde eres capaz de aceptar lo que no puedes cambiar y ejercer una influencia genuina sobre todo aquello que sí puedes, empezando por tu propia actitud, sobre la que tienes un control absoluto. Si de verdad eres más listo que tu jefe, así es como puedes demostrarlo, al menos por satisfacción propia y para conseguir la paz interior. Si examinas a fondo las distintas perspectivas de tu hoja de balance, verás que ese victimismo es en realidad voluntario. Tú y yo podemos escoger qué lado del balance ocupamos y, para hacerlo, debemos armarnos de poder y control. Cuando el verdadero idiota se ponga en pie, asegúrate de que no se trate de ti ofreciéndote de voluntario para el trabajo.

3.
Características y competencias según el tipo de jefe

En 2003, reflexioné sobre si los jefes idiotas eran producto de la naturaleza o de la educación. ¿Fueron un contratiempo de la evolución humana o un producto del sentido del humor de Dios? (Sí, Dios tiene sentido del humor. ¿Alguna vez has visto a un pato corriendo?). Como coach ejecutivo, no te imaginas las veces que he oído frases como «Estas cosas pasan, no es culpa de nadie. Siguiente pregunta». Bueno, yo digo que *las cosas nunca pasan porque sí*. Siguiendo la idea de Paul Watzlawick de que «uno jamás puede no comunicarse», estoy convencido de que *siempre* hay una razón que explica el comportamiento humano. Ya sea de forma consciente o inconsciente, las personas deciden si hacer cosas o no hacerlas, pero siempre por un motivo.

Cuando una situación explota, es porque alguien manejaba un material explosivo y encendió la mecha. Ya sea intencionadamente, por error o quizá por pura negligencia, a menudo con la mejor de las intenciones, alguien ha diseñado las condiciones que han hecho posible esta explosión. Como coach ejecutivo que siempre trabaja en el contexto empresarial, es decir, *que busca constantemente armonizar lo que el personal hace mejor con lo que la empresa más necesita*, intento identificar, aislar y desembalar todas las conductas que van encaminadas a desencadenar una explosión y reconducir esa energía hacia actividades más productivas y menos incendiarias. En cambio, preparar a personas motivadas con un alto potencial, que simplemente necesitan crecer en sus posibilidades y expandir su capacidad de liderazgo supone la guinda del pastel de mi profesión.

Normalmente he colocado el paso de rehabilitación y el ejercicio asociado al final de cada capítulo. Pero el paso tres y su ejercicio correspondiente son *el* capítulo. Aquí hay una montaña de información que quiero trasmitir, siempre y cuando quieras leer e informarte de las características y competencias propias de cada tipo de jefe. Quizá prefieras centrarte solamente en tu tipo de jefe, cosa que acortará tu paso por el capítulo tres.

El paso tres

Entender cómo tus características naturales y los comportamientos aprendidos han hecho que te dirijas rumbo a la tolerancia o intolerancia de la estupidez es fundamental si estás dispuesto a mejorar tu relación con tu jefe, asumiendo, claro está, que tú seas el más listo de los dos. Si no te conoces a ti mismo, ¿cómo sabrás si el malestar y la frustración que atribuyes a tu jefe son reales o producto de tu imaginación? ¿Cómo podrás saber si el comportamiento disfuncional de tu jefe lo es de verdad o es tan sólo un espejismo causado por la manera en que miramos el mundo? Lo más probable es que sea una combinación de ambas cosas.

Entregar la voluntad y la vida al Poder Superior de uno mismo es básico y esencial, puesto que él fue quien os creó, tanto a ti como a tu jefe. Por así decirlo, los dos nadáis en las mismas aguas; sois criaturas distintas dentro de un mismo sistema. Aunque ¿hasta qué punto os diferenciáis tanto?

Desde mi punto de vista, el Poder Superior es en parte sinónimo de una *inteligencia* superior. Todos necesitamos la perspectiva de un Poder Superior que nos guíe a través de este estudio. Cuando tú y yo nos rendimos a un Poder Superior, tratamos de triunfar en el contexto de un sistema u orden superior en el que nosotros y nuestros jefes (y subordinados) nos complementamos gracias a nuestras condiciones naturales y competencias adquiridas. Aportamos todas las cualidades que no tiene nuestro jefe y, con un poco de suerte, esto también funciona a la inversa. Y, en el caso que no sea así, nosotros seguimos aportando nuestro granito de arena.

> **EJERCICIO PARA EL PASO TRES: «HEMOS DECIDIDO ENTREGAR NUESTRA VOLUNTAD Y NUESTRA VIDA A NUESTRO PODER SUPERIOR, TAL Y COMO NOSOTROS LO ENTENDEMOS»**
>
> El ejercicio para el paso tres implica combinar dos aspectos: quién es tu jefe y qué ha aprendido de ti, y qué has aprendido tú a fin de crear un entorno idóneo para un buen jefe. El ejercicio del paso tres se basa en: identificar el tipo de jefe con el que más te cuesta trabajar y luego determinar qué características y competencias puedes aportar en tu relación con él para transformar la combinación de *tú y tu jefe* en algo parecido a una relación con un buen jefe. Sí, lo has oído bien. Si quieres vivir la experiencia de trabajar con un buen jefe, es más que probable que tengas que compensar las diferencias que hay entre esta clase de jefes y la realidad. ¿Estás dispuesto a formar parte de la solución y suplir las carencias de tu jefe o prefieres retroceder y volver a quejarte de sus defectos? Es tu elección.

ORIGEN DEL EJERCICIO

Igual que la primera década del siglo XXI cedió el paso a la segunda, muchas corporaciones del sector público y privado y agencias gubernamentales, tanto con fines de lucro como sin ellos, empezaron a redactar listas de competencias de liderazgo. Algunas empresas dieron a conocer estas facultades, que incluían rasgos innatos, además de actitudes y comportamientos aprendidos o adquiridos que se han acabado convirtiendo en características humanas específicas. Yo denomino *competencias* a estas últimas porque tratar y abordar del mismo modo características muy arraigadas naturalmente y competencias aprendidas puede difuminar la diferencia entre ambas.

A riesgo de enredarme demasiado en la semántica, una característica humana es, en esencia, una opción por defecto de todos los mortales. Una persona hará algo porque «ella es así», del mismo modo que un comportamiento «define su carácter». Para que nos entendamos, se trata de la parte más en la sombra de un individuo. Sólo con un aprendizaje deliberado e intencionado, uno puede construir una competencia opuesta al carácter natural de una persona (o desarrollado a una edad muy temprana). Nuestro Poder Superior entiende todo esto. Podríamos intentar comprenderlo por nosotros mismos, pero sólo conseguiríamos tropezarnos con la misma piedra. O también podríamos aceptar que formamos parte de un sistema más grande y dejar que sea nuestro Poder Superior quien nos revele lo que necesitamos saber si estamos dispuestos a recibir ese conocimiento.

La matriz que se facilita a continuación contiene competencias publicadas que he estudiado en diversas empresas de todo el mundo. Algunas de estas características/competencias presentes en mis clientes componen un marco organizativo para mi trabajo. Las características/competencias identificadas en la cultura de una empresa conforman el *contexto* donde la práctica del coaching tiene lugar.

Cuando piensas en las diversas definiciones de *competente*, incluyendo «apropiado», «autosuficiente» y «hábil para cumplir lo exigido», no parece que los diseñadores empresariales, los expertos en aprendizaje y desarrollo y los conductistas empresariales que lanzaron la moda de la competencia buscaran colocar el listón del liderazgo a una gran altura. A mi parecer, todos los líderes deben ser «apropiados» y «autosuficientes» y han de ser «hábiles para cumplir lo exigido». Yo hubiera sugerido el título de «excelencias de liderazgo» en vez de competencias, pero nadie me preguntó. ¿Quién soy yo para ir a contracorriente y oponerme a la opinión de todos los departamentos de recursos humanos y aprendizaje y desarrollo? Así que, en nombre del Dr. Hoover, te presento la matriz de 10 × 10 para todos los tipos de jefes:

Características y competencias según el tipo de jefe

La primera línea vertical en cada categoría es *Característica*

La segunda línea vertical es *Competencia*

1. Una persona curiosa y estudiosa / Experta en investigación y cuestionarios
2. Una persona empática y realista / Un negociador con talento
3. Una persona justa y agradecida / Experta en resolución de conflictos
4. Una persona segura de sí misma y responsable / Experta en la confrontación constructiva
5. Una persona comprensiva y bondadosa / Experta en escuchar y valorar las necesidades
6. Una persona abierta y transparente / Experta en comunicación
7. Una persona con la mente clara y centrada en el futuro / Planificadora estratégica
8. Una persona con inclinaciones técnicas por naturaleza / Experta en aplicación y ejecución
9. Una persona empresarialmente astuta / Experta en coach ejecutivo
10. Una persona inteligente y con ganas de ayudar a los demás / Un gran maestro para el mundo

	1C	1Cp	2C	2Cp	3C	3Cp	4C	4Cp	5C	5Cp	6C	6Cp	7C	7Cp	8C	8Cp	9C	9Cp	10C	10Cp
Jefe endiosado	✓	✓									✓									
Jefe maquiavélico	✓	✓		✓									✓	✓			✓	✓		
Jefe sádico	✓	✓												✓			✓			
Jefe masoquista									✓	✓	✓						✓	✓		
Jefe paranoico	✓	✓												✓	✓					
Jefe reacio				✓									✓		✓	✓				
Jefe inepto	✓		✓	✓	✓		✓					✓			✓					
Jefe colega	✓				✓				✓	✓	✓				✓				✓	
Jefe idiota	✓			✓							✓									
Buen jefe	✓	✓	✓	✓	✓	✓	✓	✓	✓	✓	✓	✓	✓		✓	✓	✓	✓	✓	✓

Características humanas naturales y competencias adquiridas en la edad adulta

La primera línea vertical de cada categoría corresponde a lo que yo considero una característica; la segunda, a una competencia. Aunque casi cada característica o competencia aparece en la lista de competencias de toda empresa, las he remodelado y mezclado un poco para crear unas correspondencias que, a mi modo de ver, son más funcionales y útiles en el comportamiento de un líder.

Sin dejar a los coaches ejecutivos ni a los profesionales de la formación y el desarrollo fuera del negocio, todo el mundo es virtualmente capaz de aprender y aplicar casi todos los conocimientos; hasta cierto punto, claro está. Esta matriz, sin embargo, refleja lo que puedes esperar de todos los tipos de jefe antes de que contraten un taller de coaching u otra opción de aprendizaje.

Una vez la gente recibe cierta formación o se embarca en un viaje de aprendizaje con éxito, ya sea por voluntad propia o por obligación, pueden llevarse el crédito de la competencia si son capaces de demostrarla de forma coherente y constante a lo largo del tiempo. La matriz evidencia cómo el coaching, el aprendizaje y el desarrollo pueden remodelar el panorama por completo.

Característica n.º1: Una persona curiosa y estudiosa

Competencia correspondiente n.º 1: experta en investigación y cuestionarios

Más allá de la pura curiosidad, la primera característica implica una motivación suficiente para empezar a intersarte por un tema, aunque sea simplemente mirando un documental de televisión. Navegar por internet o leer un libro sobre la materia es incluso mejor, del mismo modo que estudiar a los jefes idiotas a través de una óptica literaria, tal como estás haciendo en este preciso instante.

Apuntarse a un máster sobre cómo tratar a un jefe idiota (si tal cosa existiera) podría considerarse algo demasiado serio. Una investigación y unas preguntas que muestren habilidad y experiencia se relacionan con una aproximación más estructurada a la hora de reunir datos, analizarlos y documentar lo aprendido.

El jefe endiosado

Los jefes endiosados están incluidos en las columnas de curiosidad e investigación experta porque demuestran una curiosidad tremenda, aunque sólo quieran indagar sobre sí mismos y la documentación formal de sus reinos. Los jefes endiosados incluso podrían considerarse competentes, puesto que por todos es sabido que el estudio de la teología promueve el autoconocimiento. En general, contratan escribas que les ayudan a lo largo de este proceso.

El jefe maquiavélico

Los jefes maquiavélicos también aparecen en la columna de curiosidad e investigación experta porque quieren conocer los anteproyectos y la arquitectura de la empresa que piensan dirigir algún día. Esta curiosidad puede llevarles a pasar una noche en vela estudiando y analizando los documentos de la empresa (listas de enemigos) y los planes de sucesión. Un político maquiavélico (muy redundante, ya lo sé) es la personificación de una persona hábil y altamente competente a la hora de buscar caminos para alcanzar el poder.

El jefe sádico

Al igual que los jefes endiosados y los maquiavélicos, los jefes sádicos también están presentes en la columna de persona curiosa y estudiosa y su competencia correspondiente, pero no por razones muy saludables. Los jefes sádicos siempre buscan la causa de su malestar en sus subordinados y enemigos. Su curiosidad llega hasta tal punto que hurgar en el dolor de sus subordinados más directos para identificar sus puntos débiles se convierte en una práctica habitual.

El jefe masoquista

A los jefes masoquistas les importa poco cómo su vida se ha convertido en una catástrofe de tal magnitud; simplemente asumen que es así y que así lo seguirá siendo. Así pues, no necesitan convertirse en expertos en la investigación y, por eso, no forman parte de este colectivo.

El jefe paranoico

A diferencia de los jefes masoquistas, los paranoicos están obsesionados con todo lo que ocurre a su alrededor. Esta curiosidad insaciable, al igual que la del jefe endiosado y la del maquiavélico, no es necesariamente beneficiosa para el individuo ni la empresa, sino tan sólo poderosa. Los jefes paranoicos recorrerán grandes distancias e invertirán muchísimo tiempo en investigar las conspiraciones y los complots contra ellos, lo cual es sinónimo de observar, seguir la pista y analizar actividades de una manera distorsionada.

El jefe reacio

Los jefes reacios no se convierten en lo que son por su gran curiosidad o capacidad de investigación formal; por eso, no tienen ninguna marca en esta columna. Si un jefe reacio decidiera asistir a la escuela de jefes e investigar el arte y la ciencia de la gestión empresarial, es posible que dejara de ser tan reacio. Una advertencia: el jefe reacio puede llegar a ser muy curioso y astuto en la investigación, pero jamás llegará a ser un líder ideal y exitoso. Si se forman y reorientan estas características y competencias, el jefe reacio podría llegar a alcanzarlas muy rápidamente.

El jefe inepto

El jefe inepto es el primer tipo de jefe que sólo tiene una marca en esta columna de la curiosidad. Son personas curiosas porque quieren saber cómo se siente uno siendo el jefe y teniendo gente a su disposición. Desafortunadamente, no lo son lo bastante para investigar cómo se puede llegar a ser un buen jefe. Los jefes ineptos tienden a seguir siendo inútiles porque lo único que les llama la atención es que ponga «Jefe» en su tarjeta de visita.

El jefe colega

Este tipo de jefes llevan su cordón umbilical en las manos y buscan a alguien a quién atárselo. Eso parece ser una extensión de su curiosidad: ¿a quién pueden enchufarle el cordón para empezar a absorber su energía? El jefe colega no tiene marcada la columna de la competencia porque dejan el aprendizaje de la vida en tus manos. Ellos prefieren colgarse de tu cadera y seguirte allá donde vayas.

El jefe idiota

Los jefes idiotas son curiosos de un modo infantil y los he incluido en esta columna por cortesía. En realidad, su curiosidad es bastante limitada y, bajo ningún concepto, está guiada por un deseo de aprender. Les fascinan las cosas más sencillas y tontas, y la naturaleza curiosa de un jefe idiota puede satisfacerse con gran facilidad: por ejemplo, con una goma de borrar con la que jugar durante las reuniones, lo que puede proporcionarles entretenimiento durante horas.

El buen jefe

Como puedes imaginar, los jefes buenos siempre ansían saber cómo pueden mejorar las cosas, tanto en el momento táctico y operacional como en los planes estratégicos de futuro. Están atentos a las últimas investigaciones y llevan a cabo sus propias reseñas de libros para estar siempre al día e inspirar nuevas formas de pensar. Los seminarios y los talleres, ya sean presenciales o virtuales, están repletos de jefes curiosos que invierten tiempo, energía y demás recursos en aprender cómo ser mejores para dirigir y gestionar mejor las empresas. *Visto, visto.*

Característica n.º 2: una persona empática y realista

Competencia correspondiente n.º 2: un negociador con talento

Una glándula empática hiperactiva puede ser un auténtico incordio. Los codependientes intensos (como yo) son capaces de traicionar a la empresa en pro de la felicidad de los demás. Para ser un coach eficaz, necesito mantener mi empatía entre los márgenes de la viabilidad. Te sería de gran utilidad hacer lo mismo cuando tratas con tu jefe. Ser realista y poseer el don de negociar con eficacia no solamente por los propios intereses, sino también por los de los demás y los de la empresa en conjunto, es fundamental para convertirse en un buen jefe y un trabajador excelente.

El jefe endiosado

Ningún jefe endiosado es empático. Si de verdad fueran un Poder Superior, las cosas serían distintas. Pero los jefes endiosados, aunque sean divinidades de boquilla (y aun así sólo en su propia imaginación), no consiguen el visto de la empatía o realismo. Tampoco se merecen el *visto* bajo la columna de la competencia negociadora. Los jefes endiosados tienden a pronunciar sentencias en vez de negociar.

El jefe maquiavélico

Los jefes maquiavélicos no son famosos por la empatía ni el realismo que intentan imponer a sus subordinados. Sin embargo, sí poseen la competencia de la negociación, puesto que son capaces de reconocer el poder empresarial de otras personas e intentar aprovecharse de él para alcanzar la cúspide de la pirámide. Por esa razón, le damos el *visto*.

El jefe sádico

Lo último que un jefe sádico puede tolerar es el dolor que él mismo está infligiendo a los demás. Aunque su sadismo sea resultado de su propio sufrimiento, los jefes sádicos desean una empatía inversa, aunque debo reconocer que no suelen tener un deseo consciente de ello. A fin de cuentas, el realismo ocupa un lugar muy pequeñito en la vida del jefe sádico. Su único objetivo es mantener a sus subordinados directos vivitos y coleando para seguir haciéndoles sufrir. Al igual que el jefe endiosado, la capacidad de negociación no parece ser uno de los objetivos de la vida profesional de un jefe sádico.

El jefe masoquista

Por lo visto, los jefes masoquistas no son capaces de ver más allá de su fracaso e identificarse con alguien más de la oficina. Los jefes masoquistas no son realistas en absoluto y pierden cualquier negociación sea esta para ellos o para la empresa que los ha contratado. Los masoquistas no son buenos negociadores, puesto que ansían arrebatar la derrota de los colmillos de la victoria.

El jefe paranoico

Los jefes paranoicos solamente se preocupan de sus temores y apenas prestan atención a los sentimientos de todos aquellos que le rodean. Son, por supuesto, muy poco realistas, a menos que sea cierto que toda la oficina esté en su contra. Puesto que toda negociación estará basada en su paranoia, jamás podría considerarse a un jefe paranoico un negociador competente.

El jefe reacio

En teoría, los jefes reacios pueden ser empáticos por naturaleza e incluso realistas hasta cierto punto. Pero no estoy seguro de otorgarles el *visto* porque me da la sensación de que tienen demasiadas ganas de renunciar a su cargo y desconectar de la empresa. No tienen ningún *visto*, ni en la columna de la empatía y el realismo ni en la de la negociación. Si los jefes reacios fueran mejores negociadores, no estarían paseándose por la oficina calzando unos zapatos que jamás quisieron, para empezar. Una vez más, creo que si el tema de la desgana se orientara de otra manera, podrían incluirse en esta característica y competencia. Pero jamás en el estado actual.

El jefe inepto

Los jefes ineptos son capaces de pasearse por reuniones de liderazgo para altos directivos y otras convenciones de colegas (léase, otros jefes) e identificarse con ellos. Les encanta sentirse parte de esa jerarquía y no lo esconden. Es un sentimiento que los demás jefes pueden compartir o no, y por eso no sé si se merecen el *visto* en la columna de la empatía. Aun así, he decidido otorgárselo. Pueden ser realistas en el sentido de que aceptan que son los jefes. Sin embargo, los jefes ineptos tienen una capacidad negociadora suficiente para haberse ganado el *visto* en esta competencia.

El jefe colega

Los jefes colegas pueden ser tan terriblemente molestos que soy incapaz de reconocer que puedan poseer el carácter suficiente para empatizar o ser realistas. Tampoco podemos decir que sean buenos negociadores puesto que seguramente te encargarán a ti cualquier negociación empresarial para asegurarse de que sigas siendo su amigo. Aunque tener un jefe colega que negocie con tus necesidades y deseos pueda parecer atractivo a primera vista, supone una base equivocada sobre la que guiar una negociación empresarial.

El jefe idiota

Los jefes idiotas son por naturaleza y definición criaturas descarriadas que ignoran por completo cómo sus pensamientos, palabras y acciones afectan a los demás. No se han ganado ningún *visto* en cuanto a empatía.

Sin embargo, sí les coloco uno bajo la competencia negociadora, aunque lo haga para divertirme un poco. Los jefes idiotas, al igual que todos los idiotas, son totalmente ajenos a las consecuencias de una negociación que haya ido por mal camino. A veces, el otro bando de la negociación los ve tan descarados e intrépidos que hasta el más idiota consigue extraer alguna que otra concesión sin tan siquiera darse cuenta.

El buen jefe

La verdad es que no es muy interesante escribir o leer sobre los buenos jefes porque sencillamente *entienden* las cosas y las *hacen*. Su manera de funcionar rara vez resulta en un desastre teatral y entretenido. Su carácter es empático por naturaleza y son eminentemente realistas porque aprecian la experiencia de los demás. *Visto.* Suelen ser negociadores competentes y cautos, y se fijan en cómo la otra parte percibe la realidad. Su forma de negociar típica sería audaz, lo cual agradecen todas las partes, puesto que representan los intereses de sus empleados, sus clientes y la empresa que los ha contratado. Una vez más, *visto*.

Característica n.º 3: una persona justa y agradecida

Competencia correspondiente n.º 3: experta en resolución de conflictos

Con *agradecida* me refiero a una persona que va más allá del puro agradecimiento. Para mí una persona con esta característica es alguien que valora, estima y venera todo lo que da vida a individuos, relaciones y empresas, alguien que busca ser positivo y productivo en su puesto de trabajo. En pocas palabras, tiene la actitud de ver «el vaso medio lleno». Si alguien es justo y agradecido por naturaleza, su competencia a la hora de negociar está asegurada. Una buena negociación puede impedir cualquier tipo de conflicto y disputa adelantándose a ellos. Sin embargo, la competencia de resolución de conflictos es una característica fundamental que todo líder debería tener a la hora de negociar. Cuando las cosas han llegado a un punto de conflicto, una inclinación natural hacia la justicia y una capacidad no sólo de reconocimiento sino también de apreciación de puntos de vista alternativos son esenciales si esperas trabajar a gusto con ambos lados de la discusión.

El jefe endiosado

Los jefes endiosados no son en absoluto realistas. El Poder Superior que buscamos en nuestro proceso de rehabilitación es justo y agradecido. Los jefes endiosados no se merecen el *visto* en la columna de justicia y agradecimiento puesto que solamente se comportan de forma «justa» consigo mismos y a costa de los demás; aparte de ello, son incapaces de apreciar a alguien más que no sean ellos. Sin embargo, les fascina juzgar a los demás.

Podrían recibir un *visto* bajo la columna de resolución de conflictos, pero, al igual que los idiotas a la hora de la negociación, sólo sería para reírnos un poco. Jugar a ser Salomón y amenazar con cortar el bebé por la mitad es el estilo del jefe endiosado. Pero su forma de resolver los problemas («¡Córtale la cabeza!») no es muy afortunada y, en general, nada divertida. Así que no se han ganado el *visto*.

El jefe maquiavélico

Los jefes maquiavélicos, al igual que los endiosados, enmarcan la justicia dependiendo de lo que signifique para ellos. Sólo aprecian las cosas que aceleran su ascenso a la cúspide de la pirámide y por eso no tienen ningún *visto* en la columna de justicia y agradecimiento. Podría haber aceptado la competencia de resolución de conflictos por las mismas razones que he citado en el párrafo anterior pero en este caso es aún más exagerado. Nada de *visto*.

(Nota del autor: Los jefes endiosados y los maquiavélicos suelen ascender a puestos de gran autoridad institucional porque son capaces de cortar un conflicto de raíz y obligar a la gente a seguir adelante. Cuando se trata de un jefe endiosado o maquiavélico, la «técnica de la excavadora» sería más acertada que la «resolución de conflictos». Por supuesto, la técnica de la excavadora, aunque tolerada e incluso recompensada durante un periodo de tiempo, acabará desembocando en un correo electrónico o llamada telefónica al coach ejecutivo).

El jefe sádico

La justicia y el agradecimiento no entran en el radar de un jefe sádico, así que no podemos incluirlos en este grupo. Además, los jefes sádicos desean que sus subordinados experimenten la injusticia porque esta intensifica el dolor al cual están sometidos. La resolución de problemas o conflictos es un tema odioso para el jefe sádico, a quien le encanta enfrentarse a cualquier persona que esté por debajo de él y así poder «solucionar» el problema de la forma más dolorosa posible. Se quedan sin *visto* en este apartado.

El jefe masoquista

Los jefes masoquistas evitan a toda costa una reacción justa y agradecida porque no quieren que nadie se comporte de ese modo con ellos y pueda arruinar la arquitectura del fracaso que con tanto empeño y sacrificio han construido a su alrededor. No se han ganado el *visto*. Los jefes masoquistas están orgullosos de tener disputas y conflictos con los demás porque así demuestran su desesperada existencia. Pierden cualquier tipo de discusión o conflicto porque son incapaces de salir de ahí. Tampoco se merecen el segundo *visto*.

El jefe paranoico

Los jefes paranoicos creen que la única solución justa a cualquier conflicto es que todos aquellos que han estado conspirando en contra suya sean llevados ante la justicia. El jefe paranoico agradecería esta conclusión; puesto que no confía en nadie, no puede recibir un *visto* en esta columna, ya que eso indicaría que la justicia y el agradecimiento son virtudes innatas de su carácter.

Tampoco poseen la competencia suficiente para resolver conflictos y disputas, al menos de una forma realista, porque jamás se fían de la otra parte. Es un defecto de su carácter o, como solemos decir en nuestras reuniones de idiotas rehabilitados, una *defensa de su carácter*, que les impide resolver cualquier conflicto o aceptar resoluciones pactadas por ambas partes.

El jefe reacio

Los jefes reacios también tienen sentimientos, así que parecería razonable decir que podrían ser personas justas e imparciales. Quizá sea su sentido de la justicia, junto con las cosas injustas que suceden en la oficina, lo que les frustra como profesionales. Además, también son capaces de mostrar agradecimiento a sus subordinados y apreciar su trabajo. Los incluiremos en este grupo aunque en ocasiones pueden ocultar la mar de bien estas cualidades. Los jefes reacios suelen ser tímidos y tratan de alejarse de cualquier tipo de confrontación; por eso no se merecen el segundo *visto*.

El jefe inepto

Los jefes ineptos no son tan mercenarios y maniacos como los maquiavélicos, a pesar de que tienen un deseo común: alcanzar el poder. Los jefes ineptos sólo quieren un puesto de trabajo que les otorgue poder dentro de un departamento, con un número limitado de subordinados; a pesar de su incompetencia, suelen ser justos y agradecidos con todos ellos, así que les daremos un *visto* provisional. Los jefes ineptos no tienen ninguna de las cualidades de un jefe, así que no pueden recibir un *visto* que indicaría una capacidad de desarrollo cuando esta no existe.

El jefe colega

«Justo» es el lugar donde el jefe colega quiere ir contigo y tu familia de vacaciones en agosto. Sin embargo, le daré un *visto* a la columna de agradecimiento por respeto a la admiración que tiene por ti. Un jefe colega resolverá conflictos y disputas a tu favor para *ganar* tu estima, aunque la solución sea justa o no, así que nada de *visto* en esta competencia.

El jefe idiota

La incompetencia *über alles*. Los jefes idiotas pueden pensar que son justos, pero no es una virtud innata en su carácter. También pueden ser personas agradecidas, pero ¿quién sabe qué significa esta palabra para ellos? Quizá pueda parecer que estoy siendo muy duro con los jefes idiotas, y puede que lo sea, porque soy un i-jefe rehabilitado. He estado obsesionado con mi interpretación de la justicia a lo largo de mi vida, lo cual ha acabado provocando una exageración de la misma, hasta el punto de tratar a los demás, y también a mí mismo, de forma *in*justa. A pesar de ser un i-jefe recuperado, me he convertido en un experto en resolución de conflictos. Sin embargo, estamos en una etapa de prerrecuperación, así que nada de *visto* todavía.

El buen jefe

Entender la justicia y aplicarla en todos los aspectos de su vida forma parte de la naturaleza innata de un buen jefe, del mismo modo que ocurre con el agradecimiento. Los buenos jefes son «buenos descubridores», tal y como el conferenciante especialista en motivación Zig Ziglar los definió una vez. Un *visto* sólido aparece en la columna de justicia y agradecimiento en el caso del buen jefe. Ser competente en la resolución de conflictos es una conclusión previsible en el caso de los buenos jefes. Desarrollan su concepto equilibrado de la justicia y lo ponen en práctica. Se merecen un *visto* por su competencia en la resolución de disputas.

Característica n.º 4: una persona segura de sí misma y responsable

Competencia correspondiente n.º 4: experta en la confrontación constructiva

En el debate de la naturaleza frente a la educación, en el caso de la confianza me inclino hacia el segundo origen. La confianza nace de saber que, con toda seguridad, aquello que esperas que ocurra lo hará al final y se basa más en la experiencia que en la esperanza, el deseo, la fantasía salvaje o la suerte. La confianza puede formar parte del carácter de una persona, a pesar de que los resultados que espera obtener no sean los que deseaba en un principio.

En referencia a la competencia en el arte de la confrontación constructiva, la capacidad de afrontar los problemas (no enfrentarse a la gente) y mantener los principios por encima de la personalidad es una competencia aprendida y adquirida. La confrontación constructiva es, por encima de cualquier otra cosa, la capacidad de cortar los problemas de raíz, no de una forma brusca o torpe como haría un jefe endiosado o maquiavélico, sino con destreza, teniendo en cuenta que el resultado sea beneficioso para la mayoría. Afronta los problemas importantes *antes* de que se conviertan en muy costosos. La confrontación no es sinónimo de conflicto; de hecho, la confrontación constructiva es la mejor forma de evitar los problemas, pues en realidad significa tratar un asunto o una relación personal de forma directa, a la cara. La confrontación es inevitable; puedes elegir afrontar un problema mientras es pequeño o esperar hasta que no tengas más remedio que solucionarlo causando daños. Esperar demasiado tiempo para afrontar asuntos y comportamientos importantes permite que los conflictos se contagien hasta que la confrontación se deteriora en forma de acusaciones, ataques, culpabilidad y, el pasatiempo empresarial por excelencia, la búsqueda de un chivo expiatorio. Ser un directivo eficaz implica afrontar los problemas con rapidez y de forma frecuente. Si tu jefe no está dispuesto a hacerlo, deberías coger las riendas y hacerlo tú. O, si lo prefieres, quedarte sentado de brazos cruzados y esperar a que llegue el conflicto.

El jefe endiosado

Los jefes endiosados seguramente aprecian tener el título que les han otorgado porque, no nos engañemos, cuando gritan, pasan cosas. Esa es la confianza basada en la experiencia. Sin embargo, no les concederé el *visto* aquí porque esa no es una forma responsable de gestionar y dirigir un departamento: demasiada vieja escuela. La responsabilidad y la confianza van cogidas de la mano porque es menos probable que alguien que acepta la primera y, por lo tanto, está dispuesto a rendir cuentas de sus acciones se convierta en una víctima de la falsa confianza. Los jefes endiosados tampoco se han ganado el *visto* en la columna de la confrontación constructiva porque afrontan los problemas de forma unilateral. Para que haya una confrontación constructiva sobre cualquier problema, se deben escuchar y respetar todas las opiniones importantes y razonables.

El jefe maquiavélico

No confundas la bravuconería con la confianza. Los jefes maquiavélicos tienen un *visto* bajo la columna de la confianza, pero la pierden cuando hablamos del factor de la responsabilidad, pues ellos no cometen ningún error. Los jefes maquiavélicos, al igual que los endiosados, pueden ser muy eficaces a la hora de hacer las cosas. Además también muestran confianza en sí mismos puesto que cuando pulsan las teclas apropiadas, ocurren cosas. Pero este libro trata de ayudarte a sobrevivir mientras trabajas para ellos. Una persona segura de sí misma y responsable desarrollará y perfeccionará los métodos y técnicas para afrontar problemas difíciles, pero el jefe maquiavélico pierde el *visto* bajo la columna de confrontación constructiva porque su confianza en ganar está basada en su habilidad de hacer perder a los demás.

El jefe sádico

Los jefes sádicos pueden parecer muy seguros de sí mismos y de sus capacidades. Por definición y experiencia, saben que poseen la autoridad institucional suficiente para hacer sufrir a quienes les rodean. Pero, al igual que los endiosados y los maquiavélicos, los jefes sádicos pierden el *visto* bajo la columna de confianza y responsabilidad por principios, pues no es muy responsable construir estas sensaciones a partir de una conducta abusiva. Los jefes sádicos no afrontan los problemas de una forma constructiva; no es necesario seguir explicando con más profundidad. No tienen ningún *visto* aquí.

El jefe masoquista

Los jefes masoquistas son la antítesis de la confianza, aunque confían de forma genuina en que todas sus acciones sufran algún tipo de sabotaje y su carrera profesional fracase. El mecanismo de detonación es, una vez más, la responsabilidad. Es irresponsable que cualquier directivo o líder sabotee un plan para cumplir una profecía contraproducente. Los jefes masoquistas abusan tanto de sí mismos que no merecen el *visto* en la columna de confianza y responsabilidad. Además, su carácter les impide afrontar problemas importantes de manera constructiva. ¿Puede un jefe masoquista aprender y aplicar los principios y las técnicas de la confrontación constructiva? Sí, pero todavía no lo ha hecho, así que nada de *visto*.

El jefe paranoico

El jefe paranoico es una persona segura de que alguien o todo el mundo conspira en su contra. Eso no es sólo irreal, sino también irresponsable. En cierto modo es similar a lo que le sucede al jefe masoquista. ¿Puede un jefe paranoico aprender y aplicar los principios y las técnicas de la confrontación constructiva? Una vez más, es posible, pero sin confianza, algo que los jefes paranoicos no están dispuestos a entregar a nadie, excepto a su mascota, es imposible.

El jefe reacio

Los jefes reacios son incapaces de desarrollar su verdadero potencial a causa de su propia reticencia. Sin embargo, puesto que esta suele basarse en una experiencia previa con un mal jefe, junto con el deseo de no parecerse a él, aún hay esperanza para ellos. En este caso, tener experiencias más positivas con sus propios jefes, en las cuales un comportamiento típico de un buen jefe produzca mejores resultados, ayudará a construir una mayor confianza y, por lo tanto, una mayor disposición a afrontar los problemas desde un punto de vista constructivo. Dicho esto, un jefe reacio lo es sólo porque no quiere la responsabilidad de ser el jefe. De ese modo, no podemos regalarle el *visto* en la columna de la confianza ni tampoco en la capacidad de una confrontación constructiva.

El jefe inepto

Los jefes ineptos suelen confiar en su capacidad de obtener ascensos, la cual, en parte, puede estar basada en su responsabilidad. Así pues, les concederé el visto. Del mismo modo, los jefes ineptos están lo bastante motivados para desarrollar una mayor responsabilidad a la hora de aplicar el arte de la confrontación constructiva, pero sólo cuando entienden que el desarrollo de tal competencia les proporcionará unas tareas más sencillas. Sin embargo, los jefes ineptos no son famosos por su habilidad en la confrontación constructiva; si así fuera, estarían extremadamente preparados para ser jefes.

El jefe colega

Por desgracia para él, el jefe colega no tiene seguridad en sí mismo y, a menos que tú le prestes un poco de la tuya, jamás podrá tener plena confianza en él. Los jefes colegas sólo confían en sí mismos cuando tu entusiasmo y energía les arrastra. Son responsables siempre y cuando eso no interfiera en la amistad íntima que creen compartir contigo. No se merecen el *visto*. Un jefe colega acérrimo jamás utilizará la confrontación constructiva, pues el hecho de afrontar cualquier problema puede conllevar una conversación incómoda y, por muy constructivas y positivas que sean las técnicas o las soluciones, para un jefe colega hay demasiado en riesgo. Ningún *visto* para él.

El jefe idiota

Si el jefe endiosado y el maquiavélico no se merecen un *visto* bajo la columna de confianza, ¿crees que alguien en su sano juicio se lo otorgaría a un jefe idiota, por muy fanfarrón que pueda ser? Toda confianza que este demuestre es, sin duda, falsa e inventada. La confrontación constructiva es un proceso exhaustivo y sofisticado que requiere más que simple imitación. Los jefes idiotas son como bombillas sin encender, pero a fin de cuentas son bombillas, de forma que, dadas las circunstancias apropiadas, pueden encenderse y brillar. Sin embargo, en el estado actual, no pueden recibir un *visto* en la columna de la confrontación constructiva.

El buen jefe

Siempre resulta reconfortante llegar a este punto de la matriz. La confianza de un buen jefe respecto a sus responsabilidades viene dada de una reflexión sobre su propia experiencia. El resultado: una seguridad razonable en que aquello que espera que ocurra realmente sucederá. Los buenos jefes son lo suficientemente responsables para hacer sus debidas diligencias a través del estudio, la reflexión, la experimentación y la documentación de sus vivencias. Por ese motivo son responsables de sus decisiones. La guinda del pastel es que los buenos jefes comparten la responsabilidad de sus subordinados cuando las cosas se tuercen, por muy feas que se pongan. Esa responsabilidad forma parte de la confrontación constructiva. Así pues se merecen el doble *visto* por la verdadera confianza basada en la experiencia real y también por la competencia adquirida durante el estudio y la aplicación de la confrontación constructiva.

Característica n.º 5: una persona comprensiva y bondadosa

Competencia correspondiente n.º 5: experta en escuchar y valorar las necesidades

Tal y como Norman Vincent Peale, predicador y fundador de la revista *Guideposts* y autor del libro *El poder del pensamiento tenaz* y docenas de libros más, dijo una vez: «A nadie le importa cuánto sabes hasta que sepan cuánto te importa». La comprensión y la bondad no son cualidades que puedan enseñarse en un aula o en un curso virtual si no están presentes en el carácter natural de una persona. Sin embargo, saber escuchar y valorar las necesidades de los demás puede aprenderse a través de técnicas si el estudiante está lo bastante motivado. Suelo encontrarme con directivos y ejecutivos que buscan ayuda en estas áreas cuando se dan cuenta de que estas deficiencias pueden destruir una carrera profesional.

El jefe endiosado

Algunos jefes endiosados consideran el hecho de no gritar «¡Estás despedido!» cada cinco minutos como una prueba que demuestra su bondad. Los que chillan continuamente «¡Estás despedido!» han dejado de fingir que existe cualquier tipo de correlación entre sí mismos y un verdadero y bondadoso Poder Superior. La única vez que verás a un jefe endiosado mostrarse atento con un subordinado es cuando desea eliminarle de la faz de la tierra. Escuchar no es una de las virtudes de los jefes endiosados, puesto que, en su opinión, la única voz que vale la pena escuchar es la suya propia. Dado que son omniscientes en su propia mente, los jefes endiosados no quieren oír las ideas de los demás. En conjunto, su capacidad de atención se ha atrofiado a lo largo del tiempo hasta desaparecer y las únicas necesidades que valoran son las propias. Así pues, nada de *vistos* en la quinta columna.

El jefe maquiavélico

Al igual que ocurre con el jefe endiosado, el maquiavélico es una criatura absorta en sí misma que sólo se preocupa de su agenda. Lo único a lo que quizá puede prestar atención es a los impedimentos que obstaculizan sus ambiciones profesionales o al abismo que le separa de la cúspide de la pirámide. Entonces, nada de *visto* en la primera columna. Resulta interesante saber que los jefes maquiavélicos son buenos oyentes. Sintonizan cualquier tipo de señal, verbal o no verbal, y captan todos los mensajes que puedan tener un impacto directo en su ascenso a la cúspide. La falta de consideración por las necesidades de los demás descalifica la gran capacidad de escuchar que poseen los maquiavélicos. Nada de *visto* en esta columna.

El jefe sádico

Un jefe sádico no puede confundirse fácilmente con una persona comprensiva, por muy flexible que seas a la hora de definir esta cualidad. Los jefes sádicos son felinos que disfrutan martirizando al ratón por puro placer. Dudo mucho que pueda decirse de un gato que juguetea con un ratón que se preocupa por el roedor. La atención de un sádico es maniaca, puesto que sólo la utiliza para torturar. Nada de *visto*. El jefe sádico presta atención al tipo de gemido y llanto que indica que estás sufriendo. Lo que no oye, sin embargo, son los gemidos de los corazones de todas las personas que padecen de verdad. Del mismo modo, la capacidad de valoración entre los jefes sádicos sólo se utiliza con el objetivo de infligir dolor. Por eso, tampoco se han ganado la marca del *visto* en esta columna.

El jefe masoquista

Sólo porque un jefe masoquista se sienta más cómodo vaticinando e incluso tomando un papel activo en su propio fracaso no significa necesariamente que sea una persona atenta y comprensiva. Aunque están obsesionados con su propio fracaso, los jefes masoquistas aspiran a convertirse en personas atentas respecto a los demás. Por esta razón pueden ser buenos oyentes y mentores para sus subordinados. «Sólo porque mi carrera profesional sea un desastre total y absoluto —razona el jefe masoquista—, no significa que la tuya también tenga que serlo». Tal y como he mencionado en el segundo capítulo, el jefe masoquista suele desear que sus compañeros y/o subordinados tengan éxito, para que, en comparación, su carrera sea vergonzosa. Una marca de *visto* para la capacidad del jefe masoquista de preocuparse, escuchar, valorar y atender las necesidades de los otros de forma eficaz.

El jefe paranoico

Como los jefes endiosados, maquiavélicos y sádicos, el jefe paranoico está absorbido por sus propios problemas (o lo que él imagina que lo son). Ninguno posee las virtudes de la atención y la comprensión. ¿Un jefe paranoico puede ser un buen oyente? Sí, y de los mejores. Pero sólo escucha por motivos de autodefensa. Lo mismo sucede en la valoración. Los jefes paranoicos son expertos a la hora de evaluar los daños y riesgos a los que se enfrentan, o eso es lo que creen. Ya que las conspiraciones que tanto les horrorizan sólo existen en su imaginación, su capacidad de valorar con precisión la realidad se ve afectada y disminuida. Ningún *visto* en esta columna para el jefe paranoico. (A veces un jefe paranoico carga tanto contra sus empleados que estos hacen una colecta para contratar a un grupo de ninjas que entren a hurtadillas en su despacho y acaben con él, sólo para finalizar ese asunto de una vez por todas).

El jefe reacio

Los jefes reacios pueden preocuparse por los demás y atender las necesidades de sus compañeros, además de las propias; por eso se muestran tan reacios en su trabajo como jefes. El mayor desafío con un jefe reacio es su reticencia a ejercer estas capacidades por miedo a animar a sus superiores a que le premien con más responsabilidades. Aunque un jefe reacio puede mostrar interés, no es apto para ser atento, ya que si fuera así, esto implicaría que de veras querría ser jefe. Asimismo, si el jefe reacio fuera un oyente experto y hábil a la hora de valorar las necesidades, estaría deseando ocupar su cargo actual, donde este tipo de actividades no sólo son apropiadas, sino también productivas. Ningún *visto* para él.

El jefe inepto

Ya he dicho anteriormente que el intenso deseo de un jefe inepto de alcanzar el mando puede motivarle para aprender y hacer que aplique comportamientos típicos de buen jefe por el interés que tiene de seguir ocupando su cargo e incluso de ascender. Así pues, son capaces aprender. Sin embargo, en el estado actual, los jefes ineptos no suelen ascender por lo bondadosos y comprensivos que son con sus empleados; normalmente este tipo de promociones se basa en resultados productivos, algo que es positivo pero que no nos indica si el jefe en cuestión es atento o no. Los jefes ineptos tienen el potencial de saber escuchar y valorar las necesidades individuales y empresariales si, mientras lo hacen, construyen una plataforma para extender sus responsabilidades. En el estado actual, estas habilidades no les ayudarán a ascender, así que nada de *vistos* en esta columna.

El jefe colega

Parece lógico que los jefes colegas reciban un *visto* en la columna de atención y comprensión. Si hay algo que les caracteriza de forma natural es precisamente lo atentos y comprensivos que pueden llegar a ser. De hecho, prestan tanta atención a todo lo que haces y dices que, en realidad, su objetivo no es sólo estudiarte, sino convertirse en un clon de tu persona. Así pues, les daremos un *visto* en estas características. Además, son unos oyentes expertos. Pero ¿qué escuchan realmente? Sin duda, prestarán atención a tus necesidades para poder abordarlas y comprar tu amistad al hacerlo. Es una base muy poco sólida para valorar las necesidades, pero tienen esa conducta y, a través de una buena formación y aprendizaje, pueden ser capaces de pulirla y perfeccionarla. Un *visto* provisional para ellos.

El jefe idiota

La eterna incompetencia de los i-jefes les impide preocuparse o atender las necesidades de los demás. No hay un ápice de maldad o premeditación, ni en el i-jefe ni en mí. Es tan sencillo como que está más allá de la comprensión de los i-jefes; además, si en algún momento llegaran a captar la idea, se olvidarían de ella al cabo de unas horas. En lo referente a la competencia de escucha activa y la valoración de las necesidades, los i-jefes no se han ganado tampoco el visto bueno. El i-jefe puede aprender la capacidad de escuchar de forma activa y estudiar las complejidades de la valoración de las necesidades, puesto que son competencias relacionadas con el aprendizaje y la adquisición de talento y saber hacer, y se desarrollan a lo largo del ciclo vital de cualquier trabajador. Sin embargo, en el estado actual, seguimos en Villaidiota, así que nada de *vistos* aquí.

El buen jefe

Los buenos jefes están dotados de una naturaleza bondadosa. Este tipo de jefes crecerán y desarrollarán con entusiasmo todas las competencias de saber escuchar de forma eficaz a la par que afectiva. Eso se traduce en técnicas expertas para atender todo lo que los demás intentan decir y percibir las emociones que se esconden tras cada comentario. Para ello es necesario ser atento, y los buenos jefes lo son, además de sabios. Los buenos jefes saben escuchar, aparte de valorar quién tiene un comportamiento que beneficia a la empresa y quién no. También motivan a sus subordinados para que dominen su campo de acción y convertirlos en trabajadores competentes. Un *visto* en ambas columnas para los buenos jefes.

Característica n.º 6: una persona abierta y transparente

Competencia correspondiente n.º 6: experta en comunicación

¿No te gustaría hacer negocios con un agente inmobiliario que fuera abierto y transparente? ¿O con el mecánico de coches? ¿No te gustaría casarte con una persona abierta y transparente? ¿Acaso no te gustaría trabajar para un jefe así? No son más que preguntas retóricas. La implicación aquí es la honestidad. Cuando hablamos de características que no pueden adquirirse en ninguna escuela de negocios, la honestidad está en el primer lugar de la lista. Al igual que la palabra que empieza por «H», la que comienza por «M» (moralidad), e incluso la que empieza por «E» (ética) no son conceptos fáciles de explicar a un empleado. De hecho, se necesita un proceso de asimilación. Si la moral o ética de una persona es bastante inestable antes de entrar en la empresa es más que probable que continúe siendo así, o incluso que se deteriore con el paso del tiempo, por muchos libros que lea sobre el tema. Las amenazas de cárcel, las torturas físicas, el decomiso de consolas de videojuegos o cualquier otra modificación del comportamiento pueden resultar útiles. Una vez más, el carácter del ser humano se forja mucho antes de que llegue a ser jefe, empleado, compañero de trabajo, vendedor o cliente. Pero, cuidado, las personas deshonestas, inmorales y poco éticas pueden ser expertos comunicadores.

El jefe endiosado

A los jefes endiosados les gusta compartir información, de acuerdo. «¡Estás despedido!» o «Soy un desgraciado» son frases típicas de ellos. «Soy un desgraciado» es una expresión que, con tan sólo tres palabras, expresa muchísimos significados distintos. Si un jefe endiosado articula la sentencia anterior, significa que «Tú y toda la gente de este hemisferio estáis a punto de vivir un momento educativo gracias a la cólera divina». Los jefes endiosados tienden a ser abiertos y transparentes porque no creen tener ningún enemigo natural, así que los incluiremos dentro de esta categoría. Al jefe endiosado le encanta escuchar su propia voz retumbando ente las montañas, valles y cañones de la empresa. Sin embargo, hay que considerar un componente de escucha y un factor de sensibilidad, por no mencionar el uso de la comunicación, para progresar de forma estratégica en la empresa. Por ese motivo, no se merecen el segundo *visto*.

El jefe maquiavélico

A los jefes maquiavélicos les encanta ocultar información y actuar de forma encubierta. Los grandes comunicadores saben transmitir sus mensajes de una manera convincente y memorable. Todas las lecciones impartidas por jefes maquiavélicos son difíciles de olvidar. Estarás en una reunión, preocupándote de tus asuntos, y, de repente, bajarás la mirada y verás tu Rolex en la muñeca de otro asistente que está justo delante de ti en la mesa de conferencias. «Ese parece mi reloj —pensarás—. De hecho, ahora que lo pienso mejor, parece mi muñeca y mi brazo». Obviamente, has dicho o hecho algo que a tu jefe maquiavélico le pareció perjudicial. Moraleja: mientras te queden brazos y piernas, nunca vuelvas a hacer o decir eso. Una comunicación eficaz va más allá de un mensaje claro. Si fuera así, los jefes endiosados se habrían ganado un *visto* por ser excelentes comunicadores.

El jefe sádico

Los jefes sádicos (a veces jefes matones, tal y como los describo en el capítulo n.º 2) no merecen formar parte del grupo de los abiertos y transparentes, aunque sus intenciones sean bastante claras, la verdad. Ocultar datos importantes a los subordinados suele acabar siempre igual: con los empleados caminando al borde de un precipicio rodeados de aviones con hélices afiladas..., lo cual divierte de sobremanera al jefe sádico. Este tipo de jefes tratan la información como una mercancía que pueden utilizar en su economía de sufrimiento. Ningún *visto* en este aspecto. Los jefes sádicos pueden comunicarse con claridad si esa es su intención: sería una gran decepción para ellos que su víctima no fuera consciente de la disparidad de poder que hay entre ambos: su poder superior frente a tu debilidad inferior. Una vez más, la claridad del mensaje no basta para ganarse el *visto* en la comunicación experta.

El jefe masoquista

Los jefes masoquistas comparten su perspectiva distorsionada y retorcida con todos sus compañeros y empleados y, por lo tanto, se merecen ese punto por ser abiertos y transparentes. Ellos no sólo comparten información sobre su vida catastrófica, sino que lo hacen ad náuseam. Sin embargo, no son buenos comunicadores en absoluto; de hecho, son torpes a la hora de transmitir un mensaje. El hecho de que un jefe masoquista se pase el día criticándose a sí mismo, repitiendo una y otra vez que es un fracasado tanto en el plano personal como profesional y gritando a los cuatro vientos que se merece ser castigado, hace que la gente de su alrededor palidezca, se estruje el cerebro, menee la cabeza y murmure «¿Qué?». Así pues, los jefes masoquistas no pueden calificarse como expertos en comunicación.

El jefe paranoico

A diferencia del jefe masoquista, el paranoico no suele mostrarse abierto y honesto de forma natural, puesto que opina que si cierta información cae en las manos equivocadas vendrá alguien en su busca y captura. Para un jefe paranoico, unas manos que no sean las propias son culpables hasta que se demuestre lo contrario. Así pues, no poseen la gran virtud de ser personas abiertas y transparentes. Tampoco están incluidos en la lista de grandes comunicadores; quizá porque la visión general del jefe paranoico es tan cerrada que a nadie le parece importar si sabe comunicarse con eficacia o no. La mayor parte de la gente preferiría que un jefe paranoico fuera mudo.

El jefe reacio

Los jefes reacios son capaces de ser abiertos y transparentes, pero no es lo más habitual. Si les preguntas algo que despierta su interés, compartirán información contigo horas y horas. De lo que en realidad no quieren hablar es de su cargo de jefe, de abordar los problemas empresariales y gestionarlos. «Déjame en paz» no es una frase típica de alguien que sea honesto y transparente. Por ese motivo no se merecen un *visto* en esta columna, ni tampoco en la de la competencia correspondiente. Asumiendo que los jefes reacios no están dispuestos a compartir bajo ningún concepto información sobre los asuntos que cualquier jefe debería transmitir a su equipo, la comunicación experta tampoco forma parte de sus competencias.

El jefe inepto

Los jefes ineptos son, por norma general, abiertos y transparentes, y por eso reciben un *visto* en esta columna. No son capaces de ver ningún motivo para ocultar su ambición y suelen hablar de forma abierta sobre sus capacidades para ocupar un puesto de trabajo de gran autoridad y responsabilidad. Por desgracia, el tipo de información que comparten con su equipo es inapropiada, al menos cuando se trata de un asunto privado de un jefe. El clásico jefe inepto comparte información e incluso se atreve a dar lecciones sobre asuntos de los que sería mejor no hablar. No son ningunos expertos en comunicación, por lo que no merecen el *visto*. Una persona muy sabia dijo una vez: «No hables a menos que sea para mejorar el silencio». Es un consejo muy apropiado para los jefes reacios, colegas e idiotas en particular.

El jefe colega

Los jefes colegas padecen incontinencia verbal y, por ello, se merecen la marca del *visto* en la primera columna. Tienden a charlar sólo de la vida social, pero, seamos honestos, es en lo único que piensan. Resulta difícil determinar si son buenos comunicadores. Podríamos decir que tratan de arrinconar a sus subordinados para mantener con ellos conversaciones interminables, pero saben escuchar y siempre hacen comentarios al respecto. Si la competencia comunicativa estuviera únicamente basada en la intención, no dudaría en otorgar el *visto* al jefe colega en este aspecto. Sin embargo, un comunicador experto presta atención a los asuntos que los demás se traen entre manos y tiene en cuenta hasta qué punto les afecta estar charlando un rato. Esa imperiosa necesidad que sienten los jefes colegas por hablar contigo los ciega de tal forma que son incapaces de ver qué necesidad tiene su «mejor amigo». Así pues, el jefe colega no es un buen comunicador.

El jefe idiota

El típico jefe idiota puede ser casi tan charlatán como el jefe colega. Sin embargo, si a tu i-jefe le regalas una goma de borrar para entretenerse, te darás cuenta de que es incapaz de hacer dos cosas a la vez, como juguetear con la goma y hablar al mismo tiempo, así que se quedará en silencio hasta que se aburra y arranque a charlar de nuevo. Nunca olvides que los i-jefes son capaces de resolver un solitario, por eso les daremos un *visto* en la columna de personalidad abierta y transparente. Pero no podemos decir que son grandes comunicadores; en este caso no podríamos aplicar el dicho «Aquí, hasta el más tonto hace relojes». Ya sea por mera coincidencia o por un instante de brillantez, hay momentos que pueden ser peligrosos porque mucha gente asume que todo lo que sale de la boca de un idiota es poco fiable e informal, aunque en realidad sí sea fidedigno. El i-jefe no recibe la marca del *visto* en la competencia comunicativa.

El buen jefe

Los buenos jefes tienden a ser buenos a todos los niveles. Entienden lo importante que es ser abierto y transparente y no ven razones para no mostrarse así. Son plenamente conscientes de que construir una sensación sólida de confianza es fundamental y no dudan en hacer las cosas metódicamente para ganarse la credibilidad de quienes los rodean. El hecho de no guardarse ciertos secretos, o no hablar con la puerta cerrada, ni a espaldas de los compañeros son aspectos que forman parte de la credibilidad de los buenos jefes, ya que ellos se encargan de mantener a la gente informada y aprecian el valor de una persona bien informada. La honestidad y la transparencia pueden ser producto de la integridad innata y la empatía de la persona. Del mismo modo que les gusta estar informados, extienden esa cortesía hacia el resto de la gente para que haya coherencia entre su modo de pensar y sus acciones. El buen jefe recibe ambos *vistos*, por estar dispuesto a mostrarse transparente y por ser un gran comunicador.

Característica n.º 7: una persona con la mente clara y centrada en el futuro

Competencia correspondiente n.º 7: planificación estratégica

Las competencias de liderazgo de cualquier empresa están relacionadas con la estrategia, y así debería ser siempre. Los jefes con habilidades o credenciales discutibles siempre fracasan a la hora de pensar con claridad, realizar un buen juicio de la situación y crear una visión de futuro. Es comprensible que sus subordinados, y el resto de las personas que trabajan en el departamento, se frustren. Una mente clara y despejada siempre es consciente de las experiencias pasadas y de las posibilidades futuras. A los altos ejecutivos les pagan por pensar con claridad y sin dar muchos rodeos, entre otras cosas. Tener el futuro como objetivo es, evidentemente, algo que se espera de cualquier ejecutivo. Si tu jefe está siempre a la defensiva, te habrás dado cuenta de que el resultado siempre es el mismo: no crea ninguna estrategia y, por lo tanto, tampoco la ejecuta. Por norma general, cuando eso ocurre, los empleados pagan los errores de sus jefes. La realización de ciertos asuntos y la asunción de algunas responsabilidades, es decir, ayudar a tu jefe, deberían formar parte de tu plan para el futuro, porque, de lo contrario, acabarás trabajando hasta muy tarde para llamar su atención.

El jefe endiosado

Los jefes endiosados siempre piensan en el ahora y, en general, únicamente se centran en su gratificación personal e inmediata. Por eso no puedo otorgarles el *visto* cuando se trata de pensar con claridad (después de todo, son personas con tendencias ilusorias) y, desde luego, jamás tienen en cuenta las implicaciones futuras de sus acciones. Un jefe endiosado no puede considerarse un pensador con capacidad estratégica, y menos si estamos hablando de procesos creativos e innovadores y de aplicaciones a medio y largo plazo. Los jefes endiosados son muy cortos de miras y apenas saben interpretar con precisión la realidad; de hecho, creen que es inútil planear ahora cosas que pueden ser necesarias en un futuro. El jefe endiosado está convencido de que, cuando llegue el momento, él dará vida a lo que necesite.

El jefe maquiavélico

Los jefes maquiavélicos tienen una visión muy clara del futuro de su carrera profesional y de la empresa que los ha contratado, aunque sus propios intereses siempre están por encima de todo, por supuesto. A pesar de que esta visión del futuro seguramente no agradará al resto del personal de la empresa, hay que reconocer que el jefe maquiavélico se caracteriza por pensar con claridad y centrarse en el futuro. Se ha ganado un *visto*. Aunque los maquiavélicos son los pensadores más estratégicos y planificadores que puedas imaginar, sus planes están tan centrados en sí mismos que no pueden aplicarse al contexto empresarial. Para un jefe maquiavélico, su éxito personal (y no el de la empresa) no sólo es lo mejor, sino lo único. Así que se queda sin *visto* en la segunda columna.

El jefe sádico

Los jefes sádicos tienen la mente clara. Su capacidad de valorar el estado actual de las cosas con claridad y su facultad para poder construir un facsímil razonable del futuro son la prueba de que ven las cosas con claridad, aunque sea a través de una lente equivocada. Los jefes sádicos tienden a demostrar su capacidad de estrategia inventando y aplicando nuevas y mejoradas técnicas de tortura. Una vez más, esto no es lo que yo llamaría una estrategia «responsable y sensata». A pesar de su increíble creatividad e innovación a la hora de de ver el futuro y su planificación estratégica general, los jefes sádicos no merecen la marca del *visto* en esta columna.

El jefe masoquista

A diferencia de su colega sádico, la percepción distorsionada del jefe maquiavélico de qué y quién le está amenazando hace que sea muy difícil otorgarle un *visto* en la columna de pensamiento claro y con miras al futuro. No piensa con claridad, así que no se merece el *visto*. Supongo que podríamos darle uno por su capacidad de planificar y culminar un escenario desastroso para su carrera profesional. Sin embargo, lo pierde porque la premisa es una fantasía inventada. Aunque el fracaso que el masoquista anticipa suele producirse, este no es el resultado de una planificación estratégica, sino de una actitud derrotista por su parte.

El jefe paranoico

Los jefes paranoicos no son, por naturaleza, pensadores claros, con un criterio realista en cada momento, tanto cuando se refieren al pasado como cuando contemplan el futuro. Ellos están convencidos de que todo el mundo se la tiene jurada, no porque se lo *merezcan*, sino porque se han empeñado en hacerle la vida imposible, y punto. La paranoia de este tipo de jefes puede convertirse en una profecía que tiende a autocumplirse siempre, pues al final la gente se cansa de las tontería y contribuye a financiar un ataque de ninjas, como ya he comentado anteriormente. Así pues, no podemos premiar al jefe paranoico por pensar con claridad. Siempre está a la defensiva y no necesita motivar a sus empleados para que deseen atacarle, sino que sencillamente opina que todo el departamento ha trazado un plan para atacarle y acabar con él. Yo no definiría esta actitud como estratégica: ningún *visto*.

El jefe reacio

Se puede discutir si el jefe reacio tiene una visión muy clara del estado presente, si es capaz de entender el pasado y si puede mostrar cierta flexibilidad cuando contempla el futuro. El jefe reacio no quiere aceptar un ascenso porque podría acabar siendo un jefe horroroso, un tipo de persona que, sin duda, ha sufrido en sus propias carnes en el pasado. Otorgo un *visto* al jefe reacio por su capacidad natural de pensar con claridad en todo momento, aunque le resulte incómodo.

Una conducta evasiva siempre es estratégica en esencia, por lo que *podría pasar*. Sin embargo, su plan basado principalmente en evitar las responsabilidades de un jefe no es precisamente la estrategia más adecuada que busca la empresa y, por lo tanto, no es sólido ni sensato. Por ese motivo, el jefe reacio se queda sin *visto* en la columna de planificación estratégica.

El jefe inepto

Si bien el jefe reacio tiene razones de peso para mostrar cierto recelo a la hora de ascender, el inepto tiende a pasar por alto los potenciales obstáculos de las personas inexpertas o al menos los ignora completamente. El jefe reacio sabe que, en algunas ocasiones, los empleados tienen motivos justificados para cometer un jeficidio y, en casos extremos, ningún jurado sobre la faz de la tierra los condenaría. Los jefes ineptos asumen que serán aceptados como tal basándose únicamente en la autoridad institucional que les han concedido y en su puro deseo de ser el jefe. Eso no es pensar con claridad; por lo tanto, ningún *visto*. Si los jefes ineptos tuvieran facultades estratégicas, habrían considerado la necesidad de adquirir capacidad de liderazgo y, sin duda, lo habrían hecho. Tampoco tienen un *visto* en esta columna.

El jefe colega

El jefe colega es tan desafortunado en pensar con claridad y en el futuro por las mismas razones que los jefes endiosados, masoquistas, paranoicos e ineptos. La necesidad imperiosa de sociabilizar con sus subordinados hace que la dinámica de las relaciones laborales sea un factor de excesiva importancia. Cuando lo califico como exagerado me refiero a que traspasa cualquier límite racional. Los jefes colegas no aprobarían un examen de pensamiento claro y centrado en el futuro, si es que tal cosa existiera. No se han ganado el *visto* en esta columna.

Por desgracia, la creatividad e innovación que un jefe colega invertirá en planear las próximas vacaciones junto a ti no son suficientes para merecer el *visto* en la segunda columna, es decir, en la competencia de planificación estratégica.

El jefe idiota

Los i-jefes son capaces de ver con claridad toda situación si les restriegas esa desagradable circunstancia por la cara, como harías si tuvieras que adiestrar a un cachorro. Por desgracia, la mayoría de los empleados consideran una pérdida de tiempo y energía hacer esto, sobre todo si el i-jefe no relaciona la experiencia desagradable con el nuevo y deseable comportamiento. Así pues, nada de *visto* para tu i-jefe cuando se trata de pensar con claridad y en el futuro. Aunque haya recibido una formación específica para realizar una planificación estratégica, es bastante poco probable que un i-jefe entienda por qué está haciendo lo que hace. En otras palabras, esperar a que este contribuya de forma seria y valiosa a una planificación es como pedir al tonto del pueblo que realice una operación de vesícula utilizando los cubiertos de plástico del restaurante de comida rápida de la esquina. Ni el conocimiento ni las herramientas son apropiados para tal tarea. Así que nada de *visto* en la segunda columna.

El buen jefe

Los buenos jefes poseen el conocimiento y las herramientas que les faltan a los i-jefes. Si por alguna razón un buen jefe no tuviera los conocimientos o las herramientas necesarios a mano, lograría encontrarlos. Los buenos jefes son, por naturaleza, capaces de pensar con claridad y considerar las implicaciones futuras, además de tener en cuenta los precedentes históricos de las ideas y acciones que se llevan a cabo en el presente. Quieren que su forma de pensar sea clara, realista y útil; así que tienen un *visto* en esta casilla. Los buenos jefes consideran el «¿qué es?» además del «¿y si?», son personas capaces de llevar a cabo políticas empresariales y, por si fuera poco, son los arquitectos de cualquier plan estratégico. Dibuja otro *visto* en la casilla de pensamiento estratégico para el buen jefe.

Característica n.º 8: una persona con inclinaciones técnicas por naturaleza

Competencia correspondiente n.º 8: experta en aplicación y ejecución

Escogí el término *inclinaciones técnicas* para nivelar un poco el terreno de juego. Esta expresión parecía favorecer de una forma desproporcionada a los tipos técnicos, pues las capacidades técnicas pueden ser una cosa generacional. Mi sobrino de 14 años, Charlie, sabe más del código HTML y el procesamiento digital que todo lo que un alto directivo de la empresa Intel ha aprendido desde el cambio de siglo. Quizá estoy exagerando un poco, o puede que no. El chaval actualiza el ordenador para instalar un *software* inédito de juegos que él y sus amigos escriben porque todavía no se ha desarrollado un *hardware* para jugar a ese juego. Mi sobrino ha adquirido un nivel de aplicación y ejecución tan alto que me es imposible escribir sobre ello. Todo aquello que necesita hacer, lo hace. Veamos cómo funciona esta competencia con los diversos tipos de jefes.

El jefe endiosado

Casi cualquier trabajo exige unas capacidades técnicas básicas. Con este adjetivo, me estoy refiriendo a todo el dominio del cerebro izquierdo: comunicación y procesamiento digitales, física, matemáticas, teoría de juegos y ese tipo de cosas. Cosas de empollones, para que nos entendamos. Los jefes endiosados lo son porque no les importa gritar a cualquiera que se les ponga delante; quizá han desarrollado su capacidad de gritar para compensar sus carencias en el campo técnico. Aunque muchas personas con gran pericia técnica pueden convertirse en jefes gritones, no podemos darles el *visto* en esta columna. En términos generales, los jefes endiosados no poseen la competencia de aplicar y ejecutar, aunque sí se la exigen a sus subordinados. Puesto que son incompetentes en ese campo, se vuelven muy irascibles al respecto. Los chillidos y bramidos son un indicador bastante fiable que nos ayuda a saber si aquello que nos están pidiendo está por encima de sus competencias. Así que ningún *visto* para el jefe endiosado.

El jefe maquiavélico

Los jefes maquiavélicos no acostumbran a interesarse por los aspectos más técnicos. Si fuera así, seguramente piratearían la base de datos de la empresa y se colocarían en el organigrama como directores generales. ¿Para qué molestarse en discutir y pelearse mientras ascienden en la escalera empresarial? Si los jefes maquiavélicos han aprendido algo en su vida es a aplicar sus conocimientos y ejecutarlos, tanto de un modo figurado como literal. La aplicación y la ejecución son los dos tacones de aguja de los zapatos de cualquier maquiavélico. Estos jefes pueden conseguir buenos resultados y el instinto asesino de un jefe maquiavélico es algo que merece un poco de atención. Si tienes una misión muy complicada que necesita «ejecutarse» sin prejuicios ni escrúpulos, contrata a un jefe maquiavélico y regálale un *visto* en esta columna.

El jefe sádico

Los jefes sádicos pueden alcanzar capacidades técnicas de forma natural, aunque costaría mucho afirmar que las inclinaciones técnicas son su biblia, pues, según mi experiencia, no lo son en absoluto. Al igual que sus colegas maquiavélicos, los jefes sádicos son expertos en aplicar y ejecutar ideas, pero por razones distintas. Para un maquiavélico, el dolor no es nada personal y no dura más de lo necesario, mientras que los jefes sádicos están dispuestos a golpear una y otra vez a sus subordinados para provocar un dolor y sufrimiento infinitos y continuados. Si bien este libro, al fin y al cabo, trata del liderazgo de calidad no olvidemos que también abarca temas como la sátira y el sacrilegio. Estoy tentado a otorgarle un *visto* a los jefes sádicos por su competencia a la hora de aplicar y ejecutar ideas. Es una pena que los resultados obtenidos no ayuden a motivarles para que actúen de forma altruista.

El jefe masoquista

No es nada excepcional que los jefes masoquistas posean un don natural con los aparatos electrónicos y la tecnología en general. Por ese motivo, lucen un *visto* en la columna de inclinaciones técnicas basadas en su inteligencia superior. Desde luego, hay masoquistas poco inteligentes, pero raras veces tienen acceso al reino de los jefes. Les he concedido un *visto* en esta columna porque los jefes masoquistas siempre contribuyen, y mucho, a todos los aspectos técnicos de su empresa. Además, también son muy buenos a la hora de aplicar y ejecutar ideas. El problema con los jefes masoquistas es su tendencia a sabotear sus propios logros y éxitos. Son famosos por tener la intención de comentar ideas brillantes en una reunión, escuchar a un compañero presentar una idea parecida y después hacer trizas su proyecto por debajo de la mesa en vez de llegar a presentarlo. Quiero pensar que no todas las ideas grandes y brillantes quedan tiradas en el suelo hechas pedazos y, por eso, he puesto un *visto* en esta columna.

El jefe paranoico

Los jefes paranoicos suelen ser personas expertas en toda clase de asuntos técnicos. Sin embargo, utilizan estas inclinaciones para montar una vigilancia extrema y atrapar a los posibles conspiradores. Puesto que estos no existen, los jefes paranoicos suelen perder muchísimo tiempo y pericia técnica haciendo girar molinos de viento (en términos tecnológicos). Sin embargo, creo que se merecen una marca de *visto* por su inclinación natural hacia el mundo tecnológico y el modo en que lo contemplan. El jefe paranoico también se merece estar presente en la competencia de aplicación y ejecución. Si está trabajando en un proyecto de seguridad empresarial, sin duda aportará su sabiduría más maravillosa y estelar. Si alguna vez quieres un informe exhaustivo de tu rendimiento, explícale a tu jefe paranoico que necesitas tener uno y que existe alguna clase de relación entre el rendimiento y una estrategia secreta para que le despidan. El jefe paranoico hará uso de toda clase de recursos a su alcance para solucionar el problema.

El jefe reacio

Una tremenda inclinación técnica y una asombrosa inteligencia son las razones que explican por qué le piden a un jefe reacio que acepte su puesto. Este tipo de jefe suele ser muy listo y espabilado cuando hablamos de tecnología. A diferencia del jefe inepto, el reacio es lo bastante inteligente para darse cuenta de que su don natural sobre toda clase de tecnología no le capacita para gestionar y dirigir un equipo de personas. Sin embargo, le concederemos un *visto* gracias a su predisposición técnica. En este estado, los jefes reacios son expertos en aplicar y ejecutar, y precisamente por ese motivo reciben tanta presión para aceptar su cargo. De la misma manera que a Marshall Goldsmith le gusta recordarnos que lo que nos ha traído hasta aquí no nos llevará necesariamente más lejos (la cita no es literal, pero recoge su espíritu), es fundamental darse cuenta de que, en la mayoría de casos, es el jefe reacio quien aprieta el freno y detiene su movilidad ascendente. Los jefes reacios se han ganado la marca de visto por su competencia, e incluso me atrevería a decir dominio, de los conceptos de aplicación y ejecución.

El jefe inepto

Los jefes ineptos pueden tener, y a menudo poseen, un don respecto a la tecnología, el cual suele ser la base sobre la que se convencen de que están preparados para gestionar y dirigir, aunque esta pericia técnica no esté en absoluto relacionada con la capacidad de mandar a los demás. Peor es el caso de los diseñadores de políticas empresariales, o los líderes de las altas esferas, que han llegado a la misma conclusión sobre sí mismos y no les tiembla el pulso a la hora de ascender a jefes ineptos pero con conocimientos técnicos. Le daremos al jefe inepto un *visto* en la primera columna por su gran capacidad técnica, aunque este sea el único criterio para su ascenso, lo cual indica que quien tomó esa decisión era un poco corto de miras.

El jefe inepto podría recibir un *visto* por su capacidad de aplicación y ejecución, si fuera una competencia que pudiera desarrollarse de forma individual. Puesto que únicamente saben aplicar y ejecutar ideas solos, sin la ayuda o colaboración de nadie, no están preparados para mandar. Nada de *vistos*.

El jefe colega

El jefe colega bien podría merecerse una marca de *visto* bajo la columna de las inclinaciones técnicas. Este tipo de jefes son bastante brillantes y suelen ser unos excelentes jugadores de videojuegos y usuarios de las redes sociales. Esa es una de las razones de por qué se llevan tan bien con tus hijos preadolescentes, una relación que, desde luego, te incitará a tener ganas de arrancarles la cabeza. Le pondremos un *visto* bajo las inclinaciones técnicas, aunque a veces los jefes colegas fingen no tener ni idea de las aplicaciones para obligarte a echarles una mano. Estuve reflexionando largo rato sobre si concederles un *visto* en la competencia relacionada porque, no nos engañemos, son capaces de organizar un acontecimiento social en tu casa en dos segundos. Pero eso apenas ayuda a la empresa, al menos de una forma palpable y lucrativa.

El jefe idiota

Los jefes idiotas no son lo bastante inteligentes como para ser técnicos; después de todo son unos completos incompetentes y por eso se les niega el *visto* bajo esta columna. A principios de la década de 1980, los jefes idiotas eran los típicos que utilizaban Tipp-Ex para borrar los errores que cometían sobre la pantalla de su ordenador. Criaturas tan incompetentes como los i-jefes no poseen los ladrillos suficientes para construir una casa, y mucho menos para aplicar o ejecutar un plan estratégico; una letrina, quizá sí, pero no una vivienda habitable. Incluso cuando los jefes idiotas reciben la bendición de tener una montaña de ladrillos para construir una mansión, se olvidan de utilizar cemento. Por favor, ahórrate el *visto* que estabas dispuesto a otorgar al jefe idiota en la competencia de aplicación y ejecución sólo por lástima.

El buen jefe

En la matriz de 10 × 10 de característica/competencia diseñada por el Dr. Hoover para todo tipo de jefes, parece que los buenos jefes son expertos en todo. Sorpresa. Voy a jugármela y voy a quitar la marca de visto de la columna de inclinaciones técnicas de los buenos jefes. A estos se les da bien reconocer, premiar e invertir en el crecimiento y desarrollo de los demás. ¿Acaso no resulta más reconfortante tener un jefe que admite su falta de capacidad técnica y busca ayuda, en vez de tener un idiota que carece de cualquier tipo de habilidad técnica e intenta ocultarlo? Prefiero un jefe que no sea especialista en tecnología pero que tenga la autoridad institucional y el impulso natural de buscar ayuda, reconocer y premiar a aquellos que sí poseen este don. Los buenos jefes no se atribuyen el mérito que pertenece a otros ni se cuelgan medallas que no les corresponden. Esto crea una atmósfera óptima para aplicar el conocimiento y ejecutar una estrategia en un ambiente de colaboración. Así pues, les pondremos una marca de visto bajo la columna de aplicación y ejecución.

Característica n.º 9: una persona empresarialmente astuta

Competencia correspondiente n.º 9: experta en coach ejecutivo

Algunas listas de competencias hablan de centrarse en lo externo. Muchos consideran este concepto como conservar un foco fuera de la empresa para mantener un margen competitivo y ventajas sobre las demás empresas del sector. En mi libro (puesto que lo he escrito *yo*), este foco externo empieza donde acaba mi piel. Si tenemos una perspectiva extrínseca que permita, y al mismo tiempo nos estimule, prestar más atención a los clientes de *nuestra* empresa, nos resultará más sencillo concentrarnos también en los clientes *externos* a nuestra empresa. Hay que conocer bien a los jugadores y cómo contribuyen al éxito empresarial. Ser empresarialmente astuto va más allá de saber que tu empresa gana dinero; también es necesario conocer cómo lo hace exactamente. Podemos convertirnos en grandes coaches, ya sea internos o externos, para muchas empresas si aprendemos a valorar ese enfoque externo, a hacer las preguntas adecuadas y a escuchar con atención las respuestas. Si mantenemos alejados nuestros egos de la conversación, se producirán magníficas epifanías que beneficiarán tanto al individuo como a la empresa.

El jefe endiosado

Debes estar de broma, ¿no? El jefe endiosado jamás se fija en nadie que no sea él mismo a menos que se deba a la sumisión del otro. Para él, los demás mortales son una masa anónima que debe estar a sus órdenes y es incapaz de considerarlos como personas individuales con características, talentos y capacidades únicas e intransferibles. A excepción del caso en que alguien posea una habilidad o competencia que al jefe endiosado le parezca especialmente útil, como pelar uvas o tocar el laúd, no hay reconocimiento individual en absoluto. En cuanto a ser empresarialmente astutos, los jefes endiosados saben dónde está la sala del trono, así que nada de *visto*. Además, no son buenos coaches. Después de todo, ¿por qué alguien tan ilusorio y egocéntrico se molestaría en escuchar a los demás (lo que es el componente clave de cualquier buen coaching empresarial) para oír lo que quieren transmitir? Los jefes endiosados no fingen cuáles son sus intereses reales y jamás forjan relaciones de confianza y respeto mutuo. No se merecen el *visto* bajo la columna del coach.

El jefe maquiavélico

Los jefes maquiavélicos están demasiado ocupados en otros asuntos y no prestan atención alguna a los otros compañeros que o bien les ayudan a conseguir su objetivo, es decir, a alcanzar la cúspide de la pirámide empresarial, o bien todo lo contrario, les ponen obstáculos en el camino. Por eso, los jefes maquiavélicos suelen hacer un análisis de todos los empleados de la empresa sobre quienes tienen una influencia directa o indirecta. ¿Los jefes maquiavélicos son astutos en términos empresariales? Conocen cada recoveco y ranura de la empresa y son capaces de distinguir a los ejecutivos más vulnerables para pasar por encima de ellos y apartarles de su camino. Por eso tienen un *visto*. ¿Crees que el jefe maquiavélico puede aportar algo bueno en el campo del coaching? Yo tampoco. Como coach ejecutivo dedicado al crecimiento y desarrollo saludable de los clientes y empresas que me contratan, mi conciencia no estaría tranquila si le concediera un *visto* en la columna de competencia a un jefe maquiavélico.

El jefe sádico

Los jefes sádicos conocen a su presa a la perfección porque estudian a sus víctimas al milímetro a fin de determinar las debilidades de cada individuo. Los jefes sádicos pueden ser empresarialmente astutos sólo para evaluar todo lo que pueden conseguir antes de que el departamento de recursos humanos acuda a un coach ejecutivo para solucionar el conflicto. Los jefes sádicos no reciben la marca de *visto* en la columna de atención a los demás porque sólo piensan en sus compañeros para hacerles daño (lo cual bastaría para descalificarles) y porque su atención no está ligada a ninguna conciencia empresarial. En lo referente al coaching, ¿le abrirías tu alma a alguien que ha prometido bajo juramento infligirte el máximo dolor, haciendo uso de cualquier artefacto disponible? ¿Le entregarías a un sádico un martillo para que te golpeara con él? (Los masoquistas no pueden responder). Así pues, ningún *visto* en la columna de la competencia correspondiente.

El jefe masoquista

El fracaso es un asunto más que personal para el jefe masoquista. La mayor parte de la atención que presta a los demás está relacionada con su deseo de infravalorarse todavía más y se mantiene al margen de la relación con los otros porque está concentrado en su agenda de fracasos. ¿Empresarialmente astuto? El jefe masoquista ve la compañía en que trabaja como un puñado de personas que son mucho mejores que él en todos los aspectos, así que nada de *visto*. Los jefes masoquistas podrían llegar a ser grandes coaches porque se les da muy bien animar y estimular a los demás, pero ese «estímulo» envejece muy rápido, pues los jefes masoquistas se enfrentan a todo el mundo para poder alcanzar la etiqueta de perdedores. El hecho de autosabotearse continuamente les hace perder el *visto* en esta columna.

El jefe paranoico

Los jefes paranoicos son expertos en prestar atención a los demás, pues están muy interesados en adivinar quién conspira contra ellos: según su forma de ver, se trata de todo el mundo. Los jefes paranoicos cuentan conspiradores para dormirse, del mismo modo que el resto de la humanidad cuenta ovejitas. En cuanto a ser astutos en términos empresariales, no veo ningún valor práctico en la percepción de la empresa del jefe paranoico, que la ve como un lugar peligroso, así que nada de *vistos* en esta columna.

A pesar de su foco láser hacia los demás, los jefes paranoicos no acostumbran a ser buenos coaches, puesto que siempre asumirán que sus clientes forman parte de una gigantesca conspiración contra ellos. Necesitan más confianza y transparencia, y lo que deberían ser preguntas con intención de inspirar una autorreflexión por parte del cliente se acabarían convirtiendo en técnicas de interrogatorio para resolver una conspiración. Por ese motivo el jefe paranoico no se ha ganado el *visto* en la columna de coaching ejecutivo.

El jefe reacio

Si los jefes reacios escucharan más a los demás, seguramente no se mostrarían tan reacios a la hora de dirigir un departamento. Esto no significa que el clásico jefe reacio esté absorto en sí mismo, como el jefe endiosado o el maquiavélico. Pero cuando se trata de liderar, suele evitar a los demás. Sin embargo, los jefes reacios tienden a ser más empresarialmente astutos de lo que imaginamos. Entienden cómo deben hacerse las cosas en un ambiente laboral complicado pero se niegan en rotundo a llevarlas a cabo de ese modo, así que no se han ganado un visto.

En lo referente a la competencia de coach ejecutivo, la característica de liderazgo que implica prestar atención a los demás significa que tiene que haber un deseo, por mínimo que sea, de ayudar a los compañeros. Esa inclinación natural de echar una mano a los demás constituye la base para ser un buen coach o mentor. Un jefe reacio podría ejecutar todos los movimientos de un buen coach, pero su reticencia a dar un paso hacia delante y comprometerse realmente con los demás hace que la casilla quede en blanco.

El jefe inepto

Los jefes ineptos tampoco reciben un *visto* en las casillas de astucia empresarial y atención hacia los demás porque codician más el uso y disfrute del poder que les han otorgado que el simple hecho de prestar atención a los demás. Si antes de ascender a su actual cargo, el jefe inepto hubiera recibido un par de lecciones de servidumbre, sin duda estaría más preparado para mandar. Aprender responsabilidades financieras, basadas en ganancias y pérdidas, es una función de toda capacitación. Por desgracia, los jefes ineptos suelen ascender por su capacidad de generar beneficios, a pesar de demostrar una nula capacidad a la hora de trabajar con otras personas. Supongo que un jefe inepto podría dar buenos consejos sobre la ambición; sin embargo, la tarea del coach no se basa en dar consejos, sino en generar un ambiente saludable donde todo el mundo pueda encontrar su sitio ideal y ser más eficaz y productivo. Por eso, nada de *vistos* en la columna nueve para los jefes ineptos.

El jefe colega

Los jefes colegas prestan muchísima atención a todo su entorno, puesto que están constantemente escudriñando el horizonte en busca de nuevos amigos. Tienen hambre de nuevas amistades porque, al igual que los vampiros, absorben su energía en vez de crearla. La astucia empresarial requiere cierta distancia entre el individuo y la empresa para tener así un poco de perspectiva y objetividad, pero el jefe colega no puede alejarse más de un metro de alguien. De hecho, es capaz de invertir mucho, pero mucho tiempo en los demás, así que deberíamos considerarlo apto para convertirse en coach. Sin embargo, el tiempo que pase con sus clientes y los desafíos que estos le planteen jamás serán momentos de calidad, puesto que el jefe colega se preocupará más de hacerse amigo suyo que de abordar el problema. Ese pequeño detalle hace que la casilla de experto en coaching del jefe colega quede en blanco.

El jefe idiota

Desafortunadamente para los i-jefes, ambas columnas están en blanco. Todos los jefes idiotas que pueden quedarse embobados durante media hora estudiando la complejidad de una goma de borrar son ajenos al universo de personas interesantes y fascinantes que los rodea. La astucia empresarial tampoco es una de sus características más populares. Las empresas son organizaciones complejas, organismos vivos; las gomas de borrar, no. Cuando me imagino a un i-jefe ejerciendo de coach con un compañero de trabajo o con un subordinado me entran ganas de llorar y reír al mismo tiempo. Los daños que un i-jefe puede provocar cuando intenta ayudar al resto son directamente proporcionales a las necesidades del cliente. Cuánto más desesperada sea la exigencia de este, más incompetente será la solución que aporte el i-jefe. El coach experto, un coach ejecutivo certificado, debe saber prestar atención a los demás, ser empático y astuto, y, sobre todo, debe conocer los procesos de las empresas, además del comportamiento humano y empresarial, unas cosas que a cualquier i-jefe le pasarán desapercibidas.

El buen jefe

Las contribuciones más valiosas de cualquier buen jefe no están empaquetadas en una caja técnica. Un jefe que es un experto en asuntos tecnológicos y que además merece el calificativo de bueno es una maravilla de la naturaleza, algo verdaderamente excepcional. Escuchar a los demás es la característica más destacada de un buen jefe: de forma casi automática considera las necesidades de los otros por encima incluso de las propias, siempre dentro del contexto de la empresa. Por eso su casilla contiene la marca de *visto*. Los buenos jefes sienten una tendencia natural a dominar el oficio del coach ejecutivo. Gracias a su intenso deseo de ayudar a los demás a crecer y desarrollar su máximo potencial, los buenos jefes suelen ser excelentes coaches cuando se lo proponen. Estudian y practican las técnicas para construir competencias sólidas en su misión de armonizar lo que la gente hace mejor con lo que la empresa más necesita. Una marca de *visto* más.

Característica n.º 10: una persona inteligente y con ganas de ayudar a los demás

Competencia correspondiente n.º 10: un gran maestro para el mundo

Tal y como estás a punto de ver, las características complementarias de inteligencia y ganas de ayudar a los demás, junto con la competencia de enseñar y fomentar el crecimiento de la gente, son objetivos demasiado nobles para cualquiera que no haya considerado en serio las maravillosas responsabilidades y obligaciones del liderazgo. Los diseñadores de políticas empresariales suelen resolver este dilema desagregando la combinación de características. En una empresa de alta tecnología o alto contenido (como una agencia de publicidad), los diseñadores de políticas empresariales sostienen que la inteligencia superior es un criterio suficiente para garantizar un ascenso. Los mismos diseñadores afirman que las ganas de ayudar a los demás, por sí solas, no son motivo suficiente para obtener un ascenso. Por desgracia, los mayores genios del mundo no habrían sido tan brillantes sin su deseo de ayudar al resto de la humanidad. Fantásticos inventores, quizá, pero unos fantásticos líderes, seguramente no. La inteligencia por sí sola no indica predisposición para actuar, pero ayudar a los demás sí. No podemos ayudar a las personas a crecer y desarrollarse como profesionales si no hacemos nada al respecto. Tenemos que disponer de ciertas herramientas y utilizarlas para provocar cambios, crecimiento y mejoras. Aunque algunas listas de competencias de liderazgo hablan de tener una «mente prodigiosa», yo me refiero a ese concepto con la expresión «forjar personas». No hay mucha diferencia, pero creo firmemente en lo que dijo Spencer Hayes, el arquitecto de Southwest Publishing, sobre forjar y construir personas. Algunos directivos de las empresas Spencer me han confesado que él siempre adiestra a los directivos que trabajan para su empresa. Les dice que su responsabilidad principal es «forjar a las personas que forjan su negocio». Me cuesta hallar un comportamiento de líder que supere a ese. Para mí, una «mente prodigiosa» significa un compromiso de construir y forjar personas a lo largo de su vida laboral, desde la contratación hasta la jubilación. Tal y como ya he mencionado, enseñar algo es el mejor modo de aprenderlo. Así que convertirnos en magníficos maestros hace de nosotros unos alumnos brillantes.

El jefe endiosado

Por lo general, los jefes endiosados no son tan listos como molestos. El truco con la inteligencia moderada es aprovecharla al máximo, tal y como un buen puñado de millonarios han demostrado. Las personas con una inteligencia superior suelen trabajar a las órdenes de un ser de inteligencia considerablemente inferior. Ya sean más o menos inteligentes, los jefes endiosados gritones no parecen muy interesados en ayudar a los demás. Si así fuera, bajarían el tono de voz y escucharían a los demás, para variar. Así pues, ninguna marca de *visto* bajo la columna de inteligencia y ganas de ayudar a los demás para los jefes endiosados. Al clásico jefe endiosado, ya sea inteligente o no, no le apetece echar una mano a los demás. Sin una marca en la columna número 10, los jefes endiosados sólo han obtenido tres de veinte posibles *vistos* en total. No sé ni por qué les he incluido en la plantilla.

El jefe maquiavélico

Los jefes maquiavélicos gozan de una inteligencia superior. Son seres estratégicos, astutos e implacables y realizan un trabajo ejemplar a la hora de descuartizar rivales y eliminar cualquier obstáculo. Tras cada actuación estelar, dejan su tarjeta de visita para informar a todo el mundo de «quién» es el autor de la matanza. El jefe maquiavélico sólo se preocupa de ayudarse a sí mismo y, por ese motivo, su columna número 10 está vacía, a pesar de su gran inteligencia.

El jefe maquiavélico es un maestro excelente si sólo necesitas una lección para cambiar tu conducta para siempre. Sin embargo, su victoria se basa en la derrota del otro y nadie desea que los empleados de una empresa practiquen sus enseñanzas. Así pues, nada de *vistos* en la última columna para el jefe maquiavélico. Este tipo de jefes ha obtenido siete de las veinte posibles características y competencias que simbolizan un buen liderazgo.

El jefe sádico

Dudo que el abogado más feroz de la tierra pudiera convencer a algún jurado de que los jefes sádicos, por muy inteligentes que puedan llegar a ser, tengan interés alguno en ayudar a los demás. El jefe sádico no merece llenar la casilla que corresponde a las características de inteligente y dispuesto a ayudar a los demás. En lo referente a enseñar y forjar a las personas, sólo está interesado en transmitir a sus subordinados que no existe esperanza para mitigar el dolor y el sufrimiento que él mismo está provocando. Algunas personas cometen el error de pensar que se puede comprar a un jefe sádico y creen que el dolor y el sufrimiento es el precio que deben pagar por su libertad. Por desgracia para los empleados de un jefe sádico, este simplemente disfruta viendo a los demás sufrir, con independencia de la cantidad de dinero que se le ofrezca. Además, la empresa ya le está pagando un buen sueldo para abusar de ti. Sin la marca del *visto* en la competencia de enseñar y forjar a las personas, los jefes sádicos poseen cuatro de las veinte características y competencias posibles en la plantilla, lo cual los sitúa entre el jefe endiosado y el jefe maquiavélico.

El jefe masoquista

Los jefes masoquistas son más graciosos y divertidos que sus compañeros maquiavélicos, sádicos o endiosados. A menos que trabajes para uno de ellos, claro está. Los jefes masoquistas, al igual que los maquiavélicos, son bastante inteligentes, pero no tienen la menor idea de cómo funciona la inteligencia emocional. Intelectualmente ricos y emocionalmente pobres, los jefes masoquistas sólo están dispuestos a ayudar a los demás si eso les hace quedar mal. Sin embargo, en la mayor parte de las empresas, el hecho de echar una mano a los otros suele tener una buena imagen. Así que el jefe masoquista se encuentra en una situación bastante paradójica; por ese motivo, este tipo de jefes apenas ayuda a sus compañeros, sino que prefiere invertir el tiempo en hacerse daño y perjudicar su carrera profesional. Así pues, no se ha ganado el *visto* en la categoría de inteligencia y disposición a ayudar a los demás. Las probabilidades de que un masoquista sea un buen maestro son prácticamente nulas, ya que pone toda su atención en cumplir su profecía, es decir, en fracasar. La actitud de «Eres mucho más listo y apto que yo» hace que cualquier logro por parte de sus subordinados sea un asco. Los jefes masoquistas han obtenido cinco de los veinte *vistos* disponibles. El maquiavélico le gana por dos puntos, lo cual satisfará, y mucho, al masoquista, que verá un nuevo reconocimiento de su fracaso.

El jefe paranoico

Los jefes paranoicos pueden ser muy inteligentes. Si bien los maquiavélicos utilizan su inteligencia para conseguir algo tangible, los paranoicos, al igual que los masoquistas, lo hacen para imaginarse una situación inexistente e invierten toda su energía en demostrar que es real. Los jefes paranoicos suelen ser más inteligentes que el resto de la gente, pero no merecen un *visto* en la columna de inteligencia porque no tienen interés alguno en ayudar a los demás. Así pues, toda su inteligencia es inútil si hablamos de liderazgo: ningún *visto* para ellos. Además son unos profesores horrorosos, por las mismas razones que son coaches horrendos. Sólo piensan en los demás para desenterrar una prueba que demuestre una conspiración en su contra. No sólo no tienen interés alguno en forjar a las personas, sino tampoco en forjarse a sí mismos. El jefe paranoico sólo se ha ganado cuatro de los veinte *vistos* posibles.

El jefe reacio

Es una lata que las cualidades que más influyen en el ascenso de alguien se basen en la capacidad técnica, la inteligencia o la habilidad comercial de esta persona en vez de centrarse en los dones de liderazgo e inteligencia emocional. Una vez más, el coach ejecutivo tiene trabajo gracias a que una empresa decide ascender al listillo de turno con una enorme capacidad técnica a un puesto de liderazgo. ¿Por qué? Porque la empresa enseguida se da cuenta del error cometido y trata de recular contratando a un coach ejecutivo para ayudar al jefe superlisto a comportarse como si poseyera un ápice de inteligencia emocional, además de la capacidad de mantener buenas relaciones humas o empatía, unas características que debería haber demostrado antes del ascenso. Así pues, nada de *vistos* para el jefe reacio en la inteligencia y la disposición a ayudar, enseñar o forjar personas. Los jefes reacios sólo quieren que los demás les dejen en paz. El hecho de haber conseguido cuatro de los *veinte* vistos posibles podría interpretarse como la posibilidad de una gran capacidad de crecimiento por parte del jefe reacio.

El jefe inepto

Los jefes ineptos también pueden tener un cociente intelectual altísimo pero uno emocional por los suelos. Los jefes ineptos no obtienen ascensos por su intelecto, sino por empujar a todo el mundo en su camino a la cúspide de la pirámide. Pero la inteligencia, como característica humana natural, no es sinónima de inteligencia emocional, tal y como Howard Gardner, Daniel Goleman y otros han descrito con anterioridad. Ser listo no implica conocer el corazón a fondo. Lo mismo puede decirse a la inversa, puesto que las personas capaces de conocer los sentimientos de los demás no son necesariamente inteligentes. Los jefes ineptos no reciben ningún *visto* en la casilla relacionada con la inteligencia y la predisposición a ayudar a los demás. En el estado actual, la preocupación principal de un jefe inepto no se basa en enseñar ni forjar a las personas, sino en labrarse una carrera y averiguar dónde puede conseguir el siguiente ascenso. Al no lograr ningún *visto* en la décima columna, el jefe inepto suma un total de siete *vistos* de los veinte disponibles. Así pues, empata con su primo más cercano, el jefe maquiavélico.

El jefe colega

El jefe colega puede ser inteligente y tener la disposición de ayudar a los demás, pero su insaciable necesidad de entablar amistades eclipsa estas cualidades. Los jefes colegas no dudarán en echar una mano a alguien si esto les garantiza una buena relación amistosa, y pueden hacerlo de una forma tan inteligente y creativa que incluso ayude al negocio. Así pues, les otorgaremos un *visto* por su empeño. Estos jefes pueden aprender a enseñar y forjar a sus compañeros de trabajo, pero no se molestan en «malgastar» el tiempo transmitiéndoles su conocimiento, sino más bien en no perder el contacto. Por ello el jefe colega se queda sin *visto* en la competencia de enseñar y logra un total de siete *vistos* de los veinte posibles de la matriz. ¡Uau! Un triple empate con el jefe maquiavélico y el inepto, con quienes forma una asociación extraña.

El jefe idiota

Las cosas iban mejor hasta que pasamos página y nos topamos con el jefe idiota. Como i-jefe rehabilitado que soy, esto demuestra hasta dónde se hundió este humilde autor antes de intentar aprender una forma mejor de dirigir un departamento. Siendo realistas, esta etiqueta indica la profundidad marina en la que me hallaba antes de darme cuenta de que cosas como el arte y la ciencia de mandar y dirigir existieran. La gestión es una ciencia y el liderazgo, un arte. En cuanto a la inteligencia como característica natural, la verdad es que no puedo fanfarronear al respecto, ni yo ni ningún otro i-jefe, esté recuperado o no. Sí tengo la disposición de ayudar a los demás, tanto a mis colegas, amigos y familiares como a mis clientes y a los usuarios del albergue para los sin techo en la calle 15 de Nueva York. Sin embargo, tal y como he mencionado anteriormente, los jefazos empresariales tienden a ascender antes a perfiles técnicos que altruistas. Cuando no era más que un i-jefe, el hecho de aparentar ser inteligente me ayudaba a ascender, pero era bastante inútil. Los i-jefes sin rehabilitar siguen anclados en su incompetencia, así que no pueden convertirse en profesionales del coaching. El jefe idiota (en su estado natural y sin recibir ningún tipo de tratamiento) sólo ha conseguido tres *vistos* de los veinte posibles, una puntuación muy baja. Los jefes endiosados, que también han obtenido la misma puntuación, no son la compañía que deseo. Ha llegado el momento de cambiar las cosas que están en mi mano.

El buen jefe

En mi opinión, un liderazgo excelente es sinónimo de lo que yo llamo el buen jefe. De los diez tipos que aparecen en la matriz de 10 × 10 basada en el carácter y las competencias, el único que consigue los dos *vistos* en la última columna es el buen jefe. En raras ocasiones este suele ser el más inteligente o experto en tecnología de la empresa. De hecho, poseen un *visto* en la casilla de inteligencia de la matriz como premio de consolación por haber perdido el *visto* de la capacidad técnica. Además, la predisposición de un buen jefe a ayudar a los demás fortalece el factor de la inteligencia. Formar y forjar a aquellas personas que forman parte de la empresa es un gesto sabio. Los buenos jefes han obtenido diecinueve de los veinte *vistos* posibles, aproximadamente un noventa y cinco por ciento lo cual los convierte en los jefes más divertidos, a la par que provechosos. Eso no significa que todas las características naturales se encuentren presentes en la misma medida, pero sí lo están en cierto modo, y, por si fuera poco, el buen jefe las utiliza para bien. Aquello que los buenos jefes no poseen de forma innata, lo complementan y suplen con competencias adquiridas y aplicadas.

La pregunta del millón de dólares

¿Cuántas veces has escuchado la expresión «No te quedes ahí parado como un idiota»? Algunos lectores pueden pensar que la pregunta del millón de dólares es «¿Cómo se queda parado un idiota?». Lo siento, pero esa sería la pregunta de los dos dólares. He aquí la famosa cuestión: para evitar contratar a un coach ejecutivo que ayude a ciertos directivos y ejecutivos a desarrollar las cualidades que la empresa desea que posean como jefes, ¿por qué no contratar y/o ascender a personas que demuestren de antemano tales capacidades deseables? Ya conoces cuáles son las virtudes de un buen jefe. Tu empresa sin duda ha invertido mucho tiempo en desarrollar una lista de competencias y expectativas de liderazgo que, en cierto modo, tiene cierto parecido a la mía. ¿Por qué no cubrir las vacantes de gestión y liderazgo con personas que han demostrado a lo largo de su carrera que poseen esta serie de características y competencias?

A medida que sigas leyendo este libro, reflexiona sobre por qué la mayoría de las empresas de todo el mundo ignoran por completo esta solución, a primera vista tan simple y sencilla. Medita por qué un jefe incompetente no posee ninguna de estas características tan positivas. No es una cuestión de fuerza, sino de cómo se utiliza. No es una cuestión de debilidad, sino de cómo esta entorpece las relaciones humanas y la productividad personal. La diferencia entre un buen jefe, aquel que ayuda a forjar a las personas y construir el negocio, y cualquier otro tipo radica en los márgenes y en el saber leer entre líneas, no en los títulos ni en los encabezamientos. A continuación te presento qué puedes hacer para ayudar a tu empresa, y también a ti mismo, para que sólo tengas que contratar coaches ejecutivos como yo para expandir y desarrollar el potencial de liderazgo que permanece oculto dentro de los despachos y evitar que nadie tenga tentaciones de saltar desde la cornisa de la ventana.

Resumen del ejercicio del paso tres

Sin tener en cuenta a quién le atribuyes el mérito, cada uno de nosotros fue creado de forma única y maravillosa. De ahí se forjaron un carácter individual y un potencial únicos. Cuando nos alineamos con nuestras características y propósitos originales ocurre algo maravilloso. Debes armonizar quién es tu jefe y qué ha aprendido contigo y qué has aprendido tú para poder crear un escenario ideal del buen jefe. En resumen, el ejercicio del paso tres se basa en: identificar el tipo de jefe que más te fastidia a la hora de trabajar y determinar qué características y competencias puedes aportar en tu relación con él que puedan transformar la combinación de ambos en algo similar a un buen jefe. ¿Qué podéis conseguir trabajando juntos en términos de forma de liderazgo?

Estado actual frente a estado futuro de los distintos tipos de jefe

La matriz de la página 85 muestra la puntuación de todos los tipos de jefe en su estado actual. Las marcas de *visto* representan dónde podría estar su potencial (con razonable seguridad), dónde podría recolocarse y desarrollarse o si, en esencia, necesitan aprender algo nuevo que pudieran transformar en una competencia. A pesar de algunas características naturales extremadamente disfuncionales, muchos de estos rasgos pueden utilizarse para un propósito productivo. Para los jefes ineptos y maquiavélicos, obsequiados con el poder y su posición, por ejemplo, instruir y formar equipos de gente competente puede ser una forma de ganar y mantener tal poder. En su estado actual, tal cosa jamás ocurriría, puesto que el adiestramiento exigiría un esfuerzo premeditado. Sin embargo, si se consigue, los resultados pueden ser muy favorables.

Una oportunidad de crecimiento

A pesar de todas las casillas en blanco que hay en la matriz, no podemos perder la esperanza y el optimismo. La gente puede aprender a hacer cosas opuestas a su carácter natural y, además, es capaz de aplicar las enseñanzas que ha recibido de una forma brillante; no obstante, se trata de un proceso muy difícil y complicado. La antigua filosofía oriental nos enseña que «cuando el alumno está preparado, el idiota interior del alumno hará algo increíblemente estúpido para estropearlo todo», o algo parecido. Pero esos instantes de estupidez momentánea son muy valiosos y educativos. Si jamás nos proponemos una meta, un desafío, no podremos crecer ni desarrollarnos como individuos; lo mismo ocurre con nuestros jefes. Quizá no sea muy importante para ti, pero es posible que nunca hayas sido un idiota. Esa es la lección fundamental. Hacer las paces con tu idiota interior es el primer paso del largo camino de la recuperación, pues te ayudará a alcanzar la paz personal y a mantener una convivencia pacífica con otros idiotas. Hacer las paces con él es el primer paso en desarrollo de lástima y compasión por el jefe para quien trabajas, sea idiota o de cualquier otro tipo.

Si tú eres el jefe, recuerda que tu negocio depende de todo tu personal. Hay gente que trabaja fabricando cosas que los demás compramos y utilizamos; otras personas proporcionan servicios que necesitamos, ansiamos y pagamos por tener. Los buenos jefes jamás se olvidan de eso. Cada uno de nosotros tiene una situación apropiada ideal para desarrollar al máximo sus talentos y habilidades; encuentra cuál es la tuya e intenta crear una situación idónea para que todos los miembros de tu equipo se actualicen. La forma más eficaz es cruzar la línea de salida. Todo esto, por si no te habías dado cuenta, demuestra una tremenda disposición a pasar a la acción.

Formar equipo con tu Poder Superior es el mejor modo de explotar tus virtudes y sacar lo mejor de ti. De ti y de todo el mundo que te rodea. Todo este proceso empieza cuando enfocamos nuestra vida y voluntad a nuestro Poder Superior, tal y como nosotros lo concibamos.

Epílogo de un idiota

Podría pasarme muchísimo tiempo comparando a los clásicos jefes idiotas con los buenos jefes porque, por muy improbable que pueda parecer, los primeros pueden, y en ocasiones hasta llegan a conseguirlo, convertirse en buenos jefes. ¿No te parece alucinante? Antes he comentado que soy especialmente duro con los i-jefes en comparación con el resto porque soy uno de ellos; aunque recuperado, claro está. Tanta sátira y sarcasmo han oscurecido todo el potencial positivo que tienen los i-jefes. A decir verdad, la transformación de un i-jefe, o de cualquier otro tipo, en un buen jefe sólo es posible gracias al milagro de la intervención divina, que hace posibles muchísimas cosas. Gracias, Poder Superior.

Cuando al fin entregué mi voluntad y mi vida a la Inteligencia Superior, las compuertas a mi conciencia se abrieron de par en par. Me dejé llevar por la corriente de agua y permití que me limpiara cualquier impulso orgulloso o controlador que pudiera tener. No tenía que saberlo todo. Sólo tenía que buscar las respuestas y tener una mente abierta para entenderlas. Un Poder Superior bondadoso, sea cual sea ese Poder Superior para ti, desea que todos convivamos pacíficamente con jefes difíciles y huraños y, por encima de eso, ansía que nos convirtamos en jefes constructivos para los demás. Sólo necesitamos intercambiar nuestra tozudez y obstinación por serenidad. Así, las cosas irán bien. Para tener un jefe preferido, antes debemos ser empleados preferidos.

4.
Procreación de idiotas

El término *procreación idiota* no se refiere a mujeres y hombres que son i-jefes de una empresa, se conocen en convenciones o ferias comerciales y empiezan a salir. La expresión se refiere al fenómeno a la vez extraño pero universal, que sucede de forma natural y frecuente en todas las empresas. Un rápido vistazo al i-jefe más común te ayudará a entender cómo crece la población idiota.

Viajo de punta a punta de Estados Unidos intentando salvar empresas de sí mismas y, en ocasiones, llego demasiado tarde. Desde que recibo la horrorizada llamada de teléfono, tardo un tiempo en reservar el vuelo y en dejar el coche de alquiler en el aparcamiento de la empresa. Durante ese tiempo es posible que toda una empresa haya cruzado la frontera de la i-zona, un estado causado por la fusión de sinapsis neurológicas, normalmente después de un intento de aplicar un poco de lógica y razonamiento a la mente y comportamiento de un jefe idiota. Aquellos que cruzan la línea y se adentran en la i-zona, a veces sin quererlo y de repente, no se han vuelto idiotas: sus facultades mentales se han desconectado de su fuente de energía. La experiencia es similar a estar escribiendo en el teclado de tu ordenador, a altas horas de la noche, y a que de repente se vaya la electricidad. Durante un breve instante, todo está oscuro y en silencio. En la i-zona, tu cerebro también se oscurece y se queda mudo durante un buen rato; te conviertes en un corte de luz, por decirlo de alguna manera. Se trata de un virus interno del que muy pocos se recuperan. Imagina que estás completamente sano y cuerdo al llegar al trabajo. Le presentas a tu i-jefe un plan brillante que llevas tres días y tres noches reescribiendo. Te mira sin expresión alguna y te pregunta:

—¿Qué es esto?

Una vocecita grita dentro de tu cabeza: «¡Es el informe que me pediste repetir por tercera vez, idiota!».

—¿Por qué pierdes el tiempo con esto en vez de ocuparte de asuntos más importantes? —continúa tu i-jefe, ignorando por completo la voz de tu cabeza.

Tu vocecita interior intenta gritar de nuevo, pero esta vez no articula ninguna frase. De repente, aparece una ventana emergente en tu escritorio mental donde puede leerse: «Este programa ha encontrado un error fatal y se apagará en un instante». Ya es demasiado tarde para actuar y te quedas en blanco, viendo cómo tu cordura y sensatez desaparecen. Tu pantalla interna parpadea, se apaga y todo se queda en silencio.

A veces llego a la empresa y me encuentro que hay muchísima gente ubicada en la i-zona: trabajadores cansados, con los hombros caídos y unas tremendas bolsas bajo los ojos, que en más de una ocasión han considerado seriamente la opción de tirarse por la ventana. Camino entre esta multitud de muertos vivientes que merodea sin rumbo fijo por los pasillos y me pregunto cuándo debería haberme presentado en esa empresa para prevenir la destrucción sistemática de materia gris, almas rotas y daños neurológicos irreversibles. No oigo ningún sonido que acompañe esta macabra escena excepto un leve gimoteo que no proviene de nadie en particular. Es como la banda sonora de una película de serie B.

Me quedo inmóvil en las recepciones de las empresas y una muchedumbre quejumbrosa de cadáveres que caminan arrastrando los pies se abalanza sobre mí. No logro entender cómo se las arreglan para esquivarme, puesto que estoy parado en mitad de la recepción. «Deben de tener una especie de sonar», pienso mientras sacudo la cabeza y cavilo sobre lo que ha podido ocurrir. La expresión anodina que muestran esos zombis no tiene nada que ver con la sonrisa perpetua que tantísimos i-jefes llevan dibujada siempre en la cara. Nunca he llegado a entender cómo esos tipos con la sonrisa fija en la boca pueden morder y masticar la comida, y mucho menos hablar, sin mover apenas la mandíbula.

Justo en ese preciso instante, noto que alguien tira de la manga de mi chaqueta. Me doy la vuelta y veo a una jovencita de aspecto fantasmagórico, antaño vibrante y hermosa, que se ha convertido en un ser demacrado y sin luz propia.

—¿Por qué ponen a idiotas como jefes? —me pregunta mirando al infinito.

Tiene una voz monótona y rasgada, como si alguien le hubiera colocado una cadena alrededor del cuello y tirado de ella cientos de veces. Sus ojos hundidos buscan el ángulo donde las paredes se unen con el techo, como si la respuesta a su pregunta estuviera escrita en el cruce de la superficie vertical y la horizontal.

He hecho esto demasiadas veces como para aventurar una respuesta rápida. Espero y, tal y como había sospechado, la joven no espera la respuesta a su primera pregunta antes de hacer una segunda.

—¿Por qué los jefes idiotas se multiplican como conejos?

Su voz sigue estando rasgada. Esta vez me mira a los ojos, pero enseguida me doy cuenta de que, en realidad, sólo ha captado levemente mi presencia y apenas me ve. Me hago a un lado, pero ella no me sigue con la mirada. De repente, la puerta del baño de caballeros se abre. Su jefe idiota aparece en el umbral y empieza a caminar de una forma despreocupada, casi arrogante, y se sumerge entre la masa quejumbrosa que lo rodea.

—Hola, Dr. Hoover —me saluda mientras se sube la cremallera de los pantalones.

La mujer fantasma suelta por fin mi manga y el río de muertos vivientes la absorbe. «¿Cómo puede ser tan simplista? —pienso—. Tiene que haber visto a toda esta gente. ¿Por qué no se fija en ellos?», y justo en ese instante el tipo se acerca a mí con la mano extendida para estrechármela.

—Hace mucho tiempo que no le vemos —continúa refiriéndose a una breve reunión de consultoría que hice hace más de cinco años para ayudar a desarrollar una estrategia de comunicación para la empresa. Antes de que este plan pudiera implementarse, los beneficios de la empresa se encontraron con un bache en el camino, la cúpula entró en un estado de pánico y todas las extravagancias quedaron canceladas, sobre todo aquellas que eran más necesarias. El plan se malogró en un intento de reducir costes. De ese modo, los últimos vestigios de inteligencia, entusiasmo y motivación se fueron a pique.

—Demasiado tiempo —digo sin dejar de fijarme en la mórbida escena que me rodea.

—¿A qué se refiere? —me pregunta con aire inocente.

En vez de divertirme y entretenerme, su estupidez me enerva. Me da la sensación de que está tentándome, de que prueba a sacarme de mis casillas a propósito. «Nadie puede ser tan estúpido», gruñe mi vocecita interior.

—¿Acaso no fue usted quien me llamó? —pregunto en voz alta, tratando de mostrar una curiosidad genuina, que, en realidad, siento. Si vas a recibir un sueldo por tus consejos, te recomiendo que averigües quién ha contratado tus servicios.

—Ah, sí —recuerda—. Yo te llamé. La gente empezó a perder la chaveta poco después de que yo decidiera dejar de perder el tiempo en actividades absurdas. Pero vaya, como puedes ver, se han tranquilizado un poco.

Extiende el brazo, me señala el camino hacia su despacho y empezamos a caminar.

—Defina absurdas —propongo. Creo saber adónde quiere llegar con todo eso, pero quiero que lo diga en voz alta con sus propias palabras.

—Les pido que hagan ciertas cosas y reaccionan como si quisiera asesinar a sus madres.

Me doy cuenta de que está a punto de conectar los puntos. Esta es la tarea de un buen coach, asesor y consultor: ayudamos a nuestros clientes a sumar dos más dos no sólo para que comprendan que el resultado es cuatro, sino también para que aprecien qué significa ese número y de dónde proviene. La parte más difícil de ayudar a los idiotas a conectar los puntos es hacer que se den cuenta de que, como mínimo, necesitan dos puntos para vincular cualquier cosa. Pero los idiotas no tienen problema alguno en conectar únicamente un punto y, sin la supervisión de un adulto, son capaces de pasarse todo el día dibujando puntitos, así creen que están ocupados y se sienten útiles. Y, más importante aún, jamás tienen que enfrentarse a la complejidad de contemplar cómo dos puntos se conectan entre sí. Que Dios te perdone si alguna vez les pides que consideren trazar un triángulo: les explotaría la cabeza.

Tenía que echar una mano a este i-jefe, que acababa de salir fresco como una lechuga del baño de caballeros, y hacerle encontrar al menos un punto más. A pesar de lo cínicos que los asesores y consultores podamos ser en momentos de relajación, realmente queremos ayudar a nuestros clientes. Llegamos a la empresa con el genuino deseo de mejorar una situación, sin tener en cuenta el dinero. Está bien tenerlo y, además, lo necesito para pagar las cuotas de mi Volvo, pero te digo honestamente que el deseo de mejorar el ambiente laboral de una empresa no tiene nada que ver con el dinero. Es un gen hiperactivo con el que nace cualquier buen coach y consultor, una característica positiva si no se convierte en lástima. Y una buena competencia si se utiliza para reconocer y fomentar el comportamiento positivo de un jefe.

Cuando ayudo a un jefe a mejorar su actitud, la vida resulta más sencilla y provechosa para todo su equipo. A pesar de mi optimismo al entrar en la empresa, a veces salgo por la puerta sintiéndome un fracasado; algunos consultores y asesores afirman que jamás se desaniman, lo cual me hace dudar de su sinceridad. Yo prefiero confiar en todo el mundo hasta que me demuestren lo contrario. Tras varias sesiones iniciales de coaching con la mayor parte de tipos de jefes que aparecen en la matriz del tercer capítulo, siempre me voy con ganas de contratar a un sicario. En realidad, la fantasía del matón se desvanece con la misma rapidez que aparece, a veces en un abrir y cerrar de ojos. Una vez desaparecen esas ansias de matar a alguien, recupero el optimismo, aprovecho el potencial que mi cliente ha mantenido oculto en un almacén y me entusiasmo con la idea de alcanzar mi objetivo.

Mientras charlaba con este i-jefe en medio de un mar de zombis, mi vocecita interior me decía: «Llama a Guido». Las voces interiores pueden traer buenas o malas noticias. Cuando estaba cursando unas prácticas de salud mental, en la Junta de Ciencias del Comportamiento de California, mi supervisor me mostró lo que es el verdadero cinismo. Las sesiones de supervisión para profesionales de la salud mental pueden ser las más políticamente incorrectas que puedas llegar a imaginarte. ¿Quién podría pensar algo así? Ningún psicólogo admitirá lo que voy a decir, y nunca he grabado una sesión de supervisión, pero te doy mi palabra de que lo que voy a contarte es cierto. Recuerdo a mi supervisor clínico describiendo a una paciente esquizofrénica a quien estaba tratando y preguntándose de forma retórica: «¿Por qué las voces siempre los inducen a matar, a hacerse daño o a vivir bajo un paso elevado? ¿Por qué no les dicen algo como "Tómate un baño, búscate un trabajo y paga a tu terapeuta"?». Poco después entró a formar parte del programa de alcohólicos anónimos.

Mientras paseaba y charlaba con este i-jefe en particular, las vocecitas de mi cabeza me decían: «Encuentra el armario de limpieza más cercano y enciérrate ahí dentro antes de matarle o tirarle por la ventana». Y entonces una segunda voz interior se unió a la conversación. Sabes que te has metido en un lío cuando varias voces interiores empiezan a retumbar en tu cabeza. «¿Qué sucede? —preguntaba mi voz interior racional—. ¿Le mato, me pego un tiro o gateo y me escondo debajo de uno de esos escritorios? Si salto primero por la ventana, no lo mataré y al menos mi conciencia estará tranquila durante los últimos tres segundos de mi vida. Pero ¿me arrepentiría de matarle si estoy a punto de morir? ¿O acaso el acto homicida de un coach desesperado sería un regalo al mundo que deja atrás?». Muchos ejecutivos tendrían que cambiarse de ropa interior si supieran lo que sus consultores y asesores piensan de ellos continuamente.

—¿Qué les ha pedido exactamente que hagan? —pregunté mientras paseábamos.

—Les solicité que repasaran el plan de medio plazo —respondió con toda tranquilidad.

—¿Repasar?

—Sí, bueno, que lo repitieran.

—¿Cuántas veces lo han redactado?

Llegamos a su despacho, una celda con paredes de cristal que proporcionaba una panorámica de toda la planta, desde el rincón del café hasta la fotocopiadora.

—No lo sé, dos o tres veces, creo.

—¿Y cómo cree que se sintieron después de tener que redactar el mismo informe dos o tres veces? —pregunto tras acomodarme en el sillón que hay delante de su escritorio. La cuestión fue la típica de un consultor socrático.

—Ni idea —respondió con toda sinceridad después de cerrar la puerta de su despacho y sentarse en su escritorio. Le di medio punto por eso. Por sentarse sin caerse, claro está.

—Me ha comentado que estaban perdiendo la chaveta.

El tipo hizo unos gestos en dirección a la marabunta de muertos vivientes que se movían metódicamente en todas direcciones al otro lado de la pared de cristal de su despacho. Ahí dentro y con la puerta cerrada, no podíamos escuchar los leves gemidos agudos que emitían los zombis. La ausencia de banda sonora hacía que el panorama fuera aún más desolador y extraño que antes. No sólo la pared de cristal aislaba al i-jefe de los miembros de su departamento, sino también de la cruda realidad. Al menos podía verlos desde su sillón. Eso era un inicio, una semilla, y decidí continuar.

—¿Qué le hace pensar que tienen un problema por repetir la misma tarea una y otra vez? —le pregunté ladeando la cabeza hacia la masa de muertos vivientes.

—Mírelos —contestó—. Parece que les haya pedido que cargasen unos sacos repletos de ladrillos.

Aquel tipo estaba empezando a incomodarme. Como buen profesional que soy, respiré hondo y giré los hombros para desentumecer los músculos que, desde que el tipo había salido del baño de caballeros, tenía agarrotados. Sabía que iba a tardar mucho con ese caso, de modo que no tuve más remedio que resignarme a tener paciencia y recordar que me pagaban por hacer eso.

—¿Por qué cree que tienen ese aspecto? —continué preguntando en un intento de señalarle el segundo punto que necesitaba para establecer la relación.

—Supongo que prefieren hacerse los tontos —respondió.

Nada de segundo punto.

—¿Hacerse los tontos?

—Sí, ya sabe.

—¿Ya lo sé?

—Pierden el tiempo.

—Oh —exclamé—. Si les dejara arreglárselas solos, ¿sus subordinados perderían el tiempo?

—Sí —suspiró—. ¿Qué se puede hacer al respecto?

—Intenta dejar de pensar como un imbécil.

En realidad no dije esta frase en voz alta, pero la pensé. No puedo hablar en nombre de otros coaches, consultores y asesores, pero a veces tengo pesadillas donde todo lo que pienso lo digo en voz alta, como si tuviera un micrófono que no puedo desconectar. La sensación de estas pesadillas es muy parecida a cuando sueño que voy desnudo por ahí.

—¿Qué estaban haciendo cuando les pidió que se centraran únicamente en volver a redactar el informe por tercera o cuarta vez?

—No lo sé —dijo, más irritado—. ¿A qué viene este tercer grado?

Los clientes suelen ponerse insolentes y arrogantes cuando se les presiona demasiado, pues saben perfectamente quién trabaja para quién. De todas formas, decidí insistir un poco más. Era una deuda que tenía con todos los seres humanos que, antaño, habían sido personas trabajadoras y dedicadas, y que ahora caminaban con rumbo perdido al otro lado del cristal. Y también se lo debía a mi cliente y a la empresa que nos pagaba a todos un sueldo.

—Esto es importante —dije. En vez de alzar las cejas en respuesta a ese comentario tan directo, se inclinó hacia delante y prestó más atención. Los más incompetentes también pueden tener ciertas virtudes—. Cuando les pidió que dejaran de hacer todo lo que tenían entre manos para volver a redactar el informe, ¿estaban realizando alguna tarea que usted les hubiera asignado?

Estaba realzando los puntos que debía unir, pero, por lo visto, todavía no era capaz de trazar una línea entre ambos.

—Probablemente —respondió recostándose de nuevo en el respaldo de su sillón—. ¿Y eso qué más da?

Era como haber arrastrado a un caballo hacia un río pero que se negaba a beber agua. Abandoné a Sócrates y saqué mi rotulador mágico e invisible.

—Funciona así —empecé.

Mis angelitos empezaron a llorar cuando vieron que, de forma gradual, mi conducta era más directiva. Es como el proverbio chino: «Enseña a una persona a conectar los puntos y habrá esperanza. Conecta tú los puntos y seguirá siendo un idiota».

Después continué:

—Cuando le pide a sus empleados que hagan algo, esa tarea se convierte en una prioridad y ellos la abordarán con la intención de hacer un buen trabajo. —Estaba hablando de los trabajadores antes de que un puñado de i-jefes apagaran todas sus pasiones y los transformaran en seres cínicos y sin esperanza—. Cuando interrumpe su trabajo para invertir sus esfuerzos en otra tarea, en realidad está reduciendo la importancia de la tarea que en ese momento se llevan entre manos.

—¿Y…?

—Y así, cada vez que les pide hacer algo y después les exige abandonar esa tarea, se vuelven más cínicos respecto a la importancia real de su tarea.

—¿Cínicos…?

—Es como Pedro y el lobo —empecé con la esperanza de que un cuento infantil le ayudara a razonar.

—¿Por qué Pedro gritaba que venía el lobo?

—La cuestión no es *por qué* gritaba que venía el lobo —dije sin mover un ápice la mandíbula—. La cuestión es que el pastor avisaba cuando no había ningún lobo.

—Qué tontería —se burló.

—Sí —espeté, conteniendo mi entusiasmo—. Era una tontería gritar que venía el lobo cuando, en realidad, no había ninguno. ¿Y sabe por qué?

—Era absurdo porque no había ningún lobo.

—Cierto —acordé—. ¿Puede profundizar un poco más y reflexionar sobre el problema que sus acciones pueden causar?

Estuvo cavilando durante un largo rato y se apretó el puente de la nariz varias veces mientras trataba de encontrar una respuesta. Yo esperé pacientemente.

—No lo sé —suspiró dejando escapar una bocanada de aire. Después dejó caer las manos sobre el escritorio para demostrar su creciente frustración y añadió—: Esto es una chorrada.

Entonces me di cuenta de que se estaba rindiendo. Ponerle a alguien en bandeja una respuesta en lugar de ayudarlo a descubrirla supone una violación a siglos de sabiduría oriental, pero necesitaba poder agarrarme a algo.

—Cuando el pastor gritó que venía el lobo por primera vez, todo el mundo se lo tomó en serio y corrió hacia la montaña o se escondió. Pero nunca apareció ningún animal y, al final, todos los aldeanos se acabaron volviendo cínicos. Después, cuando vino el lobo de verdad y Pedro los avisó a gritos, nadie prestó atención a su advertencia.

—¿Está insinuando que yo grito que viene el lobo?

Me toqué la punta de la nariz con un dedo y lo señalé con el otro.

—¿Quiere decir que cuando les mando a mis subordinados una tarea debería dejar que la acabaran?

Repetí el gesto. Justo cuando empezaba a creer que se había estancado, el tipo añadió:

—Pero ¿qué voy a hacer?

—¿Hacer? —pregunté.

—Si les asigno una tarea o les dejo escogerla... ¿No será un poco aburrido?

—¿Aburrido para quién?

—Para mí.

Justo cuando creí que le estaba guiando hacia la dirección adecuada, me di cuenta de que él mismo me había conducido a mí hacia el corazón del problema. Aunque le atribuí el mérito de entender el problema, no ofrecí una reducción de mis honorarios. Pero ahora, por lo menos, tenía un par de puntos que podía conectar.

—¡Uau! —exclamé—. ¡Menuda epifanía!

—Epifa... —repitió sin expresión alguna.

—Da lo mismo —continuó—. El aburrimiento le ha hecho apretar las tuercas a sus trabajadores hasta el punto de freírles el cerebro.

—¿Usted cree eso?

—Ahí tiene su respuesta.

—¿Dónde esta mi respuesta?

—Si usted estuviera comprometido con la meta actual de su departamento, no estaría tan aburrido y no interrumpiría continuamente las tareas que sus subordinados tratan de acabar.

—¿Comprometido con la misión actual? —repitió—. ¿Eso no sería una microgestión del departamento? Una vez asistí a un seminario donde nos dijeron que jamás, bajo ningún concepto, hiciéramos una microgestión del departamento.

—Es un poco tarde para eso —dije en voz alta. Debo admitir que estaba presionándolo demasiado, pero antes de que pudiera reaccionar, me anticipé—: ¿Quién leerá ese informe?

—El comité ejecutivo, supongo.

—¿Alguien lo ha llamado alguna vez a su despacho y le ha pedido explicaciones sobre las modificaciones que se han introducido en el informe?

—No —contestó con aire pensativo mientras se acariciaba la barbilla—. Cuando lo acaben y lo presenten, el informe acabará en una estantería donde nadie volverá a echarle un vistazo.

—¿Excepto cuando usted se aburra?

—Sí, supongo que un pellizco no hace daño a nadie.

—De acuerdo, relacionemos los puntos —anuncié—. Usted es perfectamente consciente de que el informe es un ejercicio inútil. Los miembros de su equipo saben que es una pérdida de tiempo total y absoluta. Y, sin embargo, les pide que lo revisen una vez más.

—Dicho así no parece muy inteligente.

—Exacto —afirmo—. Es un ejercicio de microgestión en el peor sentido del término. Usted contempla su departamento como si fuera una colmena que sólo existe para entretenerle y divertirle.

—Yo no lo diría así —protestó.

—Usted no tiene que decirlo, ya lo hago yo.

Hacía bastante tiempo que había dejado atrás todos los principios de asesoría y estaba envalentonado y dispuesto a seguir adelante.

—¿Qué le parecería si le dijera que puede macrogestionar su departamento si se transforma en un pionero de la estrategia y despeja un camino entre la jungla burocrática para que sus empleados puedan ser más productivos?

—¿De veras?

—Se lo prometo. Estará entretenido, y todos sus empleados recuperarán la vitalidad y alcanzarán logros increíbles.

—¿Cuándo puedo empezar a ser un pionero?

—Ya ha empezado —dije alzando la mano para que la chocara. Mi cliente me chocó los cinco y me dedicó una sonrisa.

La historia que acabo de explicarte es una fantasía. No me comporto así en las sesiones de coaching y los verdaderos i-jefes no suelen captar la idea tan rápidamente. Además, siempre pierdo los vuelos. Sin embargo, los i-jefes pueden llegar a captar la idea si les damos más tiempo, los guiamos con amabilidad y los animamos. En mi experiencia he visto a algunos jefes darme la espalda y para muchos he sido el catalizador. Lo más habitual, no obstante, es que todo i-jefe se deje influenciar por otro i-jefe, en cuyo caso su mal comportamiento sólo irá a peor y el número de bajas en su departamento crecerá hasta proporciones desorbitadas. Y ahí es donde nace la procreación idiota.

> PASO CUATRO: «DEBEMOS HACER INVENTARIO DE NUESTRO PROPIO COMPORTAMIENTO IDIOTA».

Este tipo de cosas hacen que siga siendo una persona humilde y fortalecen mi músculo empático. Cuando utilizo un ápice de mi creatividad e influencia para enseñar a un lastimero i-jefe, que no es más que una oveja descarriada, a conectar dos puntos, debo recordar de dónde provengo y lo difícil que resultó este viaje para mí. Tal y como he comentado al principio del capítulo, hay veces en que uno se siente muy cómodo dejando escapar toda su rabia e indignación, aunque sea consciente de que eso no es lo más apropiado. Parafraseando a Sigmund Freud, a veces un idiota es sólo un idiota.

Dejando a un lado el asunto de la procedencia de los idiotas, si te estás tomando en serio el hecho de trabajar a gusto con uno de ellos, es fundamental comprender cómo acceden a puestos de trabajo de liderazgo. Del mismo modo que los idiotas no escogen serlo de manera consciente, tampoco eligen ser jefes. En este sentido, es importante no confundir a los i-jefes con los jefes endiosados, maquiavélicos, masoquistas, sádicos, paranoicos, reacios, ineptos, colegas e incluso con los buenos.

ESE MOLESTO RUIDO AL SORBER

Para reducir esta farsa a su mínimo común denominador, los jefes idiotas dejan una especie de agujero negro, un vacío que, si las cosas fueran bien, deberían ocupar la inteligencia, la visión y la sabiduría. El universo natural aborrece ese vacío y empieza a aspirarlo para llenarlo. Si un ápice de inteligencia, visión y sabiduría merodeara por ahí en ese instante, la historia tendría un final feliz. Pero ¿cuándo fue la última vez que ocurrió una cosa así? En general, una idea al azar, absurda e irrelevante queda absorbida en ese vacío y se convierte en una política empresarial.

Un idiota puede llegar a ser el jefe por varias razones. Quizá era el único candidato disponible porque el resto del personal del departamento se había arrojado por la ventana o estaba escondido en el armario de la limpieza. O puede que el idiota encontrara una propuesta en el suelo, la recogiera y se quedara mirándola justo cuando alguien en un puesto más alto de la cadena alimenticia pasó por ahí. El jefazo pensó que aquella propuesta había sido redactada por el idiota y no dudó en ascenderle. A veces, los idiotas reciben un ascenso porque puede ser divertido y, de manera fortuita, parecen lo bastante competentes para conseguir el trabajo. Pero una vez que su verdadero carácter sale a la luz, ya es demasiado tarde.

¿No te gustaría poder votar a tu próximo jefe? ¿No te parecería genial que alguien te pidiera la opinión antes de ascender al incompetente de turno? Se trata de una posibilidad muy remota y, de todas formas, empiezo a tener mis dudas sobre el propio sistema democrático. Se supone que un despacho elegido de forma democrática barrería toda mota de incompetencia, autocomplacencia y corrupción. En la práctica, la primera orden empresarial que reciben los elegidos es la de llevar a cabo un cortocircuito del proceso democrático y convertir sus puestos de trabajo en algo seguro y lucrativo, tal y como hacen todos esos burócratas que dirigen departamentos locales, federales y estatales. Así pues, abre los brazos a la incompetencia, la autocomplacencia y la corrupción.

Qué significa en realidad *sorber*

Cuando un i-jefe recibe un ascenso, en particular si este le coloca cerca de la cúspide de la pirámide, la succión puede intuirse en toda la empresa. Cuando un i-jefe sube de categoría empresarial, deja un vacío en el lugar que ocupaba. El agujero negro que los idiotas crean en los puestos de responsabilidad se duplica en cada nivel. Es una especie de endogamia sistemática y automática, y la línea de descendencia se vuelve anémica tras cada reorganización. He aquí una historia que me ayudará a ilustrar a lo que me refiero: la gran matriarca de una familia rica de Lookout Mountain, en el estado de Tennessee, abrió las puertas de su casa a una dama que no provenía de una familia adinerada. En vez de tratar a la plebeya de forma arrogante y altiva, le dio la bienvenida diciendo: «Necesitamos sangre nueva en esta familia. Ya hay bastantes idiotas charlatanes en esta montaña».

Por desgracia, los idiotas son sólo idiotas, y sólo los no-idiotas pueden distinguir y señalar lo que son en realidad. Así pues, la gente que hace que los idiotas se sientan menos estúpidos no son más que otros idiotas.

¿Quién crees que escogerán esos idiotas para tener a su lado? Cuanta más responsabilidad y poder tenga un i-jefe, mayor será su capacidad de llenar su personal con idiotas adicionales. El principio de Peter asume, y es correcto, que a menudo la gente recibe ascensos que están por encima de su nivel de competencia. Aquello que Larry Peter creyó que pasaría después, sin embargo, no es del todo acertado, y no porque Larry careciera de inteligencia, claro está, sino porque falleció demasiado pronto para llevar a cabo una investigación longitudinal. Una vez han obtenido un puesto que supera su nivel de competencia, los idiotas pueden seguir ascendiendo en la empresa. ¿Desde cuándo la competencia es un requisito previo para un puesto de alto ejecutivo? Yo he sido un alto ejecutivo de la empresa Fortune-100 y puedo afirmar con conocimiento de causa que había obtenido mi puesto de trabajo porque hacía sentir a mi jefe muy cómodo y satisfecho, no por lo inteligente o competente que yo pudiera ser. La incompetencia, sobre todo en el campo de la motivación humana y el entendimiento, puede ser un billete de primera clase para un despacho ejecutivo.

Las únicas personas que pueden impedir que un i-jefe obtenga un despacho en la última planta del edificio son un jefe endiosado, maquiavélico o sádico, puesto que son capaces de ser más astutos e intrépidos que el i-jefe. Justo cuando creías que las cosas no podían ir peor, los diseñadores empresariales despiden a todos los idiotas y en su lugar contratan a jefes endiosados, maquiavélicos, sádicos, masoquistas, paranoicos, ineptos y reacios.

Una vez encendida la mecha, el fuego lo consume todo

Si bien un i-jefe puede crearse por accidente, de manera involuntaria o debido a una confusión, su ascenso no es un hecho accidental, sino uno de los aspectos más desagradables de la naturaleza humana. El principio que lleva el nombre de Larry Peter sólo explica una parte de este fenómeno. Aunque aumentar la capacidad cognitiva de uno mismo es toda una hazaña, es posible que algunas personas reciban un ascenso a un puesto que está por encima de su competencia y, sin embargo, reconozcan el problema y se esfuercen en aumentar sus capacidades, o al menos en buscar ayuda del personal más competente. En el caso del jefe idiota, ni siquiera hay una prueba que demuestre que en algún momento de su carrera profesional fuese competente; es evidente que carece de características humanas tales como la curiosidad o la reflexión, unas virtudes que le harían darse cuenta de que necesita tal competencia.

Por si fuera poco, muchos idiotas alcanzan puestos de liderazgo por razones equivocadas, por accidente o por suerte. O quizá pasaban por ahí cuando se inició el proceso de succión. La cuestión es que, tal y como me ocurrió a mí, es posible que descubran que el liderazgo es un concepto bastante complicado. Sin embargo, aunque algún día lleguen a darse cuenta de eso, no son capaces de armarse de valor y tener un gesto honorable, como por ejemplo dimitir. Eso no les entra en la cabeza. En cambio, los jefes idiotas, al igual que sus equivalentes en la política, empiezan a bailar claqué tan rápido como pueden, y las cosas empiezan a deteriorarse.

Institucionalizar la incompetencia

Si crees que hay más i-jefes que cualquier otro tipo de jefe, tienes toda la razón. Sobre todo en las grandes empresas, donde la procreación idiota es más habitual. Una pregunta para todos aquellos que jamás han considerado la competencia un factor importante, ¿no te pica la curiosidad saber por qué se sienten menos amenazados (y, en la mayoría de casos, hasta más cómodos) si están rodeados de otros idiotas?

Esto es lo que yo llamo el microefecto y el macroefecto champiñón. Cuando un idiota se da cuenta de que no es capaz de cumplir las tareas exigidas por contrato, busca a alguien que pueda llevarlas a cabo, aunque no quiere deshacerse de las ventajas ni del prestigio que obtiene de su puesto de trabajo. El mismo error inherente ocurre en empresas clásicas, burocráticas y jerárquicas. El único modo de obtener más es ascendiendo en la escalera empresarial. Los diseñadores empresariales con dos dedos de frente no relacionan los conceptos de «más» y «ascender». Encuentran formas innovadoras de premiar la productividad sin tener que institucionalizar la incompetencia.

El efecto champiñón

El microefecto champiñón suele ser un problema empresarial. Un i-jefe de poco nivel, seguramente un inepto, no tiene el presupuesto ni la autoridad para crear y llenar vacantes injustificadas, de modo que se convierte en un fastidio insufrible para todos sus subordinados, como el rey de los zombis lo era para todo el departamento que dirigía. El candidato del principio de Peter, que ha obtenido un ascenso por encima de su competencia, puede no ser consciente de que no está lo bastante cualificado para dirigir a otros seres humanos.

Pero ¿qué hay de la persona verdaderamente competente que obtiene un ascenso a un puesto de liderazgo gracias a sus capacidades? Este es otro ejemplo de los errores inherentes en toda empresa burocrática y jerárquica. (¿Te has dado cuenta de que no me gustan ni un pelo?). Para una persona capacitada y competente, adquirir un puesto de más responsabilidad es la única forma de ganar más dinero y tener más poder. El motivo de su ascenso, no obstante, no tiene nada que ver con las ventajas del nuevo puesto de trabajo. Para los directivos y altos ejecutivos que planean sobre la cúspide de la pirámide, ascender a una persona con capacidades y competencias es una forma de generalizar su actuación. Si algo se le da de maravilla, puede hacer que todo el mundo de su departamento también lo haga bien. Así funciona su lógica, la cual, para decirlo en una sola palabra, es más bien ilógica. Dirigir a otras personas, lo cual implica guiar su crecimiento y desarrollo profesionales además de motivarlos, exige una serie de capacidades altamente específicas y la mentalidad de servir a los demás, cualidades que, sin duda, el nuevo jefe no deseará poseer.

Fabricar aparatos, escribir códigos, vender por teléfono o construir modelos financieros suponen funciones importantes. Jamás le pedirías a un genio de la fabricación de aparatos que dejara de inventarlos y se dedicara a la venta por teléfono, a menos que fueras un idiota. Sólo alguien así le pediría a un guerrero de los códigos que se ocupara de atender las llamadas de los clientes; ese es uno de los factores que contribuyó a la caída de las empresas «punto com». No le pedirías a un contable que dirigiera el departamento de ingeniería ni a un ingeniero que se ocupara del departamento de contabilidad, a pesar de que ambos son grandes pensadores que viven para calcular y extrapolar. Cualquiera con medio cerebro sabe que alguien que ha demostrado una tremenda competencia en una habilidad específica y que ha pasado la mayor parte de su vida adulta trabajando sobre ella prosperará y se sentirá más realizado si su trabajo consiste en una tarea relacionada con esta habilidad.

A pesar de todo este sentido común, el tipo de ascenso más habitual en las empresas jerárquicas es, por desgracia, muy distinto. Los empleados dejan de hacer las tareas que siempre les han apasionado para pasar a estar a cargo de un grupo de personas que llevan a cabo esos trabajos de forma menos eficaz y competente. Hablando en plata, los ascensos tradicionales en las empresas jerárquicas exigen jefes nuevos que enseñen a los cerdos a cantar. El jefe recién ascendido, que es una especie extraña de gorrino cantarín, sólo fastidia y molesta a los cerditos del departamento, que no tienen ningún deseo o intención de cantar. El resultado neto de esta broma es una piara de cerdos molestos y un resentido gorrino cantarín al que se le niega la oportunidad de entonar una melodía.

Ascensos basados en el talento

No dejes que mi tono simplista te engañe. A pesar de las normas no escritas de la vida empresarial de las que tanto me gusta parlotear, todo esto es muy importante, de veras. Te invito a que formes parte de la solución, por muy ridículo que sea el problema y por muy idiota que fuera la persona que lo provocó. Todavía necesito recordarme continuamente, y ahora te lo recuerdo a ti, que es mi elección ser la víctima, el voluntario o el vencedor de este proceso. Tú y yo, con este conocimiento en la mano, podemos ayudar a llenar las casillas de la matriz de carácter/competencia del tercer capítulo con marcas de *visto*. Un *visto* en la casilla de esfuerzo genuino para aprender y crecer puede ocultar multitud de pecados.

Facilitar el crecimiento y el desarrollo profesional y personal de los demás es una de las virtudes naturales y uno de los deseos explícitos de muchísima gente. Estos tipos encajan a la perfección con el concepto general de liderazgo, igual que los cerebritos de los números en el departamento de contabilidad. El concepto pionero de despejar el camino para que otros tengan el espacio, los recursos y el oxígeno necesarios a fin de operar de forma óptima nace naturalmente de aquellos líderes que buscan servir a los demás (alias buenos jefes). Al igual que sus colegas especializados y competentes, sienten un deseo de continuar aprendiendo y perfeccionar sus habilidades. Y ese aprendizaje nunca se detiene.

Si los caciques empresariales realmente quisieran dominar sus respectivas industrias, colocarían a sus jefes más expertos en puestos de liderazgo y dejarían que abrieran el camino a los supercompetentes fabricantes de aparatos, guerreros de los códigos, vendedores telefónicos y *cracks* de los números, pero esto casi nunca ocurre. La norma general dicta que los altos ejecutivos posicionan a los fabricantes de aparatos, a los guerreros de los códigos, a los vendedores telefónicos y a los *cracks* de los números en puestos de trabajo responsables del crecimiento y el desarrollo personal de otras personas. Y además suelen hacerlo sin formar ni instruir a los nuevos jefes. Error, error, error. Los fabricantes de aparatos, los guerreros de los códigos, los vendedores telefónicos y los *cracks* de los números ya no podrán dedicarse a aquellas tareas que más les apasionan. Están obligados a afrontar problemas relacionados con la motivación humana y otros contratiempos de la convivencia diaria. En otras palabras, los problemas de los demás. Te dejarán ahí tirado, con un puñado de jefes enfadados o confundidos, lo que no quiere decir que sean idiotas. ¿Jefes horrorosos? Sí. ¿Idiotas? No. Además, ahora les pagan un buen sueldo y no estarán dispuestos a bajar un escalón. Quizá uno entre un millón lo haga, pero la mayoría de ellos cambiarán su felicidad y la realización de su vocación por dinero y ventajas. Son rehenes de la jerarquía empresarial.

El sombrero del champiñón crece cuando las personas reciben un sueldo muy alto por no contribuir en nada a la empresa. El pie contiene a todas las personas trabajadoras que mantienen a la multitud alojada en el sombrero. El ochenta por ciento del trabajo se lleva a cabo en el pie; al mismo tiempo, todos los jefes asentados en el sombrero reciben el ochenta por ciento de la nómina y los beneficios. El sombrero del champiñón crece rápidamente cuando las personas en posiciones de liderazgo se rodean de otros que los aíslan de los problemas que les explican los subordinados a diario. El sombrero del champiñón también se extiende cuando los jefes idiotas se rodean de personas que les hacen sentir cómodos en su condición de estúpidos. La próxima vez que eches un vistazo al *Wall Street Journal* y leas que han ascendido a alguien en una gran empresa, deja el periódico e imagínate el sombrero del champiñón empresarial extendiéndose junto a los sombreros de diminutos champiñones por toda la empresa.

¡Cuidado!

Por supuesto, las leyes de la física afirman que el pie del champiñón no puede soportar tantísimo peso y que en cualquier momento se partirá, de forma que todo el hongo quedará derribado. Todos hemos sido testigos de cómo se crean empresas para explotar los cambios tecnológicos o las regulaciones gubernamentales. En las manos equivocadas, estas empresas se forman, prosperan, incluso se celebra su éxito, y la cúpula se va infestando de ejecutivos. Muchos altos ejecutivos y administradores públicos tienen la misma licencia para robar que James Bond para matar. Después de que las tripas de estas empresas se transfieran a las cuentas bancarias de los altos ejecutivos, un público indignado y colérico clama justicia, aunque ya es demasiado tarde. El caballo ya se ha escapado del establo. Todo el trabajo invertido por los héroes que formaban parte del pie del champiñón se ha venido abajo; hicieron todo lo que estaba en sus manos para sostener el peso del sombrero, pero este seguía creciendo hasta el punto de que ni los trabajadores más esforzados pudieron mantener el hongo en pie. ¿Cuántos champiñones empresariales has visto venirse abajo a lo largo de tu vida? ¿Y en los últimos diez años? Tal y como dice el antiguo proverbio chino: «Si no cambiamos de dirección, es muy probable que acabemos en el lugar al que nos dirigimos».

La gente adecuada, las razones adecuadas, las tareas adecuadas

Aunque los i-jefes son inevitables, no tienen por qué ser terminales. Si trabajas para uno de ellos, trata de entender sus defectos y haz que se sienta menos amenazado. Quizá de ese modo ayudes a reducir el crecimiento de la población idiota. En algún momento creímos que el único lugar donde el sombrero del champiñón podría crecer de forma infinita era en la cúpula del poder estatal, donde la solución es seguir expandiendo el pie. El sector público no está obligado a obtener beneficios y, por lo tanto, tampoco está obligado a proporcionar bienes y servicios competitivos. Sin embargo, parece que hemos llegado a un límite en que el gobierno es capaz de mantener un gasto desmesurado e incontrolado. En Washington y en Wall Street, muchos legisladores conservadores pasaron la primavera y el verano del año 2011 tratando de cortar con tijeras las tarjetas de crédito de varios miembros del gobierno federal, y de paso con estas maniobras contribuyeron a que el mercado entrara en depresión; así, demostraron que el tamaño del sombrero y del pie del champiñón no son infinitos, ni siquiera para aquellos que imprimen los billetes de dólar. Todas las personas, incluyendo a los jefes del sector privado y los legisladores del sector público, son seres humanos con defectos. La buena gestión de un jefe empieza cuando aceptan sus defectos como parte de su persona.

Podemos observar otras naciones del mundo donde virtualmente toda la población forma parte del pie del champiñón. En ese caso, se aconseja formar parte de la clase social o política que ocupa el sombrero. Cuando todo el sector privado está incluido en el pie público, como sucedía en la antigua Unión Soviética, el sombrero se contrae y se reduce. Entonces nos encontramos ante un hongo con un pie gigantesco y un minúsculo sombrero. A la larga, el pie es incapaz de soportar su propio peso y se derrumba; el experimento soviético no duró ni siquiera un siglo. Cuando la madre naturaleza planta un champiñón, el pie siempre es proporcional al sombrero.

Si estás leyendo este libro, es más que probable que formes parte del pie y no del sombrero del champiñón. Debes ser fuerte, pero también listo. Ni siquiera el pie más resistente puede sostener un sombrero que haya alcanzado un tamaño demasiado grande y pesado. Si eres inteligente, tu forma de trabajar ayudará a reducir el tamaño del sombrero. Y dado el caso de que sea imposible disminuir su tamaño, al menos podrás aminorar su crecimiento hasta que consigas salir de ahí.

Ejercicio para el paso cuatro: «Debemos hacer inventario de nuestro propio comportamiento idiota»

Practica el paso cuatro: actualiza continuamente el inventario de tus motivaciones y métodos. No actúes por impulsos equivocados, como hice yo, y si se da este caso, cambia tus prioridades de inmediato. Si sigues por ese camino, lo único que conseguirás será perder tu valioso tiempo y crear una piara de cerdos furiosos. Apártate a un lado y observa atentamente tu empresa; así te darás cuenta de cómo y por qué esos i-jefes han llegado donde están. Fíjate en todas las cosas poco inteligentes que has hecho a lo largo de tu carrera profesional. Todos formamos parte del mundo idiota, pero hay que reconocer que algunos tienen un papel protagonista y otros, uno secundario.

Consigue los gráficos empresariales de las últimas tres o cuatro (preferiblemente cinco o seis) grandes reorganizaciones. Cuélgalos en la pared y, utilizando chinchetas e hilo de color, traza el progreso de ciertos ejecutivos, los que tú quieras. ¿Quién ha ascendido y quién se ha mantenido en el mismo puesto? ¿Quién se ha rodeado de aduladores para aislarse de los problemas que su competencia no puede manejar? ¿Ves algún patrón? ¿Dónde te encuentras tú dentro de ese panorama? ¿Cómo ha progresado tu trayectoria profesional si la comparamos con la carrera de los personajes más desagradables del gráfico? Te aconsejo que admitas que tu idiota interior se ha esforzado considerablemente en sabotear tu carrera profesional o en formar alianzas nefastas de las que no estás orgulloso, pero gracias a las cuales conduces un Lexus en vez de un Toyota.

Tu idiota interior puede haber iniciado una campaña para eliminar a todos los idiotas de la faz de la tierra sin antes aprender y aplicar

(Continúa)

un poco de tacto y decoro. Si tu idiota interior asusta a los idiotas que están por encima de ti en la cadena alimenticia empresarial, por muy buenos que sean tus motivos, estarás perdido. Cuando percibes el sonido del vacío absorbiendo todo lo que encuentra a su paso, ¿estás siendo arrastrado por los peones de la empresa, estás resbalando hacia atrás o te quedas quieto mientras el resto de los idiotas pasan junto a ti?

Los idiotas siempre acabarán engendrando más idiotas. Si consigues entender la dinámica de la agrupación y procreación del idiota, podrás romper el ciclo cuando llegue tu turno. Ten paciencia y anima a tu i-jefe. ¿Cómo te gustaría que el agujero negro empresarial te tragara? Estudia el mapa que has creado a partir de los gráficos empresariales anuales y fíjate en cuál es la tendencia general. Estos informes te desvelarán qué (o quién) reconforta a los jefazos más importantes de tu empresa. Intenta averiguar si tu cociente de incompetencia, ya sea altísimo o modesto, está contribuyendo, bloqueando o haciendo descender en picado tu crecimiento profesional. Empieza por determinar el papel que, de forma consciente e inconsciente, juegas en el esquema de la empresa. Cuando el verdadero idiota se levante, esperemos que no seas tú. En vez de ser cómplice de la procreación idiota, encabeza una campaña para prohibir la presencia de idiotas en las empresas.

5.
Talento desaprovechado

Una resolución del Congreso en E.E. U.U. en la que se proponía un sistema de aviso de la existencia de idiotas entre la población de a pie fue desestimado por la comisión legislativa por considerarlo políticamente incorrecto, y eso me hace sospechar. Las únicas personas que se oponen a publicar alertas de idiotas no pueden ser más que idiotas. Eso es porque no se ven a sí mismos como una amenaza a la eficacia operativa de su lugar de trabajo o al bienestar físico y psicológico de los miembros de su equipo. Lo que muchos idiotas sí consideran una amenaza a su propio bienestar físico y psicológico, sin embargo, es la competencia. A menudo, ellos perciben a las personas competentes y con talento como amenazas, no porque teman sus logros y habilidades dentro de la empresa, sino porque sus propios jefes esperan que sean *ellos*, los idiotas, quienes logren algo. Los jefes maquiavélicos son lo bastante perspicaces y astutos para reivindicar tus logros y presentarlos a los altos mandos de la cadena alimenticia como propios. Los idiotas, en cambio, preferirán mantener cualquier señal de talento fuera del mapa.

Según la lógica retorcida de tu i-jefe, si los subordinados no están haciendo algo valioso, nadie espera que él también consiga un objetivo valioso. Si no hay nadie competente en las inmediaciones, las posibilidades de que el jefe idiota aparezca en el radar de la cúpula de la empresa aumentan de forma descarada. Por consiguiente, la mejor forma posible de asegurarse de que nadie del departamento demuestre un talento o una destreza por encima de lo normal es desterrar a esta clase de personas por completo.

Recuerda los principios que hay detrás de la procreación idiota y que ya comenté en el capítulo 4:

- El idiota asciende a trabajos que se hallan más allá de su competencia.
- El idiota prefiere no contarle a su esposa o a su marido que tiene que devolver el aumento de sueldo, las opciones sobre acciones, las vacaciones extra, el aparcamiento al lado del edificio y el despacho.
- El idiota no quiere admitir públicamente sus defectos (en el caso de que reconozca que los tiene); ergo, buscar asesoramiento o cualquier tipo de aprendizaje y desarrollo no entra en sus planes.
- El idiota empieza a contratar aduladores para formar un escudo protector que rodee su nuevo puesto de trabajo.
- Los aduladores ocupan espacio en la oficina y se benefician de una nómina que, en teoría, debería corresponder a empleados con más talento.
- Toda la energía del idiota y sus recursos (la mayoría de ellos pertenecientes a la empresa) están destinados a proteger el secretito del jefe idiota.
- El escudo protector desvía todos los problemas que el jefe idiota es incapaz de resolver.
- El jefe idiota parece un genio.
- Si algún problema penetra en el perímetro defensivo del jefe idiota, y este último hace un estropicio que cuesta millones de dólares a la empresa, el tipo empieza a despedir a todos los aduladores que ha ido acumulando.
- El jefe idiota aparenta ser una persona con capacidad de decisión propia y poderosa.
- Los jefazos idiotas que le contrataron o ascendieron son los primeros en otorgarle un ascenso y una subida de sueldo.
- Se contrata a una empresa dedicada a la búsqueda de ejecutivos para localizar a un nuevo jefe idiota que sustituya al recién ascendido jefe idiota.

> PASO CINCO PARA IDIOTAS EN REHABILITACIÓN: «ADMITO TODOS LOS ERRORES QUE HE COMETIDO ANTE MI PODER SUPERIOR, ANTE MÍ MISMO Y ANTE LOS DEMÁS».

Ahora comienzo a darme cuenta de por qué los programas basados en los doce pasos tienen tanto éxito. No te permiten que dejes nada de lado; el rechazo es como la muerte para quienes siguen este tipo de programas. Sin embargo, me da la sensación de que, hasta este momento, lo único que he hecho es confesar mi estupidez a mi Poder Superior —que ya sabe lo que voy a decir antes de articularlo, así que ¿por qué molestarme en confesarlo?— y a ti. Me cuesta una barbaridad admitirme a mí mismo mi idiotez. Mi ego no quiere que afronte el hecho de que he estado sentado en ambos lados del escritorio del idiota. He sido el jefe idiota y, hasta el día de hoy, a veces desempeño el papel del empleado idiota. A pesar de todos mis esfuerzos para recuperarme, mi idiota interior sigue vivito y coleando.

Empiezo a percatarme de que, cuando la frustración me supera y me uno al resto de los idiotas del universo, en realidad no acepto hasta qué punto llega mi incompetencia pasada, presente o futura. Tal y como dicen en un programa estadounidense: «Una vez que ya lo has visto, eres capaz de solucionarlo». Nos resulta muy fácil reconocer nuestros propios problemas en los de los demás. Como trabajador, muchas veces he sentido que mi jefe pasaba por alto o incluso ignoraba mi talento y capacidades. Como i-jefe en fase de recuperación, admito que he pasado por alto o incluso ignorado un talento que yo jamás podré ofrecer a la empresa. Si sospechas que tu jefe no está teniendo en cuenta tus habilidades, no olvides que la mayoría de los idiotas no reconocerían el talento ni aunque les mordiera el dedo gordo del pie. Desaprovechar el talento es una práctica muy común y viciosa que llevan a cabo en particular los jefes endiosados y los paranoicos.

Desaprovechar el talento de alguien es un directo en el hígado de cualquier empresa. Le puede costar a la empresa muchísimo: pérdida de eficacia, rendimiento, productividad y rentabilidad. Para los jefes idiotas, paranoicos y endiosados que sienten una pequeña molestia en el dedo gordo del pie, nada de esto es importante. Ven cualquier muestra de talento como una amenaza a su control y al logro de objetivos. Los paranoicos vocalizan esa amenaza con una A mayúscula. Por alguna razón, estos jefes no han desarrollado la constitución de hierro de los jefes maquiavélicos, quienes te permiten realizar un tremendo esfuerzo y ejercer tu inmenso talento sólo para arrebatarte posteriormente la gloria.

«Machacacabezas»

Aunque a veces resulte difícil de creer, los jefes también son seres humanos. Su conducta enervante puede hacerte pensar que existe un científico diabólico que, desde algún refugio oculto, programa jefes conformistas y carentes de sentido crítico y los envía a través de UPS a empresas repartidas por todo el mundo. Pensar que puedes cambiar los rasgos innatos de tu jefe es como creer que puedes cambiar la propia naturaleza humana. Sin embargo, mucha gente va a trabajar cada día pensando que puede contener la marea de idiotez sin ahogarse en el intento.

A esas almas valientes, tozudas y (lo siento, pero tengo que decirlo) santurronas, os sugiero que os coloquéis a unos diez metros de la puerta de vuestra empresa, le pidáis a un compañero de trabajo que sostenga la puerta abierta y empecéis a correr a toda velocidad hasta golpearos la cabeza contra el canto de la puerta. Cuando hayáis recuperado la conciencia, entrad en el edificio y disfrutad de lo que os queda de día. Si este es tu caso, sigue esa rutina a diario durante seis meses y quizá, si tienes suerte, habrás chocado tantas veces con la puerta que el encargado de mantenimiento no tendrá más remedio que cambiarla por otra nueva. Te invito a que hagas esto porque esta acción tiene más o menos el mismo sentido que la idea de cambiar a alguien, en particular a tu jefe. Aunque consigas llegar a él y a su cerebro, la cúpula empresarial le desterrará del despacho y desenvolverá otro paquete en cuyo interior se halla un nuevo jefe idiota creado por ese maléfico científico. Del mismo modo que pueden fabricar una puerta nueva, crearán un jefe conformista y carente de sentido crítico. Pero ¿cuántas veces podrás recuperar la conciencia? Es posible que te recuerde unas cien veces a lo largo del libro lo tóxico que puede llegar a ser el resentimiento, ya que tuve que darme unas mil veces con la puerta para empezar a aceptar este concepto.

No te estoy diciendo que no puedas influir en tu jefe y obtener leves cambios. Quizá él acabe mejorando y adoptando una actitud más positiva, pero esto sólo ocurrirá si tú cambias en primer lugar. Veo este tipo de situaciones todos los días: el asesoramiento marca la diferencia en el cliente, pero esa no es la única razón para solicitar ese tipo de ayuda. Debes querer, de corazón, mejorar tu forma de actuar, tu actitud y tu semblante. Independientemente de si tu jefe hace lo mismo o no, te sentirás mejor, mucho mejor. Ya empiezo a notar que te comienza a hervir la sangre, pero tú, en realidad, lo que quieres es paz, serenidad. Esperas que sea tu jefe quien te aporte esa tranquilidad. Déjame que te diga que estas expectativas están destinadas al fracaso. Tal y como decimos en el sótano de la iglesia los miércoles por la noche: «Una expectativa es sólo un rencor a la espera de aparecer». No te quedes anclado en la esperanza de que tu jefe cambie; limita estas expectativas a ti mismo.

COMUNÍCATE CON SERENIDAD

No puedes esperar que los jefes horrorosos cambien de la noche a la mañana, pero sí puedes modificar la forma en que tú te acercas y te enfrentas a ellos. Ese pequeño detalle también cambiará tu percepción sobre ti mismo, sobre ellos y sobre la vida en general. Si mantienes a tu i-jefe informado de todo lo que haces de una manera intencionada y regular, él se sentirá menos amenazado. Esto se traduce en premeditar encuentros «casuales» con tu i-jefe en el pasillo, en el dispensador de agua o de camino al baño de caballeros. Sí, estoy sugiriendo que te topes con él estratégicamente. En el caso de mujeres que trabajan para hombres y viceversa, las opciones son un poco más limitadas. Sin embargo, ellas pueden propagar la información a las administrativas dentro del baño de mujeres; a veces, transmitir el mensaje que deseas a través de la secretaria personal es más eficaz que dárselo a tu jefe de forma directa.

No conviertas todo esto en un gran acontecimiento; por ejemplo, entrégale pequeños informes sobre tus actividades en mano; de vez en cuando envíale algún correo electrónico o entrégale personalmente un informe. Ten muchísimo cuidado con los tiempos. No dejes tu comunicado sobre una pila de documentos que, aunque aburridos y exasperantes, tu jefe tiene que leer. No satures la bandeja de entrada de su dirección de correo. Fíjate en cuando esté aburrido y envía uno de tus amenos a la par que informativos mensajes en el momento apropiado, aunque procura no confundir el texto con la mera sátira. Hacer que la gente se sienta cómoda es el secreto de toda relación feliz y saludable, y si no, considera la alternativa. Si quieres convertirte en un dolor de muelas para tu jefe, recuerda pedirle a un compañero de trabajo que sostenga la puerta abierta a la mañana siguiente antes de entrar en el edificio a la carrera. Dejando a un lado el contenido de tus comunicaciones verbales, no verbales o escritas, el resultado debe ser único: dar a entender a tu jefe que mantienes una relación cordial con él y que incluso le proteges de amenazas inoportunas.

Utiliza un lenguaje que permita a tu i-jefe atribuirse el mérito de al menos una parte, sino de todos, los progresos y logros que alcances. Sé que no se lo merece. Pero estás trazando este plan para traer más alegría al mundo, así que deshazte de tanto rencor y resentimiento. Al final, a quien más perjudican estos sentimientos negativos es a ti solo. En tus mensajes, utiliza frases como «Tal y como has sugerido…», «Tal y como hemos discutido en la reunión…» y «Cuando repasé el informe que habías redactado, surgieron una serie de opciones…». No te cortes y lanza algo como «Tu idea ha funcionado a la perfección». Si sigues mis indicaciones enseguida verás una mejora en el ambiente de la oficina; los oscuros nubarrones se desvanecerán y brillará el sol. Por mucho que te resistas a admitirlo, te sentirás mucho mejor; y tu i-jefe, también. El principio es simple: no puedes albergar rencor contra alguien cuando tu intención es hacerle un cumplido. Ese sentimiento se esfumará como el gas tóxico y nocivo que, en realidad, es.

Comunícate con prudencia

No seas demasiado obvio o, de lo contrario, tu i-jefe y tus compañeros de oficina creerán que te has vuelto un lameculos. Si alguien te lo echa en cara di algo como «No quiero trabajar en una atmósfera con continuos conflictos. La vida es demasiado corta. Si mantener al jefe informado me ayuda a estar tranquilo y sereno, podré superarlo y vivir con ello». O no digas nada y dedícate a aguantar la puerta abierta para que todos tus compañeros rencorosos hagan uso de ella a la mañana siguiente.

Además, ten presente que mantener a tu jefe al corriente de todo también ayudará a controlar un poco más tu rincón de la oficina. En la era de la información, esta es como el dinero en el banco. Los i-jefes enloquecen a sus trabajadores haciéndoles repetir diferentes versiones del mismo informe porque están aburridos y piensan que deberían estar haciendo algo. Si mantienes a tu i-jefe informado y lo halagas un poquito —sólo un poquito—, ya verás como te deja en paz. ¿Qué te cuesta hacerlo? Por último, si facilitas a tu i-jefe un guión para que impresione a su superior (i-jefe-más-uno) en su próxima reunión, enseguida verás cambios positivos en el orden del día. Un gesto sutil pero eficaz.

Las técnicas comunicativas funcionan con jefes idiotas, buenos, endiosados, colegas, ineptos y quizá incluso con jefes paranoicos y reacios, con los que puedes ganar un montón de puntos mediante halagos y cumplidos. Los jefes maquiavélicos son de otra pasta. Y no intentes comunicarte con tranquilidad con un jefe sádico o masoquista, ni tampoco maquiavélico, porque después me escribirás una carta malhumorada con la única mano que te quede echándome en cara que no te había avisado.

Me he pasado muchísimo tiempo explicando a empleados magullados y maltratados de varias empresas la necesidad de tomar acciones evasivas en contra de los ataques aparentemente no provocados, las difamaciones y el abuso en general por parte de algunos de sus compañeros y jefes. Lo que tú consideras un comentario sin premeditación ni malicia puede parecer algo preparado para la mente histérica y retorcida de otra persona. Si compites directamente con alguien de la oficina, es evidente y comprensible que todo aquello que hagas bien suponga una amenaza para tu contrincante. Sólo porque no compitas con nadie —con tu jefe, por decir algo— no significa que uno de tus compañeros o tu jefe no se sienta amenazado.

Nunca olvides que tu competencia supone una amenaza para todos aquellos que son menos hábiles o que están convencidos de que cualquier cosa positiva para ti es negativa para ellos. Una de las cosas que confieso en el paso cinco es que no presto la suficiente atención a la amenaza que mi competencia y mi pericia profesionales puedan suponer para los demás, aunque mi trabajo consiste precisamente en darse cuenta de ese tipo de cosas. Si ignoro por completo que a alguien le fastidia sobremanera mi talento, ¿quién es el auténtico idiota? Esto es bastante difícil de entender si la pericia, el talento o la competencia de los demás no te asustan. Pero aquellos que viven en un mundo inversamente proporcional y mutuamente exclusivo, el mero hecho de que tú respires significa que estás utilizando su oxígeno. Aunque detestes la competitividad, necesitarás mantener la guardia alta en los casos que son estrictamente necesarios.

Estás pidiendo a gritos una bofetada, que te caerá cuando menos te lo esperes. Recibir el impacto de un golpe cuando no tienes ni idea ni de dónde viene puede dejarte inconsciente. Recuerda que tu deseo natural de hacer las cosas bien y aportar tus talentos y habilidades al logro de los objetivos empresariales puede dejar un sabor amargo: es más que probable que te sientas como si acabaras de golpearte la cabeza con el canto de una puerta abierta. Parafraseando otro proverbio chino: «Si lo entiendes, las cosas son como son. Si no lo entiendes, las cosas son como son». Para los idiotas rehabilitados, el proverbio se refiere a todo aquello que no podemos cambiar. ¿Qué sentido tiene que dejes de dormir, que te empiecen a salir canas o que se te hinche la aorta cuando piensas en cosas que, de todas formas, no puedes cambiar?

La gestión *Shamu*

Los jefes maquiavélicos no entran dentro de la categoría de los jefes idiotas; son mucho más inteligentes y astutos. Los que he conocido percibieron mi competencia como una amenaza porque asumían que todo el mundo piensa en términos de conquista y competición constante, igual que ellos, y están convencidos de que todos ansiamos convertirnos en amos del universo. Los maquiavélicos desconfían de cualquier ser humano, pero sólo tienen el poder de vengarse sobre aquellos que están situados por debajo de ellos en la cadena alimenticia. Es posible que Ken Blanchard tenga una explicación para esto.

En sus conferencias, Ken suele describir la modificación de la conducta de algunos animales, como la orca *Shamu* del parque acuático Sea World de Florida. Explica cómo sus entrenadores empiezan cada sesión con la ballena asesina lanzándose a la piscina y nadando con el animal, jugueteando y retozando tal como *Shamu* desea. Ken señala que las personas son como los animales, en el sentido de que necesitan el apoyo constante de alguien para asegurarse de que no se les va a maltratar. Después de esto, dejarán de estar a la defensiva y confiarán plenamente en el entrenador. Si bien puedes ganarte la confianza de muchas personas con una conducta consecuente y en absoluto amenazadora con el paso del tiempo, hay gente que jamás se fiará de ti. Si sus motivos no son puros, es más que probable que nunca crean que los tuyos lo son.

Aunque la competencia no es una amenaza declarada, sí que es una característica que revuelve las tripas a más de un inútil. Los i-jefes no necesitan saber qué les está provocando náuseas para darse cuenta de que tienen ganas de vomitar. El truco está en aportar tu competencia de un modo que beneficie a todo el mundo pero no amenace (o maree) a tu jefe. Mañana por la mañana, cuando veas a tu jefe, piensa lo siguiente: «Buenos días, ballenato. ¿Te apetece un baño?».

Es un mundo cruel

Me gustaría creer que la competencia en el trabajo se valora y se premia, pero mi experiencia y mis observaciones me han demostrado lo contrario. Si te han recompensado en la oficina por tu talento y competencia es que has sido bendecido con un jefe brillante. Agradece y demuestra un apoyo entusiasta a la organización y a la cultura que ha sabido reconocer y premiar la excelencia. Por otro lado, no ganas nada si estás frustrado y te golpeas la cabeza contra la pared cada vez que te castigan por ser competente. Los castigos a cualquier conducta de talento no siempre forman parte de una conspiración; algunos jefes simplemente no saben hacerlo mejor.

Tengo que decir que es más frecuente ignorar la competencia que castigarla abiertamente. Al no tener ningún tipo de competencia de la que presumir, la mayoría de los jefes idiotas no saben reconocerla en sus empleados. A la larga, si trabajas a las órdenes de un jefe idiota, tu pericia y tus grandes habilidades no te conducirán a ningún sitio. Lo único que puedes conseguir es que tu jefe las desaproveche porque le incomodan. Esa es la raíz de los castigos a la competencia: el hecho de que incomodan a cierta gente.

Competencia, creatividad y cambio

La verdadera competencia suele ir acompañada de creatividad. Ambos son conceptos de otro planeta para la mayor parte de los idiotas. Para los i-jefes, existen ciertas formas fijas y rígidas de hacer las cosas que se basan en cómo han aprendido a hacerlas. Cuando uno no está seguro de sí mismo, se encuentra cómodo en la rigidez. Del mismo modo, el cambio y la incertidumbre son como la kriptonita para los idiotas. Las personas rígidas y estrictas evitan cualquier cambio porque no lo entienden y, por lo tanto, les aterroriza. Sin embargo, las personas verdaderamente competentes aceptan los cambios como llegan y se oponen a la falta de flexibilidad. Muchas personas buscan la rigidez en su vida para sustituir la competencia. Mi consejo: dales un marco donde operar, un conjunto de normas estrictas y, créeme, actuarán con confianza. La próxima vez que tu i-jefe explique algo diciendo que aquí las cosas se hacen así, sabrás que está atemorizado. A él le gusta gozar de políticas y procedimientos estrictos y fijos, tengan o no sentido.

La seguridad que emana de las estructuras fijas es, de hecho, una fase de desarrollo de la infancia. Seguramente recordarás que tu madre solía decir algo como «Porque lo digo yo», y con eso bastaba. Más tarde, tú mismo te hacías eco de esa frase y la utilizabas con un hermano o unas hermana pequeños, diciendo «Porque lo dice mamá», con la esperanza de que con eso bastará. ¿Cómo te sentiste la primera vez que viste a tu padre o a tu madre haciendo algo que no tenía nada que ver con el carácter que hasta entonces conocías de ellos? Me apostaría una fortuna a que te quedaste de piedra. Muchos i-jefes se quedan anclados en esa fase de la infancia, donde las cosas se hacen de una forma determinada porque así debe ser. Encuentran seguridad en los reglamentos, no en las competencias de las que carecen. La verdadera competencia y creatividad pueden ser premios en sí mismos. Para las personas que poseen estas cualidades, el cambio es un desafío más que bienvenido y, en ocasiones, estimulante.

Hacerse callos

Al igual que la orca *Shamu*, los seres humanos también hacemos ciertas cosas para estar cómodos y así evitar hacer otras que nos molestan. De ahí la formación de anillos concéntricos en el escudo que rodea la incompetencia durante la procreación idiota. Mientras estas capas protectoras aíslen a los jefes incompetentes de la posible incomodidad que supone distinguir a alguien con capacidades, cualquier ápice de competencia se alejará cada vez más del epicentro de la toma de decisiones de las empresas. A veces, los anillos concéntricos de la incompetencia se crean de forma intencionada y, otras, sin querer. Cada vez que aparece un nuevo i-jefe que insulta a todo el equipo que le rodea, se crea otro anillo. A lo largo de mi vida profesional ha habido momentos muy dolorosos, entre ellos el día que descubrí que una de las personas a las que mi jefe insultaba por la espalda era yo.

Uno de los jefes que necesitó aislarse de mí fue Big Bill, me gusta llamarle así, un antiguo socio. Él era el accionista mayoritario de aquella empresa y, por lo tanto, alguien con mucho más poder que yo. Era un hombre de negocios mayor que yo, con mucho capital (de ahí que fuera el accionista mayoritario). Supuse que podría aprender un par de cosas de él, y así fue: Bill fue el mejor y el peor de los maestros. A su lado, aprendí muchísimo del mundo de los negocios, toda una serie de principios fundamentales para la gestión exitosa de una empresa. Aprendí que si fabricar algo cuesta X, debes triplicar como mínimo ese X para cubrir los costes ocultos y mantener cualquier esperanza de tener beneficios.

También aprendí a torturar a la gente. Big Bill se basaba en la intimidación para dirigir la empresa; le apodo *Big* («grande», en inglés) no porque fuera una persona alta y robusta, sino porque tenía una gran presencia. Enseguida se hizo patente cómo había obtenido su fortuna en el mundo de la construcción. Cuando un puñado de contratistas se reunían en la obra (en el caso de Big Bill en las de rascacielos, grandes hoteles, hospitales y edificios universitarios), las decisiones que se tomaban estaban relacionadas con los cambios necesarios de los planos originales, con cómo llevar a cabo esas variaciones y con el culpable de aquel desastre. Las disputas y conflictos debían resolverse enseguida. En el mundo de la construcción, las negociaciones a pie de obra no se llevan a cabo como procesos judiciales o sesiones de mediación, sino más bien como una reyerta en un callejón sin salida.

Bill era capaz de darles una paliza a todos. Imagínate a un personaje con aspecto agresivo capaz de hacer que un puñado de contratistas de la construcción, esos tipos que conducen gigantescos todoterrenos y monstruosos camiones, alcen las manos a modo de rendición y se alejen murmurando «Como usted prefiera». Lo he visto infinidad de veces. Después de un episodio como ese, el jefe se tomaba un vaso de un alcohol fuerte y se regodeaba de su victoria. Para alguien como yo, que detesta y desprecia el conflicto, la relación con una persona que ha hecho fortuna a través de la economía del enfrentamiento ya era problemática desde el principio.

La cultura ambiental en el sector editorial es, y sigue siendo, muy distinta a la del mundo de la construcción. Existe una especie de cortesía y refinamiento en las editoriales que Bill jamás intentó comprender o aceptar. Por suerte, las «mariquitas» del negocio editorial le repudiaban y se quedó fuera de la fase final del negocio, la que implicaba la negociación de la propiedad intelectual y otros asuntos que podían deslustrar su reputación de hombre de negocios poderoso. Y entonces me encargó a mí todo este asunto. Como socio ejecutivo, Bill gozaba de un despacho propio en las instalaciones, pero la mayor parte del tiempo trabajaba fuera de las oficinas de la empresa y en su Mercedes. Asomaba la nariz por la editorial varias veces a la semana para echar un vistazo o divertirse un rato. Nunca sabíamos de qué humor iba a estar, aunque solía oscilar entre una intimidación abierta y un desafío encubierto. A veces aparecía por la oficina y armaba un escándalo porque había una caja de pañuelos en cada despacho y se ponía como un basilisco, gritando como un histérico que no estaba dispuesto a pagarnos por sonarnos la nariz. En cambio, había días en que venía de buen humor y saludaba a todo el mundo con una amplia sonrisa. «Hey, dinero fácil», decía a nuestro artista gráfico. «¿Cuándo pensáis poneros a trabajar y dejar de robarme?», bromeaba con los sudorosos y esforzados chicos del almacén. Tenía un gran sentido del humor.

Nunca pudieron votar, pero estoy seguro de que todo el personal hubiera preferido a una gaviota como jefe. La gestión de esta ave, tal y como Ken Blanchard la describe, sucede cuando un directivo entra a una oficina, revolotea por cada esquina, agita las alas con gran conmoción, defeca en la cabeza de todo el mundo y luego se marcha como entró, volando.

El hecho de recordar constantemente a los miembros del departamento quién manda allí, incluso con una sonrisa, supone un sencillo juego de poder. El inconfundible mensaje es: yo, perro grande; tú, perro pequeño. Yo soy fuerte; tú eres débil. Soy tu superior; tú, mi subordinado. Soy importante; tú, no. Soy insustituible; tú, prescindible. Podrías defender que todas esas afirmaciones son ciertas en términos técnicos, pero sólo son verdad en un contexto de relaciones jerárquicas. Todos aquellos que piensan como Bill creen que esta actitud les hace ganar grandes sumas de dinero, pero son incapaces de aceptar que aquellos jefes que impulsan un enfoque más agradecido y equitativo con sus empleados pueden ganar muchísimo más dinero.

A pesar de todas las cosas positivas que Big Bill hizo por mí, todas las puertas que me abrió y todas las oportunidades que me ofreció, me dejó atrapado en un dilema. En el momento en que abandoné Disney, me convertí en un discípulo de Danny Cox y empecé a creer que los miembros de un departamento mejoran cuando el jefe del mismo también hace algún tipo de progreso. Creer que tu jefe puede mejorar después de ti es un camino largo y pedregoso, pero quizá el único que puedes tomar. Mi lema pasó a ser el siguiente: «Dirige como te gustaría que te dirigieran». Fueran cuales fueran las características o comportamientos que deseara obtener de mis subordinados, sea espíritu de superación, energía, innovación, creatividad, lealtad, eficacia o rendimiento, me di cuenta de que todo ello dependía de mí. Estaba en mis manos modificar ciertos hábitos y, de ese modo, hacer que ellos imitaran ese cambio. Imagínate lo patidifuso que me quedé cuando me di cuenta de la clase de jefe en la que me había convertido.

CONTROL DE DAÑOS

Mi filosofía de gestión era completamente opuesta a la de Big Bill y el pobre se vio obligado a acogerme bajo su ala y a enseñarme a tratar a los empleados. Según él, jamás eran leales y sólo eran eficaces porque el castigo por su ineficiencia era muy severo. Trabajaban duro porque se les pagaba por ello. Bill estaba convencido de que, pese al sueldo, la gente sólo trabajaba mucho cuando él les vigilaba muy de cerca. No fui capaz de convencerle de lo contrario. Cuando le comenté que nuestro personal se había reducido a la mitad desde que yo estaba a cargo del departamento y que, además, había cuadruplicado los beneficios, Big Bill atribuyó ese aumento de la productividad a sus visitas sorpresa y a su estilo de gestión autocrático. Nuestro personal estaba generando beneficios de casi 250.000 dólares (en el valor que tenían en 1984) por persona y, en mi opinión, ese rendimiento tan alto no era fruto de la influencia de Bill.

Después de cada vuelo de gaviota, invertía mucho tiempo en asesorar a empleados y reorientar sus esfuerzos. Llevamos a cabo un diseño empresarial molecular, donde cada «trabajo» orbitaba alrededor del núcleo ejecutivo. Cada persona lideraba su propio campo. De acuerdo, éramos una empresa pequeña, pero los principios de autonomía funcionaban bien y nuestro equipo respondía y rendía tal y como los especialistas de comportamiento empresarial habían previsto.

Ascendí y descendí en la cadena alimenticia de la empresa, esforzándome por tener a Bill contento y a nuestro equipo feliz y productivo. Eso significaba dejar de hacer todo lo que tuviera entre manos cada vez que él aparecía por sorpresa. Después de hacer su ronda de saludos/insultos a los miembros de mi equipo, me hacía una seña con la mano, indicándome que le apetecía un café. Podríamos habernos tomado ese maldito café en mi despacho, o en el suyo, pero eso iba contra las normas, pues Bill no quería discutir asuntos de la empresa dentro de las instalaciones. Según su filosofía, si nos quedábamos en la oficina, los empleados escucharían a hurtadillas cualquier conversación y estarían al tanto de información que no les convenía (de todas formas, el noventa y nueve por ciento de esa información no les interesaba en absoluto). Ahora que lo pienso, las cosas de las que hablábamos fuera de la oficina se basaban en la información que nos transmitían nuestros propios subordinados.

Bill, además, estaba en guerra psicológica con todo el mundo. Otra razón por la que se iba del edificio para tomarse un café era para hacer creer a los empleados que nos escabullíamos para comentar su bajo rendimiento. Se suponía que eso haría peligrar su puesto de trabajo y, por ese motivo, trabajarían con más diligencia. Big Bill era El Hombre, así que me resigné a ser un buen soldado y cargar el arma cuando él me lo ordenara. En la industria editorial, ni siquiera sabía hacia dónde debía apuntar los cañones, pero, de todas formas, nos las arreglamos. Cuando digo «nos las arreglamos», me refiero a que crecimos rápidamente y desarrollamos una gran reputación en nuestro sector. Cuando vendimos la empresa, cuarenta meses después del día en que Bill y yo la compramos, su porción del pastel era cinco veces mayor que su inversión inicial neta.

Cargar el arma cuando él lo ordenaba siempre implicaba acciones que no ayudaban a conseguir nuestros objetivos empresariales. Gracias a Dios que no le gustaba tocar las narices con el plan estratégico. Siempre añoré que Big Bill apreciara mis esfuerzos por el bien común y despotriqué de él con mis amigos, familiares y cualquiera que estuviera dispuesto a ayudarme. Supongo que habrá mucha gente que se sienta identificada con ese resentimiento que yo albergaba por Bill.

Mi papel en mi propia desgracia

He aquí la parte más importante de mi confesión: tuve una revelación, gracias a los esfuerzos de Bill y de una amiga que trabajaba en el campo de la salud mental. Estaba a punto de acabar mi primer máster, centrado en la terapia matrimonial y familiar, y una de mis supervisoras se cansó de oírme lloriquear sobre mis problemas con mi socio. Un día, mientras yo relataba las peripecias de trabajar con él por centésima vez, mi amiga me preguntó:

—¿Cuándo piensas dejar de preocuparte tanto de él? ¿Cuándo vas a empezar a coger el toro por los cuernos y afrontar tu papel en esta relación?

—¿Mi papel?

—Él sabe que le guardas rencor y eso le incomoda.

—De acuerdo —dije—. Admito que estoy resentido. No es capaz de valorar nada de lo que hago para el negocio. Le estoy haciendo ganar muchísimo dinero.

—Pero aún así está incómodo —dijo.

—Pues que lo esté —espeté.

Mi amiga no tuvo que decir nada más. En un acto de paciencia infinita, esperó a que me percatara de mi estúpida actitud.

—De acuerdo —murmuré—. ¿Y tu idea es que...?

—No puedes ocultar el rencor, por mucho que te esfuerces. Se nota en todo lo que dices y haces: tiene un olor inconfundible.

—Hace comentarios sobre mi sarcasmo todo el tiempo —recordé.

—¿Eres sarcástico?

—Continuamente —confesé.

Me golpeó donde más me dolía; no podía negar que albergaba un gran resentimiento hacia Big Bill, al igual que hacia otros jefes que había tenido durante mi carrera profesional. No me extraña que ninguno de ellos estuviera cómodo a mi alrededor. Tampoco me extraña que se tomaran todo lo que decía como una agresión y que cada comentario fuera entendido como un insulto. Si esos jefes actuaron de forma justa o injusta, competente o incompetente, apropiada o inapropiada, yo tenía la misma culpa que ellos por la tensión que se respiraba en el ambiente. Daba igual las palabras que escupiera por mi boca. Siempre que estaba cerca de ellos adoptaba una postura de confrontación y apestaba a resentimiento.

Pon el límite donde debe estar

Por muy cierto que fuera, no quería escucharlo. Desde entonces he aprendido que los clientes a quien asesoro tampoco desean oírlo, pues se trata de un trago amargo. Mis clientes utilizan ese mecanismo de defensa para no reconocer sus errores y mucho menos para admitirlos y empezar a trabajar en ellos.

¿Qué hay de tu situación? Mirándola más de cerca, ¿tu jefe te castiga por tu talento y pericia profesional? ¿O eres tú quien envenena la atmósfera que te rodea, tal y como hacía yo? Seguramente será una mezcla de ambas cosas, pero sólo tienes el control de una parte.

Si bien puede haber gente que te enfurezca y fastidie sobremanera, tu actitud puede ayudar a avivar aún más el fuego. Confiésalo y no permitas que tu idiota interior lo utilice en tu contra. Creo oír a un pequeño optimista vocalizando una pregunta retórica: «¿Acaso no podemos llevarnos bien y punto?». Sí, por supuesto, pero no siempre podremos salirnos con la nuestra. Llevarse realmente bien con un jefe o con los compañeros de trabajo casi nunca funciona así. Traza el límite a partir del cual necesitas proteger tus intereses, pero si marcas esa línea únicamente para proteger tu ego y demostrar que tienes razón, ha llegado el momento de borrarla y empezar de nuevo.

Todos podemos llevarnos bien si aceptamos que la vida personal y laboral jamás serán ideales y que hay ciertas situaciones en las que, si nos conformamos con menos, podemos ganar más a largo plazo. También hay momentos en los que no debes comprometerte, y decidir cuáles son depende de ti. Aunque tu i-jefe te tenga controlado, ¿puedes mantener la calma? El tiempo y la energía que desperdicias comportándote como un estúpido es algo que decides tú. Puede que no seas capaz de controlar todo lo que tu i-jefe diga o haga, pero sí tienes las riendas de tu propia actitud y de tu forma de reaccionar.

Dar un paso adelante y admitir tu papel en el caos y la incomodidad provocados por tu i-jefe ya es un comienzo por sí mismo. Podríamos decir incluso que es una batalla ganada. Cuando me di cuenta de ello y acepté que yo también tenía mi parte de culpa en la actitud exacerbada de Big Bill, la tensión que había entre ambos disminuyó de inmediato. Cuando mi actitud mejoró, la suya también, tal como Danny Cox predijo que ocurriría. Bill no cambió un ápice de su carácter natural, pero dejó de actuar como un tirano de la noche a la mañana. Me pregunto si siempre había sido un tirano o si mi perspectiva estaba desenfocada. Recuerdo mi sorpresa al oír a unos compañeros de oficina diciendo que Big Bill los trataba con gran amabilidad. No eran muchos los que afirmaban esto, pero los suficientes para ayudarme a reconocer que yo mismo estaba echando por tierra la relación.

Tú y yo poseemos la tremenda capacidad de alterar el clima donde trabajamos, a pesar de la incompetencia de nuestro i-jefe o pese a su miedo por su ineptitud. Podemos y deberíamos hacer un buen trabajo. Podemos y deberíamos estar orgullosos de lo que hacemos. Por eso, creo que tenemos que centrarnos en cumplir nuestros objetivos en vez de obsesionarnos con la carga que supone nuestro i-jefe. Y, además, podemos presentarle el trabajo bien hecho no como una amenaza, sino como una contribución a los esfuerzos de todo el equipo.

Si quieres tener una vida más feliz y plena, piensa en las palabras de la tía Eller del musical *¡Oklahoma!* En la versión cinematográfica, Eller consuela a su sobrina diciéndole las siguientes palabras: «Debes repasar las cosas buenas y malas de la vida y decirte a ti misma: "Bueno, pues muy bien"». Es una buena forma de decirlo. Contempla las cosas buenas y malas de tu trabajo y haz las paces con ambas. Tal como dice un proverbio chino: «La vida será lo que es, la entiendas o no». Por ese motivo los idiotas rehabilitados rezamos para tener serenidad y aceptar aquello que no podemos cambiar, el valor de transformar lo que sí podemos y la sabiduría de conocer la diferencia.

Piensa que tienes muy poco control sobre tu jefe idiota; de hecho, sobre cualquier tipo de jefe. Sin embargo, sí tienes el poder de alterar el tipo de relación que mantienes con él. Dicho esto, tu control está limitado a tus pensamientos, afirmaciones y comportamientos. La buena noticia es que tu forma de pensar y actuar puede mejorar el trato que recibes por parte de tu i-jefe. A medida que tu persona le parezca menos amenazadora, su respeto por tu talento y competencia irá en aumento. ¿Quién necesita control cuando un poco de influencia puede conllevar una mejora inmediata en tu relación con los demás?

EJERCICIO PARA EL PASO CINCO: «ADMITO TODOS LOS ERRORES QUE HE COMETIDO ANTE MI PODER SUPERIOR, ANTE MÍ MISMO Y ANTE LOS DEMÁS»

Realiza un pequeño cambio y recoge los frutos. Este ejercicio es muy sencillo, pero al mismo tiempo tiene su complicación porque debes librarte de todas las cargas de resentimiento. El rencor, sobre el cual profundizaré en el capítulo 8, no sirve para nada. No te hace ningún bien y, además, no causa efecto alguno sobre las personas por las que tienes ese sentimiento; lo único que puede producir es enfadarlas todavía más. Si además estas personas son idiotas, quizá no noten ni el hedor que desprende tu resentimiento.

Aquí te presento una forma de describir la estupidez del rencor: estás enfadado con alguien con quien estás hablando ahora mismo por teléfono. Arrojas el móvil al inodoro de la rabia que sientes. ¿Qué sufrimiento o dolor provoca un acto como ese a la persona que está al otro lado de la línea? Míralo desde el otro lado por una vez en la vida, sin comprometer tu sentido de la dignidad (basado en parte en la nobleza de tu resentimiento). Identifica una situación típica que suele producirse entre esa persona y tú, practica una respuesta que aprecie dicha persona (después de un profundo estudio de esta) y no te dejes influir por el desprecio que sientes por ella. La próxima vez que surja una ocasión parecida, suéltale esa respuesta. No te esfuerces en exceso; lánzala con aire resuelto, sin fanfarria y sigue con tu día a día como si no sucediera nada. Si no percibes una reacción inmediata y positiva seguramente tu respuesta no haya sonado del todo sincera y, por lo tanto, el hedor a rencor inundaba todas tus palabras. No te concedo ningún punto por eso.

Si al principio no lo consigues, practica y vuélvelo a intentar. Si logras dar una respuesta sincera, sin resentimiento, cambiarás la relación y el ambiente de la noche a la mañana. Si eres capaz de contener la rabia que te da haber sido tú quien ha dado el primer paso, verás que pronto la gente empieza a valorar tu talento y habilidad profesional. Confiesa tus errores, trata a tu i-jefe de una forma distinta y sin resentimiento, y no desaproveches tu talento ni el de los demás. Ocúpate de tus asuntos, no amenaces a gente competente y dale una oportunidad al talento.

6.
Éxito a pesar de la estupidez

Mi antigua obsesión por la justicia y la perfección me lanzó hacia la contraproducente misión de demostrar que siempre tenía razón en absolutamente cualquier tema. Sumido en mi profunda estupidez, jamás me paré a reflexionar sobre por qué mucha gente me daba la razón. Hacer lo correcto había pasado a un segundo plano y me importaba bastante poco debido a mi obsesión de que todo el mundo *reconociera que yo tenía razón*.

TENER RAZÓN ES ESTÚPIDO

A casi todo el mundo le gusta pensar que tiene razón, lo cual no significa que todo el mundo que cree esto la tenga en realidad. Da marcha atrás, piensa en tu plan a largo plazo o salta hacia delante y echa un vistazo a tus cinco objetivos deseables del ejercicio para el paso seis que está al final de este capítulo. ¿Cuál es tu panorama general ideal? ¿Qué es más importante: alcanzar tus objetivos a largo y corto plazo o tener razón? Cuando dejes de insistir en tener razón y concedas ese honor a otra persona, los límites empezarán a desdibujarse, te sentirás lleno de energía y el viento agitará tus velas.

Mientras sigas obsesionado con juego del tira y afloja sobre quién tiene razón, tu concentración y energía no podrán centrarse en lograr tus objetivos profesionales. A menos, por supuesto, que tu única meta sea tener la razón.

Cuando vuelvas a encontrarte con una situación en la que ninguno de los dos bandos está dispuesto a ceder, intenta no entrar en el juego. Dale la razón al tozudo que tengas enfrente y di algo como: «Tienes toda la razón. Los despidos no afectarán a la moral de nuestros empleados». Claro que lo hará, pero si dichos despidos son inevitables y no puedes hacer nada para impedirlos, ¿por qué discutir sobre ellos? Asiente con educación y punto. Utiliza tu tiempo y energía en diseñar un plan para manejar y afrontar la desmoralización de los empleados. Mantener un ambiente laboral productivo y (esperemos) gratificante puede ser un desafío mucho mayor que antes. No pierdas el tiempo discutiendo sobre algo evidente, sobre todo con personas tan estúpidas que son incapaces de ver lo obvio, pues tienes cosas más importantes en qué pensar. Así que no seas tan estúpido para no ver lo evidente.

Si se trata de tu jefe o de alguien situado en puestos más altos de la cadena alimenticia empresarial, es decir, jefe-más-uno, jefe-más-dos, jefe-más-tres y así sucesivamente, ¿qué crees que vas a ganar tratando de convencerlo de que está equivocado? Si sacar de quicio a alguien con influencia o autoridad directa sobre tus condiciones y seguridad laborales, además de sobre tus perspectivas de futuro, es tu fórmula del éxito, no pienso leer el libro que planeas escribir durante tu tiempo libre. Hacer sentir bien a los demás es tan fácil que resulta absurdo no intentarlo. Responde: «Tienes razón. Los huracanes no giran en el sentido de las agujas del reloj en el hemisferio norte». ¿Qué importa? Dar la razón a alguien no quiere decir que tú estés equivocado. Debes abdicar del trono de la «razón» en favor de una persona lo bastante inmadura para pensar que eso importará durante los siguientes diez minutos, diez años o diez siglos. Es un gesto particularmente magnánimo cuando tienes pruebas irrefutables de que la otra persona está equivocada. (Has buscado en Google cómo funciona la rotación de los huracanes, ¿verdad?).

Desde que dejé de pelearme sobre quién tenía razón y quién no, me he dado cuenta de que disfruto dejando que la gente que está equivocada piense que tiene razón. Debo reconocer que por dentro me lo estoy pasando pipa. Y, lo mejor de todo, ya no estoy loco por cruzar la línea de meta. Me siento, me pongo cómodo, contemplo al ganador regodearse de la victoria de la razón y pienso: «Cuando insistía en que tenía razón, ¿también parecía tan imbécil?».

Cómo los listos (y los afortunados) tienen éxito

Al magnate del cine Samuel Goldwyn se le atribuye la siguiente frase: «Cuánto más tiempo trabajo, más suerte tengo». Yo actualizaría un poco la frase y diría «Tengo más suerte si trabajo de forma inteligente». Poner en práctica los principios y técnicas de este libro constituye una tarea inteligente, por muy fácil o difícil que sea. Debo admitir que algunos de los mayores éxitos de mi vida no se han producido gracias a una estrategia bien estructurada o inteligente. Piensa en la suerte que habría tenido si hubiera estudiado las ideas de Samuel Goldwyn antes. Tú y yo no tenemos el poder de alinear los planetas, y mucho menos de predecir cuándo ocurrirá. Lo único que podemos hacer es poner las cosas en orden y así estar preparados para el momento en que el universo decida que es nuestro turno. No podemos crear suerte, pero podemos estar listos para aprovecharnos de ella cuando venga a hacernos una pequeña visita. Tal y como dijo Mike Vance, de la Universidad de Disney: «No pierdas ni una oportunidad». El peor de los presagios es que, cuando los planetas se alineen, tú prefieras comportarte como un estúpido. Una de las grandes tragedias de la vida es fracasar cuando tienes el número premiado de la lotería. Algunos libros de autoayuda son muy útiles para preparar ese momento, pero no pueden hacer que llegue antes de lo planeado por nuestro Poder Superior.

Los libros escritos por personas que han alcanzado el éxito o sobre ellas suelen contener pedacitos de verdad, pero que sólo pueden aplicarse a las circunstancias únicas de esa persona y que, en general, suelen venir por un golpe de suerte. En mi opinión, los libros que prometen el camino hacia el éxito y la riqueza no son más que un relato adornado de cómo los ricos quieren hacer creer al resto de los mortales de qué manera han tenido éxito. Y, por si fuera poco, estas personas quieren que el mundo piense que lo alcanzaron todo sin ayuda de nadie.

Lo mejor que podemos hacer es prepararnos para cualquier oportunidad, sea anticipada o no. Tal como dijo Benjamin Franklin: «Acostarse y levantarse temprano hacen a la persona sana, rica y sabia». El Dr. Hoover afirma que la suerte sólo te concederá la sabiduría y se olvidará de entregarte la salud y la riqueza. Pero no puedes confiar exclusivamente en tener un golpe de suerte; así que acuéstate al anochecer y levántate con el canto del gallo. Es todo lo que se puede hacer. Cuando tu nueva y mejorada relación con un jefe difícil empiece a dar sus frutos, puedes volver a echar un vistazo al ejercicio para el paso seis (al final de este capítulo) y apreciar con entusiasmo cómo has llevado a cabo un papel premeditado e inteligente.

Considera tus opciones

Sé realista cuando pienses en todo lo que quieres conseguir durante tu jornada laboral. La mayoría de las personas que están leyendo este libro son emprendedoras por naturaleza y sus expectativas se ven frustradas por jefes que impiden su progreso y rendimiento. Antes de esconderte debajo del escritorio como una rata, responde a unas preguntas muy básicas:

- ¿Eres una rata?
- ¿De quién huyes?
- ¿Quieres ser una persona activa u holgazana?
- Si quieres ser activo, ¿deseas estar ocupado haciendo tareas o terminándolas?
- ¿«Terminar tareas» significa progresar en tu carrera profesional o catalogar hongos extraños?
- Si quieres un aumento de sueldo e implicarte más en la empresa, ¿estás dispuesto a convertirte en un empleado listo que aparezca en la pantalla del radar empresarial?

Los empleados ineptos se sienten continuamente frustrados y decepcionados porque todo aquel que aparece en el radar de la empresa suele convertirse en un objetivo. Puede que tú sólo seas un objetivo para aquellos que quieren endilgarle sus responsabilidades a la primera persona que las acepte. Convertirse en un blanco también puede ser sinónimo de servir como chivo expiatorio del bajo rendimiento de otra persona. Si quieres convertirte en un jugador más activo y visible en la oficina, debes ser consciente de los inconvenientes que conlleva la visibilidad y estar preparado para superarlos.

Muchísimas personas son expertas en la planificación interna y externa de la empresa. Sin embargo, casi nunca aplican esos conocimientos en su propia carrera profesional para mejorar sus condiciones laborales. El mero hecho de sobrevivir y prosperar con un jefe idiota, o con cualquier otro tipo de jefe, puede mejorar si enfocas tu trabajo hacia actividades más gratificantes y provechosas. No te resultará tan difícil estar delante de un jefe idiota, a no ser que intentes esconderte de él en el armario de la limpieza hasta que te jubiles, y demostrarle tu capacidad de planificación.

- Reflexiona y considera en qué te gustaría implicarte. Mira al futuro y presta atención a la lista completa de actividades e iniciativas que el departamento vaya a emprender en un futuro próximo. Identifica las actividades en las que te gustaría implicarte y ofrécete a realizar una investigación preliminar o cualquier clase de preparativos.
- Si quieres pasar tiempo con el director general de la empresa, ofrécete voluntario para el acto benéfico del cual la esposa del director es presidenta honorífica. Dicho un poco toscamente, «presidenta honorífica» significa que «la organización benéfica cuya presidenta honorífica es la mujer del director general reservará diez mesas a mil dólares el comensal». El problema es que normalmente tienen que arrastrar a gente de la calle para llegar a ocupar cien asientos. El director general te dará la bienvenida (y la posibilidad de tener a alguien con quien charlar durante los discursos) con los brazos abiertos.
- Piensa en qué otras personas se interesarán por las nuevas iniciativas y decide si quieres compartir con ellas tu trinchera. Fíjate en quién tiene más posibilidades de convertirse en el líder del equipo y considera la importancia de esta persona dentro de la empresa. Alguien que, a tu parecer, es majo y agradable puede no ser muy popular en la cúpula de la cadena alimenticia. En tal caso, tendrías que tomar una decisión: consolarte ahora o mantener una puerta abierta para el futuro.
- Considera la importancia de las nuevas actividades e iniciativas sin perder de vista los objetivos empresariales a largo plazo. Puede resultar divertido cortar el césped del campo de fútbol de la empresa, pero ¿hacerlo te servirá de algo? Si el director general es un obseso del fútbol, no dudes en encargarte de pasar el cortacésped por el campo cada mes.
- Piensa en lo que se te da mejor y no intentes hacerte cargo de un proyecto de ingeniería aeroespacial si tu experiencia previa se centra en la publicidad o las relaciones públicas. Por tu propio interés, siempre es mejor armonizar tus responsabilidades profesionales con tus virtudes y competencias naturales. Una forma de forzar al idiota interior a tocar retirada es alinear aquello que tú haces mejor con lo que la empresa más necesita.

- Medita sobre cómo te ven los demás. Aunque tus habilidades y competencias puedan ser apropiadas para un proyecto o iniciativa empresarial, ¿los otros te ven como un líder? Has conseguido que tu jefe idiota te asigne un proyecto, lo cual legitima tu poder, pero si tus compañeros no te ven como un líder competente, intentarán sabotear y socavar tus esfuerzos. Y tú desearás haberte quedado escondido bajo el escritorio.
- Piensa en cuánto tiempo y esfuerzo estás dispuesto a invertir para superar los obstáculos a lo largo del camino, cuántas críticas estás dispuesto a recibir de todos tus detractores y si el premio potencial compensa el sacrificio. El reto no es salir vivo del aluvión de críticas, sino estar preparado para cualquier operación de combate.

SOBREVIVIR A TU INFORME DE RENDIMIENTO

En un mundo perfecto, los jefes estarían ansiosos y deseosos de examinar de forma regular a los miembros de su empresa y echar un vistazo a su rendimiento para saber quiénes aportan algo en realidad y a quiénes se les puede enseñar la puerta e invitarles a salir. Sin embargo, te sorprendería saber el número de ejecutivos que evitan este tipo de informes, o quizá no te extrañaría tanto. A los buenos jefes les entusiasma entregar informes de rendimiento para elogiar las buenas prácticas y fomentar el crecimiento. Los sádicos disfrutan haciendo informes de rendimiento por un motivo completamente opuesto y, por lo tanto, resultan inútiles.

En teoría, el objetivo de un informe de rendimiento es, al menos en parte, determinar la idoneidad de la persona en cuanto a los ascensos y aumentos salariales. En realidad, la mayoría de las empresas redactan este tipo de informes de rendimiento al menos un año después de mucha presión, insistencia, el decomiso de la videoconsola del jefe y amenazas de litigios por parte del departamento de recursos humanos, que sólo intenta salvar el culo de su colega en el caso de que se produzca un despido improcedente. Cuando los empleados tienen el número de su abogado en la marcación rápida del teléfono móvil, meterse en un juicio no es moco de pavo.

Por definición, los informes de rendimiento requieren a un jefe que se siente en el trono de la justicia. Si este escribe una evaluación honesta, el empleado puede sentirse despreciado o incluso atacado. Dado el caso de que el jefe hinche el informe para proteger el débil ego del empleado, se sentirá culpable por no seguir las normas del juego y redactar un informe inútil. Con la posible excepción del masoquista, a todos nos gusta pensar que somos más valiosos y competentes de lo que somos en realidad. (Aún tengo que encontrar una empresa que no pueda sobrevivir sin mí). Existe un claro peligro de los informes anuales de rendimiento: cuando los jefes se ven obligados a redactarlos, las características que debe tener un empleado para ellos son muy diferentes de las que son válidas en el mundo real.

Si los altos ejecutivos se preocuparan de verdad por los niveles de productividad y rendimiento, no descartarían la posibilidad de que sus propios empleados redactaran un informe de rendimiento sobre sí mismos. Felicito de corazón a aquellas empresas que lleven a cabo esta práctica; a las demás, os digo: «Despertad». Los jefes malos tienen un potencial destructivo mil veces mayor que un empleado inepto o incompetente. Si no tienes el valor de darles a tus empleados la posibilidad de que te evalúen, al menos utiliza un *feedback* de 360 grados como base para estos informes, tal y como ya hacen algunas empresas. Es más válido, fiable y objetivo que un informe escrito por el jefe. El rendimiento es un aspecto que se evalúa a diario en aquellas empresas donde se fomenta la comunicación abierta y la información se transmite libremente entre los empleados. Una confrontación constructiva elimina prácticamente la necesidad de redactar informes anuales de rendimiento, puesto que se valora al empleado (y al jefe) una vez a la semana.

El terror del informe de rendimiento

Mi peor informe de rendimiento fue redactado por un jefe miserable que, en mi humilde opinión, no me aguantaba por el mero hecho de haber estudiado en la universidad y utilizar palabras de más de dos sílabas con demasiada frecuencia. Cuando veía a mi jefe cotorreando en alguna esquina, siempre pensaba para mí mismo: «¿Estamos hablando de la misma persona? Durante muchísimo tiempo he creído que estaba haciendo un buen trabajo. ¿Acaso cree que trabajo hasta tarde porque no tengo nada mejor que hacer? Si soy un empleado tan inepto, ¿por qué ha esperado tanto tiempo para decírmelo?». El tipo escribió que yo debía trabajar más horas y mejorar la calidad de mi trabajo y de mis hábitos laborales, e hizo especial hincapié en la comunicación. Y después me pidió que firmara el informe. Basándome sólo en aquel documento, me sorprende que los guardias de seguridad no me escoltaran por el edificio con las esposas puestas.

No permitas que un informe donde se califica tu rendimiento como pobre hiera tu orgullo. A veces este tipo de documentos son más un indicador fiable del buen o mal humor del jefe y su capacidad de afrontar los problemas de los empleados que no una reflexión precisa sobre tu rendimiento. Si tu jefe habla en el informe de objetivos, hábitos y comportamientos de un día en particular, podemos concluir que la evaluación del rendimiento carece de cualquier tipo de credibilidad. (Te recomiendo que eches un vistazo al libro *The Art of Constructive Confrontation* [El arte de la confrontación constructiva] para aprender así cómo una conversación constructiva puede ser beneficiosa para todos los participantes si se realiza a diario).

Para quienes siguen sufriendo el yugo opresivo de los informes de rendimiento que redacta su jefe, lo mínimo que puedo hacer es facilitar algunos indicadores. Los informes de rendimiento pueden ser muy distintos según los emita un tipo de jefe u otro. Dependiendo de esto último, puedes salir de ellos sano y salvo o ensangrentado y magullado. No te fijes en el desafío que te espera, abre los ojos y lánzate a ello.

Debes estar preparado para cualquier clase situación. Medita sobre todo lo que has aprendido acerca de los diversos tipos de jefes: sus preferencias y fobias, sus virtudes y defectos, y sus paradigmas profesionales. Debes aparentar ser el mejor empleado a ojos de tu jefe durante los doce meses del año, no sólo los treinta días previos al informe de rendimiento. Si violas el protocolo de actuación ante un determinado tipo de jefe recuerda que lo haces por tu propia cuenta y riesgo. Un informe de rendimiento negativo destrozará tu serenidad y, aunque intentes mantener una apariencia de felicidad y satisfacción en el lugar de trabajo después de un informe negativo, tu confianza se verá trastocada y reducida.

El informe de rendimiento del jefe endiosado

Los jefes endiosados disfrutan del proceso de redacción del informe de rendimiento porque les da la oportunidad de ejercer «el poder». Para un jefe endiosado, un buen empleado es aquel que hace una reverencia a modo de saludo. Mientras el empleado sometido a informe pase un tiempo considerable de rodillas y presente diezmos y ofrendas apropiados, el informe será positivo, aunque ningún objetivo del departamento llegue a cumplirse en los plazos acordados.

Para preparar un informe de rendimiento con un jefe endiosado, vigila tu forma de vestir, la cual debería reflejar humildad y sumisión;

quizá una arpillera y unas sandalias serían la ropa más apropiada. Si adoptas una actitud ceremoniosa, mucho mejor. Quemar incienso y corear el nombre de tu jefe endiosado son detalles muy elegantes, pero ten cuidado, presta atención y marca los límites de estas demostraciones de devoción hacia él: a los jefes endiosados no les gusta que les tomen el pelo.

Para conseguir un aumento de sueldo por parte de un jefe endiosado, utiliza apelativos tales como «Su Majestad», «Su Señoría» o «Su Ilustrísima» a lo largo de todo el año. «Jefe Todopoderoso» también es una buena opción. Todas estas expresiones suenan un tanto blasfemas porque lo son, pero ¿quieres el aumento de sueldo o no? Por supuesto, haz referencia a todos sus logros y a su poderío cuando habléis de negocios o de golf. Aquí puedes dar rienda suelta a tus elogios, aunque sin olvidar que todo aquel que se cree un Dios es peligroso. Da igual lo que diga o haga, muéstrate agradecido.

Prepárate durante todo el año para el informe de rendimiento de un jefe endiosado siguiendo estas instrucciones:

- Expresa tu agradecimiento por haber tenido la oportunidad de servir en su departamento mediante correos electrónicos y otro tipo de correspondencia.
- Agradécele su ayuda y guía en todos los proyectos.
- Ofrécele devolverle los favores o pequeños servicios.
- Hazle pequeños regalos, aunque sean de poca importacia y divertidos.
- Menciona a sus colegas que el departamento funciona gracias a los logros de tu jefe.
- Reconoce su liderazgo en informes escritos y evaluaciones de proyectos.

Antes de tomarte estas sugerencias como ideas frívolas, considera realizarlas durante un periodo de doce meses. Si tu diagnóstico es correcto y tu jefe de verdad se cree Dios, ¿qué tipo de informe de rendimiento crees que recibirás? No te preocupes por tu productividad real y piensa que sí que te servirá a efectos de tu propia satisfacción y para ganarte el respeto de tus compañeros. Un jefe endiosado te evaluará y decidirá ascenderte o aumentarte el sueldo basándose en la fidelidad que hayas demostrado. Te lo garantizo: si te percibe como un detractor o un desagradecido, da igual la productividad real, tu eficacia o el ahorro de costes que generes, pues no te servirán para mejorar tu informe de rendimiento.

El informe de rendimiento del jefe maquiavélico

Prepara tu informe de rendimiento con un jefe maquiavélico haciendo un repaso de todo lo que has hecho por la empresa, y asegúrate de no haberte llevado el mérito de ninguna de tus buenas acciones. Si alguien te ha felicitado alguna vez o ha alabado tu forma de trabajar, avánzate al informe de rendimiento, discúlpate de inmediato por tal error y jura que jamás volverá a ocurrir. Actúa como si no entendieras qué hacía tu nombre ocupando el espacio donde debía aparecer el de tu jefe, el auténtico responsable de aquel triunfo. Si incluyen tu nombre en la *newsletter* de la empresa por alguno de tus logros, exige que rectifiquen y lo eliminen en el siguiente número.

Algunos empleados deberían tener varios trajes y corbatas en el despacho para asegurarse de ir siempre a juego con la ropa del jefe maquiavélico. Las mujeres deben vestirse para complementar, y no competir, con la jefa maquiavélica. Si esta hiciese algún comentario sobre el parecido de vuestros armarios, respóndele que ella marca las tendencias de la moda y recalca que te gusta mucho su forma de vestir. Y no sólo eso: dile que todo lo que lleva, conduce, come o lee debería ser un modelo para el resto de la población empresarial.

Debes entender de una vez por todas que todo lo que diga un jefe maquiavélico sobre tu rendimiento está distorsionado, puesto que él sólo contemplará tus logros como un empujón o un obstáculo en su carrera profesional. Asiente con la cabeza y dale la razón. No entres en una discusión de «Yo tengo razón y tú estás equivocado» con un jefe maquiavélico si quieres llegar a casa sano y salvo. Prepárate durante todo el año para el informe de rendimiento de este tipo de jefe siguiendo estas instrucciones:

- Repítele que su trabajo diario merece más elogios por parte de la cúpula de la empresa a través de correos electrónicos y otra clase de correspondencia.
- Cuando surja la oportunidad, agradécele el mero hecho de permitirte trabajar con él o ella.
- Ofrécete voluntario para encargarte de proyectos especiales que mejoren su agenda y realcen su imagen.
- Selecciona una manera de vestir y decora el despacho de una forma que sugieran tu lealtad hacia él.
- Menciona a sus colegas que el departamento funciona gracias a los logros de tu jefe.

- Reconoce su liderazgo en informes escritos y evaluaciones de proyectos.

Considera la opción de llevar a cabo estas sugerencias durante doce meses. Si tu diagnóstico es correcto y tu jefe pertenece realmente a la categoría de los maquiavélicos, recibirás una nota excelente en tu informe de rendimiento. No dudes en atribuirle el mérito de tu productividad y piensa que esta te servirá para tu propia satisfacción y para ganarte el respeto de tus compañeros. Sin embargo, un jefe maquiavélico te evaluará y decidirá ascenderte o aumentarte el sueldo basándose principalmente en el apoyo que le hayas mostrado y asegurándose de que no intentas competir con él. Te lo garantizo: si te percibe como una amenaza o un competidor, da igual tu productividad real, tu eficacia o el ahorro de costes que generes, pues estos no te servirán para mejorar tu informe de rendimiento.

El informe de rendimiento del jefe sádico

Un informe de rendimiento es un sueño hecho realidad para un jefe sádico. Una sesión de tortura anual legal, autorizada e incluso obligatoria es algo que a un sádico le cuesta creer que sea real. Se le hace la boca agua, y tiene que reprimir su alegría y entusiasmo mientras sus empleados son víctimas de una tortura psicológica: en su rostro se ven muecas de dolor, se tiran de los pelos y, por si fuera poco, están obligados a volver al menos una vez al año a por más. Los jefes sádicos redactarían informes de rendimiento semanales si pudieran.

Si quieres que tu jefe sádico te suba el sueldo, quéjate de que un aumento de salario conllevaría una subida de impuestos más que dolorosa; sobre todo, recalca el adjetivo *dolorosa*. Para empezar, aquí no estamos hablando del dinero del sádico y, si ve que te angustias por los impuestos, no dudes en que modificará el presupuesto del departamento.

Vístete como si durmieras con la misma ropa con la que vas a la oficina. Si hace algún comentario al respecto, responde que no has pegado ojo desde que te mandó que volvieras a redactar el plan a medio plazo, *una vez más*. (Los i-jefes consideran la reescritura de informes como algo divertido. Los sádicos, en cambio, te obligan a redactarlos como forma de tortura). Lleva ropa que te quede holgada, así pensará que no tienes tiempo ni para comer. Si eres bueno en el arte del maquillaje, aplícate un poco de sombra bajo los ojos para dar la impresión de que tienes ojeras.

Llena tu despacho o cubículo con pilas de papeles e informes que vayan desde la mesa hasta el techo. Deja poco espacio libre, el suficiente para que entre o salga una sola persona. Si cree que estás trabajando como un burro allí te dejará en paz y buscará otra presa a la que cazar.

Prepárate durante todo el año para el informe de rendimiento de un jefe sádico siguiendo estas instrucciones:

- Cuando surja la menor oportunidad, coméntale la enorme cantidad de trabajo que tienes. Nunca cruces el límite y te muestres enfadado por eso; en cambio, adopta un ademán derrotado y desgastado.
- Haz uso de tu lenguaje y tu expresión corporal para apoyar las descripciones deprimentes y desalentadoras de tu situación. Atribuye tu dolor físico a una piedra en el riñón. Saber que estás sometido a este tipo de tortura física y mental ayudará a aumentar la satisfacción del jefe sádico.
- Haz hincapié en las razones por las cuales los proyectos e iniciativas impuestos por tu jefe sádico son una carga tremenda, aunque esto no sea así en realidad. Si cree que la mera apariencia de su poder ya es suficiente para causarte incomodidad, ¿para qué molestarse?
- Nunca te ofrezcas voluntario para hacerte cargo de proyectos especiales o trabajo extra, puesto que tu jefe sádico sentirá que le estás arrebatando el poder de controlarte y abusar de ti. Debes mantener las apariencias y fingir que todo lo que él dice te importa de verdad.
- Celebra tus éxitos en secreto y sólo con tus compañeros. Si tu jefe sádico se percata de tus logros, mantén un ademán solemne, suspira y di algo así como: «Sí, jefe, ese proyecto me tomó muchísimo tiempo y por culpa de él ahora tengo un montón de trabajo atrasado». Si tu jefe sádico te cree, es posible que no te cargue con más trabajo, al menos de forma inmediata.
- No lleves ropa de colores alegres y desenfadados ni tampoco decores el despacho con tonos parecidos. Tu zona de trabajo debería estar repleta de papeles y documentos, aunque no tengan nada que ver con el proyecto que tengas entre manos ahora mismo. ¿Un estampado? Piensa en las galeras.

Considera la opción de llevar a cabo estas sugerencias durante doce meses. Si tu diagnóstico es correcto y tu jefe es realmente un sádico, recibirás una nota excelente en tu informe de rendimiento. Una vez más, no evites ser productivo; tú y tus compañeros queréis alcanzar ciertos objetivos. Pero no esperes hacer un buen trabajo y que el jefe te dé una palmadita en la espalda. No hay mal que por bien no venga y el jefe sádico necesita creer que tiene el poder; si interpretas tu papel de una forma convincente, es posible que el jefe sádico premie tu actuación estelar y te suba el sueldo.

El informe de rendimiento del jefe masoquista

Los masoquistas utilizan el informe de rendimiento para demostrar que son unos auténticos fracasados, y no para poner en evidencia que seas un mal empleado. Si fueran mejores jefes, razonan, tú también serías un trabajador mejor; eso es cierto, pero no por las razones que ellos piensan. Los masoquistas creen que todo lo que tocan se convierte en estiércol y no dejan de pensar que tú podrías sentirte ofendido, o incluso insultado, por ello.

No te lo tomes a modo personal: no has tenido nada que ver con la creación de un masoquista, y no hay modo alguno de que, sólo tocándote, te acabe convirtiendo en fertilizante.

Llevar ropa de colores monótonos puede ser muy útil, porque desviará cualquier atención sobre tu forma de vestir. Si, en cambio, apareces con ropa alegre y de colores vivos, tu jefe masoquista se fijará en ello y entrará en una espiral de automutilación. Se castigará diariamente por ser tan descuidado a la hora de vestir. Es posible que tenga un gusto pésimo y vista de forma horrible, pero ¿de veras quieres sentarte a escuchar eso? En mi opinión, preferiría que me dijera que necesito mejorar ciertos aspectos, como la calidad y la cantidad de mi trabajo, mis hábitos laborales y mi capacidad de comunicación.

Es posible que consigas un aumento de sueldo por parte del jefe masoquista si puedes convencerle de que el presupuesto del departamento se verá afectado y que, sin duda, su jefe le echará una buena reprimenda. Si tu jefe masoquista no llega a esa conclusión por sí solo, depende de ti decidir si se lo mencionas o no. A modo de ejemplo, cuando pases a toda prisa por delante de su despacho porque tienes que ir a ver a tu hijo, que está en el hospital, detente un segundo en la puerta, gírate y di algo así como: «Supongo que un aumento de sueldo es impensable porque a tu jefe no le gustaría un pelo y tú acabarías pagando las consecuencias de ello…». Y después de estas palabras, sal pitando, sin esperar su respuesta.

Cuando vuelvas a la oficina, te aseguro que tendrás encima de tu mesa el aumento de sueldo.

Prepárate durante todo el año para el informe de rendimiento de un jefe sádico siguiendo estas instrucciones:

- Hazte eco de la excesiva carga de trabajo a la que está sometido tu jefe masoquista y di que ningún ser humano sería capaz de soportarla. Utiliza tu lenguaje corporal para imitar sus hombros caídos y su semblante desesperado.
- Destaca las razones por las cuales todos los proyectos e iniciativas del departamento están condenados al fracaso desde su inicio. Haz saber a tu jefe masoquista lo mucho que lamentas que se encuentre en esta situación tan insostenible.
- Ofrécete voluntario para ocuparte de proyectos especiales y algo de trabajo extra de vez en cuando, lo que te permitirá llevar a cabo tareas que valen mucho la pena. Sin embargo, no entres corriendo en el despacho de tu jefe sádico regodeándote de tus logros.
- Celebra tus éxitos en secreto y sólo con tus compañeros. Si tu jefe masoquista se percata de ellos, mantén un aspecto solemne, suspira y di algo así como «Sí, jefe, hemos tenido mucha suerte con ese proyecto. ¿No te gustaría que siempre fuéramos tan afortunados?».
- No lleves ropa con colores que dejen entrever el gran contraste real existente entre la imagen de tu jefe masoquista y la tuya, pues sólo conseguirás que se sienta minusvalorado. Aplica este mismo consejo a la decoración de tu despacho.
- Evita tranquilizarle. Cuando las cosas vayan terriblemente mal, no le digas que no es culpa suya, sino que se trata de un malentendido normal y corriente que cualquiera podría haber cometido.

Considera la opción de llevar a cabo estas sugerencias durante doce meses. Si tu diagnóstico es correcto y tu jefe es realmente un masoquista, recibirás una nota excelente en tu informe de rendimiento. Al igual que el resto de los jefes, los masoquistas evaluarán y decidirán ascenderte o aumentarte el sueldo basándose en si entiendes o no su dilema. Ten en mente en todo momento tus intereses. A pesar de todas las jugarretas que le gastes a tu jefe masoquista, no te conviertas en un mártir que trabaja para otro mártir.

El informe de rendimiento del jefe paranoico

Un jefe paranoico redactará un informe de rendimiento basándose en los promedios, y marcando siempre el número tres de una escala de cinco. Te mirará fijamente y en silencio cada vez que entres a su despacho y te sientes. Con el informe en la mano, cerrará la puerta, correrá las cortinas, encenderá la radio y hablará entre susurros por si a alguien se le ha ocurrido pinchar los teléfonos. Algunos jefes paranoicos no dudarán en registrarte por si llevas un aparato digital de grabación de voz. Te  confesará que ese tipo de informes no son más que un intento de engañarle, pero él es demasiado listo y no ha mordido el anzuelo. Te asegurará que te ha otorgado una puntuación media para no levantar sospechas en el departamento de recursos humanos, pero que sabe perfectamente lo que trama todo el departamento. Es mejor no llevar nada de color negro si trabajamos con un jefe paranoico. No murmures ni hables tapándote la boca, y no te atrevas a llevar encima el teléfono móvil cuando el jefe esté preparando el informe de rendimiento. Si suena, el tipo se esconderá debajo de la mesa ipso facto.

Si quieres pedir un aumento de sueldo a un jefe paranoico, respira hondo, escudriña el techo en busca de cámaras ocultas, inclínate hacia él y dile que tiene razón: todo el mundo conspira contra él y tu sabes quién, cuándo, cómo y dónde. Si te promete un aumento de sueldo para «cubrir los gastos«, prométele que le entregarás un informe completo exponiendo la conspiración y los conspiradores. Por tu seguridad personal, hazle firmar un acuerdo donde se comprometa a trasladarte de departamento una semana antes de entregar el informe; una vez fuera de él, podrás olvidarte de la redacción del falso documento. ¿Cómo va a justificar ante sus superiores que quiere revocar tu traslado y tu aumento de sueldo?

Prepárate durante todo el año para el informe de rendimiento de un jefe sádico siguiendo estas instrucciones:

- Mantén todas tus tareas lo más visibles posible. Aprovecha cualquier oportunidad para poner tus actividades al alcance de la vista de tu jefe paranoico. Si es posible, organiza tu espacio labo-

ral de forma que él pueda observarte desde su despacho o su ruta habitual.
- Utiliza un lenguaje corporal que sugiera transparencia, con gestos como abrir los brazos de tanto en cuanto, para que él vea que no tienes nada que esconder.
- Describe cómo todo el equipo ha llegado a cada conclusión y explica qué actividades te han llevado a esos resultados. Cuantos más detalles le facilites a un jefe paranoico, menos dejará volar su imaginación para llenar los espacios en blanco.
- Encárgate de proyectos especiales y haz partícipe a todo el mundo de ellos, directa o periféricamente. Explícales brevemente de qué se trata el proyecto antes de realizar un informe sobre los progresos. El modo en que enmarques la información puede provocar comentarios no solicitados por parte de tu jefe paranoico. Una atmósfera abierta es menos amenazadora que la posibilidad de operaciones encubiertas en los pasillos más oscuros.
- Celebra cada éxito de forma abierta con tus compañeros e incluye a tu jefe paranoico siempre que tengas la oportunidad. Felicítales en la oficina para que él no pueda pensar que haces esto a sus espaldas para excluirle.
- Utiliza una vestimenta con colores que sugieran tu accesibilidad, y decora también el despacho con esos tonos. En otras palabras, nada de paredes ni divisiones. Cuando te reúnas con tus compañeros, hazlo en un lugar a la vista, donde tu jefe pueda vigilaros y, si es posible, donde también pueda oír la conversación a hurtadillas.

Considera la opción de llevar a cabo estas sugerencias durante doce meses. Si le mantienes informado y actualizado diariamente con breves y «espontáneos» informes, por muy superficiales que puedan parecer, conseguirás que tu jefe paranoico se sienta menos amenazado. Si, en cambio, sigues tu instinto natural de evitar cualquier mirada inquisitiva y te centras en tu trabajo, en las reuniones y en las idas y venidas, te estás buscando problemas. Como siempre, sobrevivir y prosperar en el ámbito laboral, sobre todo si tu jefe es un paranoico, depende sólo de ti, pues eres tú quien debe buscar soluciones emprendedoras.

El informe de rendimiento del jefe reacio

En este caso serás tú quien redacte el informe de rendimiento. El jefe reacio jamás quiso serlo, para empezar, así que también se mostrará reacio a la hora de escribir dicho documento. Muchas empresas solucionan este problema sin reconocerlo y se niegan a admitir la mala praxis de aquellos jefes vagos y gandules que miran hacia otro lado cuando llega el momento de redactar estos informes.

Como coach ejecutivo, suelo recibir quejas de empleados que o bien jamás han tenido un informe de rendimiento, a pesar de la insistencia del departamento de recursos humanos sobre la legitimidad o legalidad de este proceso, o bien sólo obtienen un informe después de que se hayan repartido algunas primas y bonificaciones, lo que convierte todo este proceso en algo bastante discutible.

Aunque creas que esto no tiene ningún sentido, los jefes reacios están encantados ante la idea de que los empleados sean los autores de sus propios informes de rendimiento, pues lo ven como una manera de evitar cualquier forma de compromiso. Toda responsabilidad propia de un jefe que puedas eliminar de la lista de uno reacio será como una declaración de amor para él. Los jefes reacios no desean aceptar ninguna de las responsabilidades que exige su posición de jefe, incluyendo el informe de rendimiento de sus subordinados, así que no se lo pidas. Si redactas tu propio informe, le estás dando la oportunidad a tu jefe reacio de firmarlo y poner fin a todo el proceso sin que él intervenga. Si además puedes entregarlo tú mismo en la ventanilla correspondiente, miel sobre hojuelas. Las empresas que suelen adoptar esta práctica por la cual los empleados redactan sus propios informes de rendimiento tienen en sus puestos directivos, casi sin ninguna duda, a jefes reacios.

Prepárate durante todo el año para el informe de rendimiento de un jefe reacio siguiendo estas instrucciones:

- Actúa de forma independiente y autónoma. No pidas o exijas nada a tu jefe reacio que implique una responsabilidad. Lo último que quieres es que se acuerde de ello cuando llegue el momento de firmar el informe de rendimiento.
- Ayuda a que tus compañeros se mantengan fuera del radar de tu jefe reacio y consigue que él se dé cuenta de que estás alejando a todo el mundo de su despacho. Incluso puedes mencionar de vez en cuando que has resuelto algún problema para que él no tuviera que encargarse de él.
- Conviértete en el sustituto de tu jefe reacio en las reuniones del departamento de las que debería ocuparse él; toma la responsabilidad de planearlas y dirigirlas para ver su agradecimiento plasmado en el informe de rendimiento.

- Conviértete en el sustituto de tu jefe reacio en las reuniones de varios departamentos. Siempre que tengas la oportunidad, habla en nombre de él, presume de los objetivos que el departamento ha alcanzado y utiliza los nombres y funciones de todos los miembros del equipo, los cuales, sin duda, tu jefe reacio habrá olvidado.
- Dale sólo buenas noticias. Los jefes reacios saben perfectamente que cualquier información negativa implica una respuesta por su parte, o incluso una solución. Evítale el trauma de actuar como un jefe y finge que todo va de maravilla.
- Utiliza el cumplido hecho por una tercera parte para ensalzar la imagen de tu jefe reacio. No hay música más dulce para sus oídos que escuchar elogios por su gran capacidad de liderazgo, a pesar de que nunca haya mostrado el más mínimo ápice de esta facultad.

Si llevas a cabo estas instrucciones durante todo un año, entrarás a formar parte del círculo de tu jefe reacio y le resultará casi imposible negarte todo lo que pidas. No sólo redactarás tu propio informe de rendimiento, sino también los de aquellos compañeros que no hayan completado su trabajo, algo que tu jefe reacio estaría obligado a hacer. La redacción de los informes de rendimiento de tus colegas implica que tienes la sartén por el mango. Si ejecutas bien estas técnicas, te convertirás en una persona indispensable para tu jefe reacio. El único peligro que existe es si eres una persona falta de cariño que busca la atención de sus padres en un jefe atento y receptivo. En ese caso, tu jefe reacio y tú estaréis fastidiándoos continuamente.

El informe de rendimiento del jefe inepto

La característica principal de un jefe inepto es su afán de alcanzar el poder; además, subestimará las magníficas responsabilidades que implica ser un jefe competente. Así pues, debes estar atento y compensar todo aquello que el jefe inepto tendría que estar haciendo, pero sin dar la impresión de que quieres usurpar su autoridad. Mientras que el jefe reacio está dispuesto a abdicar de su autoridad en tu favor para evadirse de cualquier tipo de responsabilidad, el inepto hará caso omiso de sus responsabilidades como jefe y, además, esperará —bueno, en realidad, exigirá— todos los derechos y privilegios que se merece un buen jefe. Eso coloca a cualquier subordinado de un jefe inepto en una posición muy delicada cuando llega el momento de la evaluación, pues, sin duda, tendrá que encargarse de buena parte del trabajo que su jefe inepto debería haber realizado. De esta forma, en realidad le estás tratando como lo que es, un inepto. Pero ten cuidado, pues puede acabar ofendiéndose si se crea la impresión general de que no tiene ni idea de cómo hacer su trabajo.

¿El resultado? Lo más seguro es que te encuentres en la insostenible posición de sacar a tu jefe de todos los apuros y, encima, atribuirle a él todo el mérito de tus logros. Ya sé que eso bastará para sacarte de quicio, pero el asunto aquí es evitar que tu estupidez personal bloquee un informe de rendimiento decente. Despreciar a tu jefe inepto no ayudará en absoluto a tu causa. Y lo peor del tema no es el resentimiento (a pesar del inconfundible hedor), sino la cantidad de cosas estúpidas que ese rencor nos hace pensar, decir y hacer.

Prepárate durante todo el año para el informe de rendimiento de un jefe inepto siguiendo estas instrucciones:

- Reconoce la autoridad de tu jefe inepto: ponle por las nubes en vez de dejarle a la altura del betún. La aspiración de tu jefe puede que no sea llegar a la cumbre del poder, como en el caso del jefe maquiavélico, pero él es el *sheriff* de estos lares. No le escupas en su placa a menos que sea para sacarle brillo.
- Nunca desafíes la autoridad del jefe inepto. A no ser que tengas un cien por cien de posibilidades de éxito (lo cual es imposible si no eres el hijo o la hija del director de la empresa), no retes la legitimidad de su título.
- Haz tu trabajo bien. Permitir que las cosas vayan a menos, lo cual es una respuesta pasivo-agresiva a la ineptitud de tu jefe, no hará más que empañar tu imagen como empleado.
- Defiende las causas que tu jefe inepto haya decidido emprender. La autoridad que la empresa le ha conferido le habilita para ser el mandamás cuando se trata de una buena causa. Empieza a contemplar a tu jefe inepto como un dictador benevolente y recuerda que, durante el proceso, hay alguien que, en realidad, está recibiendo su ayuda y apoyo.
- Defiende la causa de tus colegas más atribulados. Quizá esto se refleje en una recompensa en tu informe de rendimiento por tus aportaciones en el departamento siempre y cuando no hagas quedar como un incompetente al jefe inepto, claro está. La clave

está en respetar la autoridad institucional de este (por muy desagradable que resulte) y así construir tu propia autoridad.
- Mantén la compostura. Esto puede parecer muy sencillo, pero dejar que las cosas vayan a peor en el departamento sólo servirá para dar más crédito a la preparación ficticia de tu jefe para alcanzar puestos superiores. Mantener el control cuando todo el mundo parece haber perdido la calma puede ser muy útil, no sólo para ti, sino también para tu jefe inepto.

Demostrar la capacidad de mantener la compostura durante todo un año junto a un jefe inepto es importante para aposentar definitivamente los cimientos de la relación, puesto que cuando alguien pierde los nervios, por decirlo de algún modo, suelta los perros de la estupidez. No le des la oportunidad a tu idiota interior de asomar la cabeza y destrozar tu carrera profesional. Si lo haces, tu idiota interior empezará a farfullar incoherencias y eso se verá reflejado en el maldito informe de rendimiento.

El informe de rendimiento del jefe colega

Tu jefe colega valorará muchísimo ese momento cara a cara que implica la entrega de un informe de rendimiento. Cuando te proponga reuniros una vez al mes en lugar de sólo una vez al año, sonríele y pídele si conseguirás un aumento de sueldo cada mes. Es posible que esté tan contento ante tu disposición de pasar tiempo con él que quizá acceda a subirte el sueldo. ¿Qué problema hay aquí? Tu jefe colega desearía poder interactuar contigo todo el tiempo. No habrá ninguna novedad que tratar en el informe de rendimiento, pues has estado todo el año mostrándole tu apoyo, excepto el tiempo que hace hoy y tu correspondiente aumento de sueldo.

Para que tu jefe colega alcance el éxtasis, lleva ropa acorde con su estilo y destaca con entusiasmo cómo encaja vuestro estilo. Menuda sorpresa. Qué maravillosa coincidencia. Eso sólo puede significar una cosa: que estáis destinados a ser amigos para siempre. Cuando la ironía se vuelva demasiado espesa, apártate a un lado e inspira oxígeno. No utilices la treta de la llamada de urgencia en la que te comunican que han hospitalizado a tu hijo. Un jefe colega te enviará de una patada directamente al hospital. Sólo muéstrate encantado con todo lo que tu jefe colega diga y haga y, en el momento que estés fuera de su alcance, haz lo que te plazca.

Prepárate durante todo el año para el informe de rendimiento de un jefe colega siguiendo estas instrucciones:

- Sé cordial y agradable en todo lo que hagas y aprovecha cualquier oportunidad para dirigir actividades sociales sin avergonzarte delante de los cínicos de la empresa. Organiza tu espacio laboral de forma que él pueda observarte desde su despacho o desde los caminos que recorra habitualmente. Ese contacto visual bastará en principio.
- Utiliza un lenguaje corporal que incluya gestos simpáticos y acogedores que impliquen tu alegría al verle. Da igual que hayas sido cordial y agradable cada vez que te hayas topado con él durante los últimos quince años si tu jefe colega cree que no ha recibido tales gestos de aprecio durante los últimos quince minutos, así que sé insistente.
- Utiliza el buzón de voz y los correos electrónicos para asegurarle que piensas en él. Al igual que el sádico, tu jefe colega se alimenta de su percepción, y no de la realidad. Una puntada a tiempo ahorra ciento. Un breve correo previsor o un mensaje en su buzón de voz mantendrá a tu jefe colega alejado de tu despacho, y así podrás aprovechar y adelantar algo de trabajo.
- Decir en voz alta que los proyectos especiales parecen realmente divertidos te dará la oportunidad de informarle sobre ellos de manera regular. Como siempre, utiliza este tipo de proyectos para obtener carta blanca en lo referente a la carga laboral. También puedes emplearlos para crear interacciones sociales que alegrarán el día a tu jefe colega. Esto sería como matar dos pájaros de un tiro.
- Celebra cada éxito abiertamente con tus compañeros y con tu jefe colega, a quien le encantará tener un motivo para dar una fiesta. Anímale a celebrarla en la oficina o, de lo contrario, la reunión se trasladará a tu casa. Recuerda que él está dispuesto a apuntarse a cualquier fiesta. Al igual que debes hacer con el resto de los jefes, utilízale para tu propio beneficio.
- Vístete y decora el despacho con un estilo que sugiera el máximo afecto por tu jefe colega. Eso incluye poner su nombre al equipo de fútbol o de bolos de la empresa. Cuelga en las paredes del despacho, en el tablón de anuncios del departamento o en la puerta de la nevera del comedor fotografías donde aparezca tu jefe colega acompañado de sus empleados.

Considera la opción de aplicar estas sugerencias durante doce meses. Si tu diagnóstico es correcto y tu jefe está emocionalmente necesitado, es decir, es un jefe colega, recibirás una nota excelente en tu informe de rendimiento. No podrá evitar sentirse incluido en todas tus actividades, sean profesionales o de ocio. ¿Por qué no querrías que el ambiente de la empresa fuera lo más cordial y agradable posible? Conseguirlo está en tus manos. Pero eso no es una novedad, ¿verdad?

El informe de rendimiento del jefe idiota

Si el informe de rendimiento de muestra que aparece en el manual del departamento de recursos humanos parece idéntico al que presenta el jefe idiota es porque lo ha copiado literalmente. Por desgracia, el informe de muestra contiene clasificaciones generales. Los i-jefes no entienden la idea que se esconde tras dicho informe, igual que tampoco comprenden para qué sirve un neumático hinchable. Los jefes redactan informes de rendimiento, la gente infla sus neumáticos y los idiotas no entienden cuál es la necesidad de ambas cosas.

Puedes convencer a tu i-jefe de que mejore las puntuaciones de tu informe de rendimiento si haces que parezca un simple juego. Recalca a tu jefe idiota que puede subirte el sueldo si mejora tu puntuación y dile que él podría obtener un aumento de salario si propusiera lo mismo a su jefe. Cuando lo haga y reciba una bofetada por imbécil, estará tan avergonzado que no será capaz de confesar a su jefe que él sí te subió el sueldo porque tú se lo pediste. Sé más listo que él y nunca vuelvas a mencionar ese pequeño y desafortunado incidente o el idiota no dudará en arrearte un revés. Si tu jefe idiota trata de sacar el tema, desarrolla una amnesia repentina. Enseguida se cansará de insistir y abandonará el asunto.

A lo largo del año, ten siempre a mano el último proyecto ridículo que te haya encargado tu i-jefe en caso de que este aparezca inesperadamente en tu despacho. Coloca todo el papeleo falso encima de los documentos sobre los que estás trabajando realmente y luego lanza un comentario de carácter preventivo para evitar que te asigne cualquier proyecto que se haya inventado sólo para divertirse. Deja caer la magnífica idea que fue reescribir el informe a medio plazo del año pasado y castígate a ti mismo por no haberlo acabado. Prométele que lo tendrás terminado para la Super Bowl... para la del año que viene, ¡claro!

Prepárate durante todo el año para el informe de rendimiento de un jefe idiota siguiendo estas instrucciones:

- Exagera todas tus actividades y esfuerzos lo máximo posible. Aprovecha cada ocasión que se te presente para aparentar que llevas a cabo todas tus tareas siguiendo la filosofía empresarial, tal y como la entiende tu jefe idiota, claro está. Sin ponerte en evidencia delante de tus compañeros, ordena tu despacho de forma que refleje el tipo de imperio corporativo que el idiota se imagina que dirige.
- Utiliza un lenguaje corporal que refleje el tipo de empleado que tu jefe idiota cree que su estilo de liderazgo atrae. Si cree que el término *reingeniería* significa tratar a todo el mundo como el vástago de un pistón, no dudes en pasearte y hablar como tal. Por suerte, tu jefe idiota se vanagloriará como el líder de un equipo de personas actualizadas, creativas y entusiastas. De ese modo, podrás ser tú mismo y alcanzar bastante crédito con él.
- Utiliza el buzón de voz y los correos electrónicos para asegurarle de que su visión se está haciendo realidad. Al igual que el jefe maquiavélico, el idiota contempla su papel en el universo de un modo distinto, e incluso distorsionado, de como es en la cruda realidad. Tu jefe idiota necesita que alguien refuerce sus creencias y reafirme que su imaginación es un mero reflejo de la realidad.
- Explícale las veces que haga falta que los proyectos especiales son una forma de acelerar su agenda (es decir, de moldear tu carga laboral como tú desees). Como siempre, puedes diseñar proyectos especiales o replantear algunos existentes para dar a entender que su agenda es exhaustiva y coherente.
- Celebra el éxito abiertamente con tus colegas y tu jefe idiota. La clave aquí es presumir y fanfarronear de que has alcanzado objetivos que él considera importantes. Incluso querrás asegurarte de que ciertas personas estén informadas de todo lo que has conseguido.
- Elige una vestimenta y una decoración acorde a las costumbres culturales del imperio imaginario de tu jefe idiota. Para él son como esos libros que nunca leerá, pero que le encanta tener en la estantería porque se los compra RRHH y encima le hacen parecer más culto.

Considera la opción de llevar a cabo estas sugerencias durante doce meses. Si tu diagnóstico es correcto y tu jefe realmente es un idiota, recibirás una nota excelente en tu informe de rendimiento. Si has conseguido crear una fantasía convincente en la que su imperio imaginario es real, no podrá evitar sentirse importante. Y tu objetivo es precisamente ese. Aunque todos sabemos que no es verdad, cualquier duda sobre su importancia se verá reflejada en tu escritorio, que en cuestión de minutos estará abarrotado de tareas ridículas e innecesarias. Una vez más, prevenir es la clave para aplicar estas técnicas, sea cual sea el jefe.

El informe de rendimiento del buen jefe

Un buen jefe valorará el trabajo que has realizado a lo largo de todo el año, al menos en lo que respecta a los objetivos empresariales y al papel que has desempeñado en su consecución. Además, hará uso de la confrontación constructiva de la que tanto hemos hablado y, por ese motivo, no habrá nada nuevo de lo que hablar durante tu informe de rendimiento, a menos que tu buen jefe esté planeando conseguirte un aumento salarial o mejores condiciones laborales. Si de verdad ha sido un buen jefe, habrá organizado un equipo eficaz a la par que equilibrado para alcanzar los objetivos de la empresa.

Muchas grandes compañías destinan una cantidad fija de sus fondos para distribuirla a modo de aumento salarial para cada departamento, lo que se lleva a cabo con independencia del informe de rendimiento. El documento es sólo una manera de cortar el pastel. Un buen jefe intentará buscar y tener en cuenta las ideas de sus colegas más competentes para equilibrar y validar las propias, aunque esta no sea la aproximación oficial del departamento de recursos humanos.

Un buen jefe sabe que los conceptos de productividad y lealtad están unidos a un sentimiento de propiedad, el cual aumenta proporcionalmente con la participación. Si los miembros de un equipo pueden intervenir en cómo se distribuyen los aumentos de sueldo, se sentirán importantes. El vínculo entre un buen jefe y sus empleados es muy fuerte, casi indestructible, porque el primero se ha ganado la confianza de su equipo al conferir ciertos poderes a sus subordinados.

Aunque los buenos jefes comparten el poder, la responsabilidad final siempre recae sobre ellos, hasta el punto de aguantar el chaparrón cuando el equipo la pifia. Tal y como el escritor y conferenciante Danny Cox afirma: «Si el equipo logra un *home run*, el verdadero líder señala a sus miembros y dice: "Lo han hecho ellos". Del mismo modo, si el equipo pierde el partido, el verdadero líder dice: "Yo soy el responsable"». Si tienes un buen jefe, alégrate, da las gracias a tu Poder Superior y siéntete afortunado. Regálale tus mejores doce meses cada año y verás como él hará lo mismo. Es algo maravilloso. Aunque no hagas todo lo que puedas, no dudes que él sí lo hará. Parte del trabajo de un buen jefe implica recordarte que sigas sus instrucciones. Por todas estas razones a nadie le importa firmar un informe de rendimiento redactado por un buen jefe.

Dios los cría y ellos se juntan

Tengan razón o estén equivocados, sean trabajadores incansables, gandules, listos o ligeramente inútiles, todo lo anterior da lo mismo, el hecho es que la mayoría de jefes jamás le subirán el sueldo a un trabajador que no despierte su interés y simpatía. Así es la naturaleza humana y, la verdad, no te aconsejo que te enfrentes a ella. Observa y determina para qué tipo de jefe trabajas y empieza a diseñar tu plan a partir de ahí. Muéstrale aquello que le gusta y le hace feliz, e invierte tu energía en hacerlo sentir cómodo. Saca el máximo partido a las cartas que te han repartido en vez de obsesionarte con las que se han quedado en la baraja. Por supuesto puedes ignorar la naturaleza de la bestia, hacer caso omiso a la tipología de los jefes, trabajar con diligencia y con sentido de la integridad y esperar a que tu jefe te valore y te premie por ello. Yo lo intenté durante muchísimos años y no tuve demasiado éxito. Seguía estando frustrado hasta que conocí otras formas de actuar y pedí a mi Poder Superior que eliminara cualquier rastro de mi estupidez.

Cuidado con los idiotas

Un trabajador ambicioso, creativo, innovador y entusiasta todavía puede captar la suficiente atención como para ser ejecutado o desterrado por algunos conservacionistas del statu quo. Mucha gente realiza un gran trabajo y contribuye de forma tremenda a alcanzar los objetivos empresariales, pero sus esfuerzos se ven menospreciados, marginados y calumniados por las vacas sagradas de algunas empresas. Este tipo de personas suelen tener la mítica creencia de que pueden llevarse su esfuerzo y entusiasmo a otra empresa, donde tales valores sí serán apreciados, algo que casi nunca funciona. La mayor parte de las veces se encuentran con más de lo mismo y, para colmo, al cambiar de trabajo seguramente también han descendido en la cadena alimenticia. Hay jefes horrendos en todas partes; por lo tanto, debes considerar la opción de dominar el arte de trabajar codo con codo con ellos allá donde estés. Tras incontables intentos de encontrar una empresa distinta, un objetivo cuyo final siempre acostumbra a ser la decepción más absoluta, la mayoría de las personas antaño entusiastas y optimistas quedan entumecidas, apenas articulan palabra e intentan pasar desapercibidas hasta llegar a la jubilación. Su objetivo no era seguir un camino así, pero el sistema les dio tal golpe que quedaron inconscientes, y las cosas se torcieron para ellas. Podríamos decir que la mano invisible de Adam Smith, la que presuntamente controla y reconduce la economía por el buen camino, les soltó una buena bofetada. Nadie sabe de dónde les ha venido el revés, pero todos han notado el impacto.

> PASO SEIS PARA IDIOTAS EN REHABILITACIÓN: «ESTOY PREPARADO PARA QUE DIOS ELIMINE TODO RASTRO DE MI ESTUPIDEZ».

El éxito y la estupidez son como el agua y el aceite. La idiotez de mi jefe es sólo la mitad del problema; la mía puede completar fácilmente tal desastre. Con la ayuda de mi Poder Superior, sé que mi proceso de recuperación me dará la oportunidad de superar un desafío intelectual. Aunque los defectos mentales de tu jefe idiota están fuera de tu control, puedes anticiparte a su modo de pensar y actuar y proceder en consecuencia. Convertirte en un experto en la idiotez de tu jefe puede ayudarte a cosechar grandes dividendos en términos de paz interior, serenidad y una buena capacidad de negociación de las condiciones y expectativas laborales. La segunda parte de la ecuación, no por ello menos importante, es convertirse en un experto en tu propia idiotez para asegurarte de que el pequeño indeseable no vuelva a asomar la cabeza y te sabotee en el peor momento posible.

A lo largo de mi carrera profesional he hecho cosas que no debería, y viceversa, no he realizado cosas que sí tendría que haber hecho, he dicho cosas que no debería y he callado otras que podrían haber mejorado la situación. Apuesto a que a ti te ha pasado lo mismo. Cada día escojo no malgastar un tiempo y una energía preciosos en recordar los errores que he cometido en el pasado y, luego, empezar a desear poder retroceder en el tiempo y volverlo a intentar. Eso sería bastante idiota, en realidad, pues lo hecho, hecho está. Pero borrar el pasado de mi memoria para volver a cometer los mismos errores sería todavía más estúpido.

La mayor demostración de mi estupidez, que rápidamente atribuí a la idiotez de mi i-jefe (a pesar de que, en aquel momento, no se estaba comportando como un estúpido), fue sentir que era la víctima de una fuerza inhumana y destructiva que quería destruirme, a la que identifiqué con mi jefe. Aunque hay momentos en que cualquiera de nosotros puede ser víctima de una conspiración, lo cierto es que la probabilidad que tal cosa ocurra no es muy alta. Me hundí tanto en mi propio victimismo que podía convertir cualquier buen jefe en uno horrendo.

Deja de perseguir la perfección

El crecimiento profesional, al igual que ocurre con el personal, es un proceso de refinamiento. Tal y como decimos en el sótano de la iglesia cada miércoles por la noche, el progreso no es sinónimo de perfección. Valorar el proceso es más importante que lograr la perfección; ten en cuenta que si la alcanzas, otras personas de tu empresa (empezando por tu jefe) meterán las narices en tu trabajo y la pifiarán, por lo que tú acabarás irritado, nervioso y frustrado una vez más. Dejar de pensar que tú, o cualquier otra persona, puede lograr la perfección será una de las experiencias más liberadoras de toda tu vida.

Una forma de sustituir la estupidez de ansiar la perfección por algo mejor es observar cómo los demás hacen las cosas. Puedes emular conductas que parecen funcionar bien y evitar comportamientos idiotas. Aunque mi recomendación es que adoptes los procesos mentales de gente con talento, no nos engañemos, las ideas son más difíciles de observar que las acciones. Por eso siempre es más prudente y sensato imitar los comportamientos de grandes líderes; las ideas asociadas con una conducta ideal vendrán solas.

Ejercicio para el paso seis: «Estoy preparado para que Dios elimine todo rastro de mi estupidez»

No seas ni víctima ni voluntario. No quieres ser una víctima de algo que puedes evitar, ni tampoco deseas ofrecerte voluntario para algo, a menos que eso mejore la relación con personas complicadas, sobre todo con aquellas que poseen una autoridad institucional mayor que la tuya. Volvemos a lo mismo de siempre: acepta lo que no puedes cambiar y modifica aquello que sí puedes transformar.

Haz una lista de cinco situaciones de tu vida que no salieron como tú esperabas. Apunta aquellos hechos que sean razonablemente im-

(Continúa)

portantes; no incluyas el día en que no te escogieron para el equipo cuando estabas en quinto de primaria. Una pérdida de trabajo es un buen ejemplo, pero el hecho de no recibir un ascenso o un aumento de sueldo que creías merecer no pueden formar parte de la lista. Cada situación que anotes debe ser fruto de la decisión de alguien que no seas tú.

Debajo de cada situación de la lista, describe cinco cosas que hiciste o no para que alguien tomara la decisión que tanto te decepcionó. Reflexiona: ¿acaso podrías haber intuido esos factores si hubieras prestado atención a la agenda y las prioridades de tu jefe? Si te dieran una segunda oportunidad, ¿harías las cosas de otra forma? La buena noticia es que sea cual sea tu situación actual, te encuentres buscando un nuevo empleo o tratando de sobrevivir en la empresa, tienes esa segunda oportunidad. Puede que no sea una réplica exacta de aquella que dejaste escapar, pero recuerda la filosofía de Teddy Roosevelt: «Empieza donde estés, utiliza lo que tengas y haz lo que puedas». Si estás contento con un empate y dispuesto a aceptar todo lo que te pasa, entonces sáltate este ejercicio

Después, haz una lista con los cinco objetivos que desees alcanzar. No puedes retroceder y deshacer lo ocurrido, así que no pierdas el tiempo tratando de revivir el pasado. Si entonces no conseguiste encontrar un modo de sobrevivir y prosperar sin matar a tu jefe pero te gustaría lograr esto en el futuro, entonces apunta esa meta en la lista. Para cada uno de los cinco objetivos que deseas alcanzar, anota cinco comportamientos nuevos o adaptados que te conducirán al éxito. Enseguida verás los resultados y te darás cuenta de que la suerte y las circunstancias van de la mano con los logros. Podemos reducir las posibilidades de frustración y aumentar la probabilidad de felicidad si estudiamos las reglas del juego y a los jugadores.

Soy una persona dedicada a su trabajo que desea alcanzar el éxito a pesar de su estupidez, y quiero impedir que esta arruine todos mis planes. Puesto que no podemos controlar hasta qué punto la idiotez de nuestro jefe puede aplastar nuestras esperanzas y nuestros sueños, al menos sí podemos cambiar las probabilidades a nuestro favor y no volver a presentarnos voluntarios para que abusen de nosotros. La hélice de un avión no te arruinará el día a menos que te cruces justo delante de ella.

7.
Pensamiento idiota: el gran disfraz

A veces, las diferencias entre los doce pasos del programa de rehabilitación para idiotas son muy sutiles. En el capítulo 6, me preparé para que mi Poder Superior eliminara cualquier rastro de mi estupidez; ahora, me pregunto por qué tarda tanto en hacerlo. Estoy preparando varios planes para sustituir la estupidez por algo más útil. Mi mayor miedo es que, una vez eliminada, el vacío consiguiente absorba algo mucho más peligroso que la estupidez. Debemos llenar rápidamente el hueco donde habitaba nuestra estupidez para impedir que otra idea, noción o comportamiento mucho más idiota ocupe su lugar.

> PASO SIETE PARA IDIOTAS EN REHABILITACIÓN:
>
> «DIOS, ELIMINA TODO RASTRO DE MI ESTUPIDEZ, POR FAVOR, POR FAVOR».

El plan que propongo en este capítulo es el viejo ardid de la falsa identidad. Es decir, si no puedes con el enemigo, únete a él o al menos fíngelo. En ciertas ocasiones es inútil intentar cambiar el sistema y, según Laura Crawshaw, autora y fundadora del Boss Whispering Institute, nuestra elección se ve limitada a dos opciones: luchar o huir; sin embargo, ella sugiere una tercera opción: confraternizar. Mi treta de la falsa identidad es una forma de confraternización.

Quema tus pilas con cosas que puedes controlar y quizá disfrutar. Si estás atrapado en una cultura de idiotas sin posibilidad alguna de mejora durante toda tu vida, quizá estés dispuesto a integrarte. ¿Para qué quemarte? Si adoptas la apariencia de un idiota, lo cual conseguirás pensando como uno de ellos, podrás ascender en la pirámide empresarial sin amenazar a nadie. Cambiar de identidad no es una maniobra muy inteligente si tu intención es engañar a tu i-jefe y empezar a caerle bien, puesto que es muy difícil mantener esta mentira durante mucho tiempo. Tal y como dijo Lincoln una vez: «Puedes engañar a todo el mundo algún tiempo. Puedes engañar a algunos todo el tiempo. Pero no puedes engañar a todo el mundo todo el tiempo», o algo parecido. Intentar engañar a todo el mundo todo el tiempo es un ejercicio que exige una actuación que va en contra de tu naturaleza, similar a luchar contra la gravedad. Te recomiendo que seas un poco realista y encuentres un modo de utilizar tu naturaleza a tu favor. Fingir que tu i-jefe te cae bien cuando la palabra *desprecio* describe mejor tus sentimiento hacia él es como intentar mantener una pelota de playa bajo el agua. Al principio, resulta sencillo; pasado cierto tiempo se convierte en algo tedioso y empiezas a preguntarte por qué es tan importante mantenerla. «Ah, sí —te recuerdas a ti mismo—. Estoy engañando a todo el mundo al mantener mis verdaderas emociones bajo la superficie». A medida que pase el tiempo, te darás cuenta de que cada vez cuesta más mantener la pelota bajo el agua. En algún momento necesitarás comer o cumplir con cualquiera de las otras funciones básicas de la especie humana. Lo que al principio parecía un pequeño gasto de energía está empezando a pesar demasiado. De vez en cuando, la pelota se resbala de las manos, aunque eres rápido y llegas a tiempo para volver a sumergirla bajo el agua. «¡Uau! —piensas—. Casi la pifio».

PESADILLAS CON LA PELOTA DE PLAYA

Mientras lees este capítulo piensa que hay mucha gente a tu alrededor que sostiene gigantescas pelotas de playa bajo el agua, más de la que te imaginas. Son aquellas personas con una expresión rara; ya sabes a cuál me refiero, a esos rostros de estreñimiento o asfixia, que dan la sensación de estar conteniendo la respiración constantemente. La verdad es que temen que la pelota salga a la superficie y sus verdaderos sentimientos hacia su i-jefe queden al descubierto.

Los más afortunados están estreñidos y lo único que podría aliviarles sería un laxante eficaz. Por desgracia, no hay un remedio tan sencillo para el rencor no resuelto hacia tu i-jefe. Debes encontrar un modo de ser tú mismo y coexistir pacíficamente con él, y esconder tus conflictos no te aliviará ni tranquilizará. El miedo a que salgan a la luz estos problemas no te dejará dormir, te elevará la presión sanguínea y es posible que incluso te provoque una úlcera. Muchas veces me he despertado cubierto de sudor frío al soñar que mi pelota de playa salía a la superficie en mitad de una reunión de personal. Para empeorar el asunto, el trastorno del sueño dificulta aún más la concentración que necesitas para mantener el maldito balón sumergido.

Sabes que estás en un lío cuando tu i-jefe aparece por sorpresa y te pilla desprevenido.

—¿Qué estás haciendo ahí? —pregunta.

Inmóvil, escudriñas cada rincón del despacho en busca de indicios reveladores de tu pelota de playa y, de forma instintiva, contraatacas con una respuesta que aprendiste de niño.

—Nada —dices con toda la energía e inocencia que puedes.

—Va, hombre, va —comenta tu i-jefe—. Estás tramando algo, te has sobresaltado cuando me he acercado sigilosamente a tu despacho.

—¿Te has acercado sigilosamente a mi despacho?

La indignación de la sorpresa puede dar la vuelta a la tortilla y convertir al i-jefe en el culpable. Si realmente estaba intentando cazarte realizando algún tipo de comportamiento insubordinado o subversivo, es posible que puedas invocar una defensa basada en culpar al otro, lo cual siempre supone una forma brillante de argumentar que hacer algo malo no tiene por qué serlo si alguien, de forma completamente deliberada, te pilla haciéndolo. Algunos abogados utilizan esta técnica para defender a criminales argumentando que la policía había tramado, según ellos, una conspiración para atraparlos. Para estos letrados, sus clientes no son criminales, sino víctimas. Para el empleado culpable, no existen los comportamientos insubordinados o subversivos, sólo los jefes idiotas.

Quizá consideres el ejemplo que acabo de explicar como un abuso nocivo del proceso judicial, pero pensarás esto hasta que tu i-jefe entre a hurtadillas en tu despacho y te dé un susto de muerte. De inmediato, tu primera prioridad será salir de esta situación de cualquier manera, ya sea ética o no, y de repente te convertirás en un abogado litigante. La mente humana culpable es algo extraordinario. Cuando te des cuenta de que no hay ninguna evidencia irrefutable en tu despacho, intenta reunir todo el valor posible y recupera el control de la situación.

—¿Qué te hace pensar que estoy tramando algo? —replicas con confianza, tras recuperar tu tono de voz habitual. Tu pelota de playa sigue escondida. Esta situación es bastante parecida a la de una madre pillando a su hijo con las manos dentro del bote de las galletas. Cuando las pruebas desaparezcan, negará que se haya comido una galleta hasta su muerte.

—Has estado a punto de caerte de la silla cuando me he asomado —insiste tu i-jefe—. ¿Estás seguro de que no querías escabullirte del trabajo y librarte de volver a redactar el plan de la empresa a medio plazo?

—Sí, eso es precisamente lo que estaba haciendo —espetas, aprovechando la oportunidad—. No tienes que ocuparte de todo, jefe; estaba intentando trabajar en algo productivo y me has pillado in fraganti.

—Bueno —dice con orgullo—. En este departamento hacemos lo que a mí me parece importante, y punto.

—Lo había olvidado durante un segundo —te disculpas—, pero has llegado a tiempo para recordármelo.

—No soy tan tonto como parezco —bromea tu i-jefe mientras se aleja por el pasillo—. Tienes que levantarte más pronto para estar más despierto que yo.

Y entonces te sientas e intentas averiguar qué quería decir con ese último comentario. Después, como siempre, lo dejas correr. Lo importante es que tu jefe idiota no se ha percatado de tu pelota de playa y, por ahora, estás a salvo. Pero se ha dado cuenta de que ocultabas algo, y eso es peligroso. Cada vez te cuesta más mantener las apariencias y tu fachada inventada.

No te fíes de la ineptitud

Los i-jefes casi nunca hacen comentarios transparentes, excepto en el relato de ficción que estoy escribiendo, pero pueden distinguir perfectamente una pelota de playa si aparece justo debajo de su nariz. Quizá no reconozcan el balón como un símil de tu desprecio y resentimiento, pero si perciben la presencia de varias pelotas de playa botando por el despacho, no tardarán en sospechar algo. Los i-jefes no entienden el concepto de los sentimientos ocultos, aunque sí comprenden a la perfección que escondas una chocolatina en tu escritorio cuando se supone que estás a dieta. Para ellos es una gran noticia; cualquier sentimiento que albergues no tiene grandes consecuencias, pero el hecho de ocultar algo basta para hacer saltar sus alarmas. Si insistes en mantener tus verdaderos sentimientos bajo llave, recuerda guardar una chocolatina en tu escritorio que puedas sacar del cajón cuando tu i-jefe entre a hurtadillas en tu despacho y te acuse de ocultar algo.

Pensamiento idiota

Esta imagen de todos los empleados de una oficina manteniendo sus respectivas pelotas de playa bajo el agua explica el fenómeno que a mí me gusta denominar *pensamiento idiota*. Este concepto es similar al pensamiento en grupo. Si quieres que sea sincero, sólo cogí prestada la idea de Irving Janis y le di una capa de pintura. El hecho de que no hayas experimentado el fenómeno del pensamiento en grupo no significa que no hayas estado expuesto al virus. Del mismo modo, la mayor parte de la gente que participa en el proceso del pensamiento idiota lo hace sin apenas darse cuenta de ello.

El pensamiento idiota se produce porque nadie quiere ser el cabeza de turco. W. C. Fields lo describe de una forma parecida a esta: «Si llevas jugando una partida de póquer durante media hora y aún no has dado con el cabeza de turco es porque tú eres el cabeza de turco». Pensar en grupo, en cambio, se produce cuando varios miembros de una colectividad disfrazan el anonimato de unanimidad a expensas de la calidad. Pensar como un idiota tiene lugar cuando nadie quiere sacar el cuello y arriesgarse a recibir críticas. Un grupo de codependientes puede llegar a enloquecerte cuando tratan de tomar la decisión. Ninguna persona quiere ofender a otra ni dar motivos para que alguien los desprecie, aunque, al mismo tiempo, todos intentan controlar el resultado final, lo que acaba volviendo loco a cualquier persona, incluyéndote a ti. La unanimidad da seguridad, y por eso es tan apreciada y valiosa. Si una decisión se toma en grupo y algo sale mal, la culpa puede repartirse entre muchas personas. Nadie quiere cargar con el muerto ni levantar ampollas. Y eso incluye a tu i-jefe.

Ten cuidado y no subestimes el grado de ineptitud que puede llegar a alcanzar tu jefe idiota. La mayoría de la gente tiene suficiente dignidad y amor propio como para evitar quedarse expuesto por una decisión unilateral, y de ahí nace el fenómeno del pensamiento en grupo. Recuerda que los i-jefes son capaces de *pensar en grupo de forma solitaria*. Tomarán la decisión sin consultar con nadie, ignorando el hecho de que un mayor número de participantes da seguridad. Peor aún: un i-jefe refuerza su confianza porque considera que está a salvo gracias el escudo protector que conforman todos sus aduladores. No tardará en descubrir que, cuando saque la cabeza con audacia y atrevimiento para hacer una observación incendiaria, no habrá nadie de su tribu en varios kilómetros a la redonda.

Conviértete en el nuevo mejor amigo de tu i-jefe y no le abandones nunca de ese modo. Cuanto más estrafalaria y estúpida sea la idea de un superior, más apoyo deberías mostrarle. Puesto que ahora perteneces al i-grupo, necesitas estar preparado para cualquier chorrada que salga de la boca de tu i-jefe. Cuando él proponga una solución para salvar a la empresa de la bancarrota, como por ejemplo anular la revisión de los extintores de toda la empresa, deja caer el bolígrafo sobre la mesa y di algo como: «Brillante. ¿Cómo no se me había ocurrido?». (Es una frase fenomenal que deberías tener en la punta de la lengua cada vez que tu i-jefe abre la boca). La parte más terrorífica de todo el asunto es cuando empieces a darte cuenta de que has comenzado a creerte tus halagos.

El gran disfraz, al revés

Cada vez que se menciona el título de este libro, alguien dice: «Tengo una historia buenísima sobre un jefe idiota para ti». Estoy convencido de que trabajar para un jefe idiota es una de las experiencias más habituales en este planeta, y también lo estoy de que el pensamiento idiota es el segundo fenómeno más común. Allá donde voy, actos individuales de estupidez se ven eclipsados por actos de estupidez en grupo. Estar desfasado del ritmo y estilo normales de una empresa es una de las características de cualquier i-jefe; el hecho de que los altos ejecutivos conozcan el estado de la empresa y aun así finjan no tener la menor idea de ello es algo que ocurre en las mejores familias de todo el mundo.

Las mejores intenciones, los peores resultados

El pensamiento idiota aparecerá de la nada y te pegará un buen mordisco justo en el momento en que tú creías que todo se había arreglado y todo el personal se había comprometido a emprender un cambio positivo a la par que productivo. Se trata de un problema insidioso y a la vez omnipresente. Cuando un grupo de personas bienintencionadas trata de alcanzar algún objetivo, la primera orden empresarial que deberían recibir sería comprobar su estupidez antes de cruzar la puerta. El pensamiento idiota en forma de rechazo colectivo es un problema muy difícil de superar. Los pequeños problemas de comunicación pueden repararse como si se tratasen de puentes deteriorados por el uso. Sin embargo, muchas personas tienen razones de peso para negar la realidad y superar este rechazo puede ser prácticamente imposible. Tratar de convencer a alguien de que está anclado en el rechazo es como llegar al campamento base del Everest. Puede lograrse, claro que sí, pero tan sólo una persona de cada diez o veinte millones se atreve a intentarlo. Creo que las posibilidades de que te toque la lotería son más altas. Y además, de todos los que llegan al campamento base, muy pocos consiguen escalar hasta la cima.

Desde que me deshice de la necesidad de imponer mi criterio e interpretación de la justicia a un público poco dispuesto a trabajar, he aprendido de todos y cada uno de mis errores y, a lo largo de los años, me he convertido en un asesor, facilitador y coach más eficaz. Ahora intento empezar desde donde estoy, utilizar las herramientas que tengo a mano y hacer mi tarea lo mejor que puedo y sé. He comprobado por mí mismo que si confío más en mi Poder Superior y en el ingenio inherente de mis clientes, actúo de una forma mucho menos estúpida y ayudo a las personas a encontrar soluciones más significativas. No me habría percatado de todo esto si no la hubiera pifiado más de una vez, aunque mi intención fuera solucionar el problema.

Mézclate con la muchedumbre sin perder tus objetivos

Si todo el mundo que mantiene la pelota de playa sumergida en el agua sin una razón de peso la soltara, infinidad de pelotas hinchables rebotarían en cada empresa y las oficinas se acabarían pareciendo a la piscina de bolas de IKEA. Puedes librarte de tu pelota de playa de una forma muy sencilla: desínflala y deshazte de ella. Nadie debe saberlo, excepto tú. El hecho de que te mezcles con el resto del personal de la empresa no significa que hayas perdido de vista tus objetivos. El rechazo, o la negación, es uno de los mecanismos más poderosos de la raza humana porque nos protege de la cruda realidad. La gente evita marcarse objetivos por razones muy similares, pues esto exige constancia y acción: si quieres evitar la presión de actuar, no establezcas ningún objetivo. Si el desafío de resolver un problema te asusta, niega que exista conflicto alguno. No te desanimes, sino todo lo contrario: entusiásmate porque marcarte objetivos puede ser un asunto privado y puedes adoptar formas saludables de ser responsable sin ser excesivamente punitivo. Empieza por reorientar tu energía; deja de pensar en el desdén y desprecio que sientes por tu jefe idiota y reconduce esa concentración hacia el crecimiento y la satisfacción personal.

Todos podemos hacer nuestra vida mucho más fácil si nos purgamos de todo el resentimiento y hostilidad reprimidos que sentimos hacia nuestro jefe idiota y los sustituimos por alternativas más sanas y beneficiosas. Suena un poco panglossiano, pero es cierto. El hecho de dejar de negar tus sentimientos hacia tu i-jefe no significa que no puedas encontrar formas más productivas de relacionarte con él. Nunca es demasiado pronto para empezar el cambio e incluso los más mínimos intentos para sintonizar con la misma frecuencia de tu i-jefe merecen la pena.

Empieza por afrontar ciertos hechos:

- Tu i-jefe tiene más poder dentro de la empresa que tú.
- Tú tienes más poder fuera de la empresa que tu i-jefe.
- Asumiendo que trabajes sesenta horas a la semana y duermas ocho horas al día, todavía te queda un beneficio neto de dos horas a la semana. Siente el poder.
- Probablemente desearías cobrar un sueldo más alto.
- Tienes tres opciones: *a)* que te caiga bien tu i-jefe, *b)* que lo desprecies o *c)* que te importe un pimiento.
- Tu i-jefe no puede controlar tus pensamientos ni tus emociones. Lo que sientes y piensas depende sólo de ti.
- Como un empleado, tienes la opción de quedarte en la empresa o dimitir. Del mismo modo, tienes el poder de crear un escenario emocional beneficioso para hacer que la opción de quedarte sea lo más atractiva posible.

Vestuario

Las siguientes descabelladas y estrafalarias ideas les han funcionado bastante bien a algunas personas. Intenta vestir sin seguir las directrices de la moda. Los i-jefes son criaturas ineptas e incompetentes, y esto suele verse reflejado en su elección de vestuario, en especial si hablamos de hombres idiotas. Hay ocasiones, aunque menos frecuentes, en que una i-jefe viste de una forma sorprendente e inapropiada. Cada vez que un i-jefe va de compras todo el mundo se da cuenta de ello: si es de sexo masculino, aparecerá al día siguiente con un vestuario conjuntado si el dependiente ha escogido la ropa, pero dale un par de días para que mezcle las prendas con el resto de su vestuario, y la coordinación de los tonos y las texturas será parte del pasado. Tus oportunidades para alabar el estilo coordinado de tu i-jefe son escasas.

No tengas miedo a vestir como un idiota. A menos que la pareja del i-jefe le haga la pregunta retórica antes de salir «¿Piensas ponerte esa corbata con esa camisa?», no dudes en que lo hará. Las corbatas estrambóticas suelen llamar la atención de todo jefe idiota y, además, te servirán para demostrar al resto del mundo que te sobra autoestima. Sé valiente.

A la gente que tiene cierto gusto le cuesta mucho vestir mal. En general, exige una planificación intensa, tanto en términos emocionales como a la hora de seleccionar cada conjunto. Sigue el ejemplo de tu i-jefe y observa el estilo que luce durante un tiempo. Deberías ser capaz de tener clasificado todo lo puede ponerse después de una o dos semanas de trabajar con él. Después intenta imitar su elección de vestuario al máximo: es probable que no se percate de lo que estás haciendo pero, por una razón que él no comprenderá, se sentirá más cómodo a tu alrededor. Si sigues el horrendo estilo de tu i-jefe, él escuchará con más atención tus ideas y propuestas.

Si un i-jefe lleva calcetines de distinto color, por ejemplo uno azul y otro negro, y se da cuenta de que uno de sus empleados lleva también calcetines desemparejados, no dudará en felicitarle y lanzarle algún halago. Si tu i-jefe lleva un protector de plástico para el bolsillo del pecho de su camisa de estilo Oxford, adivina qué deberías llevar tú. Si no te ves capaz de hacerlo, al menos alaba su elegante protector de bolsillo. El estado de tus zapatos también afecta al nivel de comodidad de tu i-jefe. Si calza zapatillas de deporte viejas, busca un par antiguo en tu zapatero.

No hace falta comentar que las mujeres no deberían intentar imitar las horrendas elecciones de vestuario que realizan sus i-jefes hombres. En el extraño y poco habitual caso en que una i-jefa vista de forma estrafalaria, las empleadas deben demostrar una actitud parecida a sus colegas masculinos e imitar el estilo de su i-jefa. En cambio, las trabajadoras bajo el mando de un i-jefe deberían vestir de la forma más profesional posible. Es más que probable que los i-jefes no tengan ni idea de moda femenina, pero han asistido a demasiadas conferencias y ferias para saber cómo debería vestir una ejecutiva. Puede que esto haya sonado a machismo puro y duro, pero, créeme, este será el menor de tus problemas cuando trabajes con un i-jefe.

De acuerdo, lo admito: estoy exagerando un poco. Pero ahora no se trata de sentirse cómodo. Si quieres utilizar la moda para realzar tu vida sentimental o simplemente para aumentar tu ego, es asunto tuyo. Pero si tu jefe idiota aún parece más idiota en comparación, calcula y medita tu balance de pérdidas y ganancias con mucha atención. Todo esto es importante sólo si quieres que tu i-jefe se sienta más cómodo a tu alrededor. No todo el mundo que viste fatal es un i-jefe, y viceversa. Hay personas con una gran inteligencia y talento que visten como payasos e idiotas ineptos que visten como George Clooney. Los jefes endiosados, maquiavélicos, muchos sádicos y algunos ineptos tienden a tener buen gusto a la hora de vestir. De hecho, cuanto más maléfico y demente sea el jefe, más probabilidades hay de que se parezca a un modelo de Armani.

Algunos buenos jefes, la mayoría de los jefes colegas, paranoicos, masoquistas, reacios y, por descontado, todos los i-jefes visten fatal. Si tienes un buen jefe, no será necesario que vayas a la oficina con unas pinta horrenda; él observa a la persona, no la ropa que lleva, y apreciará tu estilo aunque el suyo sea horroroso. Los buenos jefes no suelen llevar ropa mal conjuntada, sino pasada de moda, y no creen que deban vestir bien para alcanzar el éxito. En su opinión, el éxito es un trabajo interior.

El jefe colega preferirá que vistas bien para poder presumir de tener un amigo moderno que sigue las tendencias. El jefe paranoico creerá que tu vestuario descuidado es una afirmación crítica hacia él y un insulto a su gusto. (Es muy difícil ganar esta batalla con un jefe paranoico). El jefe masoquista convertirá todo lo que lleves en una fuente de dolor y angustia personal, puesto que se sentirá humillado al compararse contigo; esto en el caso de que se fije en tu estilo. Podrías aparecer medio desnudo en el despacho y tu jefe masoquista estaría tan ocupado golpeándose la cabeza contra la pared que ni siquiera se daría cuenta de que te falta algo de ropa.

Si el superior de tu i-jefe es un sabueso de la moda, entonces tienes un gran problema. Intenta determinar hasta qué punto a tu i-jefe le afecta el vestuario que utiliza su superior y tendrás que calcular cuándo se siente más cómodo tu jefe directo, si le imitas a él o a su superior. Nunca está de más adular a los que se encuentran en la cúpula de la cadena alimenticia, siempre y cuando no olvides que tu vestuario y acicalamiento sólo tendrán efecto en tus relaciones más inmediatas. La elección de vestuario puede llegar a ser una decisión muy difícil.

Cabello y humor

El vestuario no es la única tendencia que debes cuidar cuando tienes a un idiota como jefe. Muchos i-jefes no leyeron la circular que envió el departamento de recursos humanos a todo el personal informando de que el pelo muy corto se pasó de moda después de la administración de Nixon. Las tendencias más actuales sugieren que quizá deberías cortarte el pelo con un cortasetos eléctrico. Curiosamente, hoy en día mucha gente paga grandes cantidades de dinero para que alguien les corte el pelo con una herramienta eléctrica.

Puedes hacer que tu i-jefe se sienta más cómodo a tu alrededor haciéndole bromas estúpidas y contándole anécdotas, como la de aquel día en que tu perro vomitó en el periódico del vecino. Comento esto porque he conocido a muchos i-jefes que se desternillan de risa con historias de vómitos. Asegúrate de que empiece a reírse a carcajada limpia a mitad de la historia o del chiste sin esperar al final, porque es algo que suele ser muy habitual en los i-jefes. Y, por eso, asumen que todo el mundo hace lo mismo.

La explicación más plausible de por qué los i-jefes se ríen de sus propias historias es a causa de que cuentan la anécdota o el chiste para su propia diversión, lo cual apoya mi teoría de que los i-jefes están demasiado aburridos. También puedes animarlo si siempre aparentas estar animado y de buen humor, pues los i-jefes apenas se fijan en las emociones de los demás y permanecerán alegres y contentos hasta que el barco se choque con el iceberg. Aunque los i-jefes son capaces de experimentar un amplio abanico de sentimientos, no captan los leves indicadores emocionales de quienes los rodean, en forma de llantos, gritos, golpes en el mobiliario del despacho, incendios, disparos u otros actos instigados por su comportamiento.

Sé legal

Uno de los primeros síntomas de que tu Poder Superior ha eliminado cualquier rastro de tu estupidez es el día en que aceptas que no puedes hacer nada para resolver la idiotez de tu jefe. A partir de ahí podrás abandonar tu lucha inútil para controlar lo incontrolable. Ese día podrás empezar a cambiar cosas en ti mismo que te han mantenido en el tiovivo de la insensatez durante tanto tiempo. Si tragarte el orgullo a fin de avanzar en tu plan para mejorar la relación con tu i-jefe es demasiado difícil, al menos toma una perspectiva legítima. Disfrazarte de idiota no es tan horroroso, en especial cuando descubras todo lo que tenéis en común. Es posible que tu i-jefe y tú estéis de acuerdo en muchas cosas, quizá más de lo que imaginas. Dependerá de ti hacer las investigaciones apropiadas, pero los resultados sin duda serán positivos. Un poco de antropología empresarial por tu parte te revelará que a tu i-jefe le gusta jugar al golf pero nunca tiene tiempo para hacerlo. Puede que tú estés en el mismo dilema. Está en tus manos tomar la iniciativa y organizar excursiones para jugar al golf. Pueden ocurrir varias cosas beneficiosas y positivas: quizá consigas jugar al golf en horario laboral o sin pagar un duro. Lo único que podrán reprocharte es que inviertas horas laborales en organizar actividades de golf para los miembros del departamento. Si es lo que tienes en común con tu i-jefe, ya dispones de un nuevo tema de conversación que os satisfará a ambos. Si no te gusta el golf y odias hablar del tema, confórmate con haber conseguido que tu i-jefe pase un día a la semana fuera del despacho tras animarle y facilitar los medios para su afición.

Los intereses compartidos pueden tener efectos positivos y generan actividades o conversaciones. Algunos ejemplos: la afición por el cine, la literatura, la fotografía, la alta cocina, la comida basura, los vinos caros, los animales, el excursionismo, las motos, cualquier deporte y un largo etcétera. Aunque tu iniciativa de organizar intereses vocacionales en el departamento no incluya ninguna actividad que llame la atención de tu i-jefe, tu contribución a un ambiente laboral más relajado y agradable mejorará tu imagen a sus ojos. Los jefes idiotas, a diferencia de sus compañeros maquiavélicos, sádicos, masoquistas, paranoicos y reacios, disfrutan cuando todos los empleados parecen llevarse bien entre ellos. No debes creer que ayudar a que eso ocurra es una farsa. Colaborar para que los verdaderos intereses y pasiones de tu i-jefe y compañeros de trabajo salgan a la luz, y ejercer después cierto liderazgo para establecer maneras de compartir su alegría es beneficioso para todo el mundo, sobre todo para ti.

El hecho de disfrazarte puede parecer una treta cursi e incluso manipuladora al principio. Pero también puede ser una forma de tantear el terreno y darte cuenta de si utilizando la imaginación para ensanchar tus horizontes, puedes llegar a ser feliz en esta empresa. Utilizar tu energía para organizar actividades ofensivas o desagradables para tu i-jefe es contraproducente. La idea principal del disfraz es alcanzar la serenidad en tu vida laboral, aunque la dirección del camino que te lleva a ella no sea la que tus instintos te empujan a seguir. Si prefieres no luchar y, por lo tanto, no recibir ningún honor por ello, prueba una dosis de confraternización. Puede que funcione. Nunca se sabe.

Estalla, derriba tus límites y vuélvete loco. Disfrázate y haz de tu lugar de trabajo un sitio más agradable para todo el mundo. ¿Qué puedes perder, excepto largas noches de sueños agitados mientras tu i-jefe duerme como un lirón? Siempre puedes dar marcha atrás y volver a tu estado actual en caso de que ser más feliz y menos rencoroso no te llame la atención. De todas formas, ¿con qué piensas sustituir tu estupidez?

Ejercicio para el paso siete:

«Dios, elimina todo rastro de mi estupidez, por favor, por favor»

Imagina que no existe la estupidez. En vez de hacer otra lista, piensa en un lugar ideal: sumérgete en un baño repleto de agua caliente de un spa, o aíslate en un lugar tranquilo durante un par de horas, sin distracciones a la vista. Si tienes algún hijo, te recomiendo que te saltes este ejercicio y vayas directamente al siguiente capítulo. Si continúas conmigo, saca el máximo partido a tu paz y tranquilidad y medita sobre lo que harás el próximo día de trabajo por la mañana.

Reflexiona sobre si hay una forma más inteligente e impactante de tomarte el trabajo, aunque sólo sea durante esa mañana, y actúa precisamente de esa manera. Resulta un tanto complicado actuar como si se fuera más inteligente, no porque no puedas serlo, sino porque estás anclado en tus costumbres y prácticas habituales. Creo que podrías crear un mejor escenario laboral para ti mismo si entraras en el despacho con una actitud más positiva y optimista. Creo que podrías tomar mejores decisiones si priorizaras las tareas. Siempre respondes a las peticiones y exigencias de tu director general de inmediato, pero no siempre clasificas otras prioridades de acuerdo con distinciones un tanto más sutiles en la cadena alimenticia empresarial. Prestar más atención a quien no posee una influencia estructural, es decir, a quien tiene una autoridad popular, no te haría ningún daño y te haría sentir menos perjudicado a la hora de preparar tus quehaceres.

(Continúa)

Puedes decirte a ti mismo: «Creo que será mejor completar y quitarme de en medio al menos un par de tareas de dificultad media, aunque molestas, antes de la comida. Y en vez de liarme con todos los correos que abarrotan mi bandeja de entrada, me pongo primero con los asuntos importantes». Tal y como dijo Danny Cox una vez: «Si tienes que tragarte un sapo, no pases mucho tiempo mirándolo. Si has de tragarte más de uno, zámpate primero el más grande».

Hmm. Creo que ya soy más inteligente que antes.

8.
Una asociación estratégica

Es importante comprender las travesuras de los jefazos de la organización, porque ellos establecen y mantienen el ambiente en que trabajas. Los chanchullos que tienen lugar en el comité ejecutivo fluyen río abajo hasta el resto de la población de la organización, a veces, en forma de un hilillo de agua, y otras, a modo de maremoto. Tu éxito a la hora de explotar el poder de tu jefe idiota dependerá de lo espabilado que te vuelvas en el momento de entender las normas de compromiso no escritas, no orales y públicamente repudiadas que, en realidad, regulan la vida de tu organización.

CÓMO APROVECHAR EL PODER DEL IDIOTA

Comencemos con algunos temas de alto nivel, y vayamos descendiendo. Los altos directivos no idiotas que se encuentran con que hay idiotas en puestos de mando inferiores de la cadena alimenticia de la organización se enfrentan a un problema complejo: ¿cómo hacer que la empresa funcione a pesar de estos payasos? ¿No resulta similar a lo que te preguntas mientras miras a la misma gente por encima de ti en la cadena alimenticia de la organización? ¿Cómo podré triunfar pese a esta gente? Esta no era una pregunta tan difícil cuando todo el mundo se conocía. En tiempos de mi padre, entrabas en una empresa nada más salir de la universidad y te quedabas allí hasta la jubilación. Aquello implicaba, entre otras cosas, que llegabas a conocer a la gente; ascendíais a la vez y, si ciertas personas eran idiotas, tenías cuarenta años para planear qué hacer con ellas, quince si se trataba de nuevas incorporaciones.

Hoy en día, cada vez menos altos directivos han escalado hasta su posición trabajando. Ahora, tanto las organizaciones con afán de lucro como las que no lo tienen reclutan a la mayoría de sus jefazos y jefecillos en el exterior. La carrera laboral con un único patrón que muchos de nuestros padres conocieron ha pasado a la historia. En el rápidamente cambiante e inestable paisaje corporativo actual, los altos directivos deben ocuparse de organizar, motivar y dirigir a los idiotas de su plantilla de forma que mantengan un ambiente de trabajo productivo para los no idiotas. La naturaleza dinámica de la alta dirección presenta una serie de nuevos problemas; uno de los más importantes ocurre cuando un alto ejecutivo contratado recientemente resulta ser un idiota. Sorpresa.

Reclutar y contratar altos directivos es un asunto arriesgado. Si te paras a pensarlo, ¿por qué querrían los directivos que han triunfado en sus puestos actuales levantar el campamento y marcharse a otra organización? ¿Por qué unos líderes eficaces que han solucionado desastres, que han convertido pérdidas en beneficios, que han hecho ajustes en sus organizaciones hasta dar en el clavo en todo y que han elevado la confianza y la moral hasta el más alto nivel querrían dejar atrás el nirvana y marcharse a una organización renqueante? Todos hemos escuchado las legendarias historias sobre los creadores de imperios que se aburrieron después de haberlo logrado todo; se arremangaron, encontraron nueva materia prima y construyeron otro imperio, ladrillo a ladrillo. Aunque hay que tener en cuenta que eso sucede más a menudo en las películas que en la vida real. Es muchísimo más habitual encontrar a altos ejecutivos merodeando y sin conseguir grandes cosas, a pesar de un salario, unas primas y unos beneficios increíbles. ¿Por qué tienen tantas ganas de marcharse? ¿Por qué no se esfuerzan más sus juntas directivas en mantenerlos?

Si un alto ejecutivo hace por su empresa lo que Jack Welch logró en General Electric, se jubilará allí, igual que hizo Welch. Si un alto ejecutivo hace por una empresa lo que Michael Eisner hizo por Disney, no verás que ninguna otra compañía del sector del entretenimiento intente contratarle, a menos que la empresa se haya hartado del directivo, o viceversa, cosa que presagia la cuestión de que «los directivos felices no se marchan» que se menciona más abajo. En ocasiones, los directivos saltan de una empresa a otra si se encuentran atascados verticalmente; cuando eso ocurre, el salto vuelve a abrir un agujero en el techo. ¿Qué hay de esos ejecutivos que, básicamente, hacen movimientos laterales únicamente por un aumento en los beneficios que sus patrones actuales podrían igualar con facilidad? A mi parecer un directivo con las maletas hechas o bien es infeliz donde está (tiene que pensar en su familia y en su forma de vida), o bien no está haciendo un buen trabajo y es suficientemente listo para salir mientras las cosas van bien. He conocido todos los casos y probablemente tú también.

En el último ejemplo, tiene sentido que la empresa actual no luche por mantener este ejecutivo. Entonces, ¿qué obtiene la nueva? ¿Alguien con las credenciales adecuadas? Claro. ¿Alguien que tiene el aspecto y representa el papel para el que ha sido contratado? Sin duda. Pero ¿qué más? ¿Es posible que la nueva empresa esté contratando los problemas del anterior patrón? ¿Puede que la confiada nueva empresa haya contratado a un idiota? Como directivo, he cedido idiotas a jefes incautos, del mismo modo que ellos me han pasado idiotas a mí. A decir verdad, podría ahorrarse bastante dinero (y un viaje en la montaña rusa de las grandes expectativas y las grandes decepciones) si estas empresas crearan compañías de mudanzas de personas para trasladar a idiotas de un edificio de oficinas al siguiente.

¿Son felices las personas que cambian continuamente de trabajo?

¿Son felices los directivos supermóviles en sus puestos actuales? Por lo visto, no. ¿Son gente propensa a la lealtad y a deleitarse con relaciones saludables y a largo plazo con sus compañeros de trabajo? Definitivamente no. ¿Están dispuestos a despedirse de los miembros de su equipo y decir: «Que os vaya bien. Me han ofrecido un sueldo mejor»? Eso parece.

En muchos casos, el nuevo y recientemente contratado directivo estaba disponible y ansioso por marcharse porque: *a)* fracasó a la hora de hacer progresar con determinación a la anterior organización; *b)* estaba comenzando a preocuparse por el momento en que se descubrirían las prácticas contables irregulares por las que parecía que las cosas iban mejor que en la realidad, y *c)* sabía que era cuestión de tiempo que alguien señalara que el emperador iba desnudo. Conozco un sujeto que había sido presidente en cinco o seis empresas diferentes; duraba en el cargo aproximadamente dos años antes de que lo echaran. Lo despidieron de cada una de las presidencias tras demostrar que era absolutamente incompetente. No obstante, siempre parecía haber otra empresa ansiosa por entregarle la llave de la oficina del presidente.

Al primer indicio de que una nueva empresa seguía su pista y sus reconversiones ya no se sostenían, devolvía las llamadas de los cazatalentos, les hacía saber que volvía a estar en el mercado y acababa saliendo de una dirección para entrar directamente en otra, sin tan siquiera tocar tierra firme en el proceso. Dudo mucho que los cazatalentos preguntaran por qué volvía a estar disponible tan pronto. Ni oír, ni ver, ni hablar, únicamente cobrar comisión.

Poder

Muchas empresas presentan elocuentes declaraciones de objetivos, manifiestos y mantras. ¿Me creerías si te dijera que la mayoría de ellas no opera siguiendo esos principios? Muy pocos sistemas de valores de las organizaciones tienen como objetivo principal servir al cliente, a la comunidad o a la población empresarial, a menos que, naturalmente, servir al cliente, a la comunidad o a la población empresarial sea rentable. Entonces, y sólo en ese momento, esas cosas serán populares en el comité ejecutivo. Si se da el caso, no te sorprendas si incluso un servicio rentable para el cliente, la comunidad o la población empresarial no tiene la clase de apoyo que esperarías de los jefazos, aun a pesar de que tu cinismo te diga que las ganancias triunfan siempre por encima del altruismo. A la larga, el objetivo principal no son los beneficios, sino el poder; esto es lo que preocupa a los miembros del comité ejecutivo. Es algo más que el simple dinero; implica la capacidad de tomar decisiones importantes o influir sobre estas, y ellas crean o destruyen carreras, cimientan o hacen perder fortunas y colocan o derrocan gobiernos. En Las Vegas, el comité ejecutivo se conocería como la sala de alto riesgo, y la principal orden del día sería asegurarse de que la casa gana siempre.

Hay diversas razones por las cuales los agentes de poder se vuelven lo que son. Y con este término me refiero a los miembros de consejos directivos o a cualquiera con la autoridad suficiente para negociar cargos de alto nivel y comprometer partes significativas de la tesorería de la organización. Es humano querer que otra persona arregle las cosas y los sureños estadounidenses adinerados lo expresan de esta manera: «Si no quieres hacerlo por ti mismo, contrata a alguien para que lo haga». Los miembros de los consejos directivos hacen esto con la dirección de las organizaciones que dominan: contratan a alguien para que lo haga. No hay nada malo en ello, hasta que convierten su papel en dirigir al líder, aunque, no obstante, esto sea también algo humano.

De niños, cuando teníamos pupa, queríamos que mamá nos besara y todo se solucionara. De adultos, cuando nos duele algo, queremos que el médico nos recete una píldora para que el dolor desaparezca. Cuando nuestro coche deja de funcionar perfectamente, queremos que el mecánico lo repare y vuelva a estar otra vez como si fuera nuevo. De niños, no pagábamos a mamá por sus afectuosas aportaciones, sino que nuestras lágrimas eran una motivación suficiente para ella. De adultos, llorar no nos va a llevar muy lejos. Esperamos pagar a la gente para que solucione nuestros problemas.

Otros factores

Los miembros de los consejos directivos también son impacientes. Se centran principalmente en los resultados financieros para justificar sus acciones. Atender los intereses a largo plazo de los miembros de sus organizaciones se encuentra bastante más abajo en su lista de prioridades. Afirmarán que los accionistas externos exigen resultados financieros; sin embargo, la mayoría de estos, así como los empleados con participaciones en la empresa, quieren beneficios a largo plazo. Eso significa que aquellos a quienes los miembros de la junta dicen apaciguar preferirían ver que el crecimiento se mantiene a largo plazo, y no arreglos imprevistos, precipitados y caros. Históricamente, las organizaciones que invierten principalmente en el crecimiento y el desarrollo de los miembros de su equipo rinden mejor al final que aquellas empresas que no lo hacen.

Entre la espada y la pared

Si observas la impaciencia, la negación, la evasión y la mentira abierta que rigen los estamentos más elevados del mundo empresarial estadounidense, es fácil volverse cínico y resentido. O bien puedes decir «Muy bien, estupendo» a todo ello. Tanto si lo comprendes completamente como si no, es lo que hay. El resentimiento es como un veneno que esperamos que la otra persona beba para morir. Es algo equivalente a tirar tu móvil al retrete para castigar a la persona con la que estás discutiendo. Tu reto es qué hacer a pesar de la impaciencia, la negación, la evasión y la mentira abierta que rigen en tu organización. Ah, sí, está ahí, en grados diferentes según las empresas, pero existe. Y las situaciones que se representan en la junta directiva se reproducen en otras más pequeñas, en los despachos de los gerentes de todos los departamentos. «Unirte a ellos» no significa adoptar sus valores, sino aprender a funcionar en su ambiente. Mientras estés en el mismo acuario, no puedes evitar estar nadando en el mismo agua.

Mueve tu pieza... de forma positiva

La obsesión con la justicia tiene que ver contigo y con tus problemas infantiles no resueltos en torno a la equidad. La justicia es fantástica, la equidad es maravillosa y tener siempre la razón es un lujo. Sin embargo, ponte tu propia máscara de oxígeno antes de ir a ayudar a los demás para que también se las coloquen. No te serás útil a ti mismo ni a los demás si te desmayas. Tu primera prioridad es posicionarte para lograr la mayor eficacia posible dentro de la organización para la cual has elegido trabajar.

Imaginemos que un directivo preocupado por la gente ha llegado a la cima de tu empresa, o el consejo ha contratado un ejecutivo así a su pesar. Esto puede suceder. ¿Qué hace el nuevo directivo con los idiotas que ha heredado? Es un problema. Los i-jefes rara vez hacen nada que les haga entrar en problemas con recursos humanos, aunque, por lo general, tampoco logran nada beneficioso para la organización. Sin embargo, no hacer nada especialmente bien o hacerlo mal no es un motivo suficiente para el despido en el contencioso mercado laboral actual. La entropía y la inercia no son motivos para el despido.

Si empleas las técnicas que he mencionado en este libro para aprovechar el poder de tu i-jefe, en una organización liderada por un directivo centrado en las personas, la persona que está en la cúspide puede estar extremadamente agradecida. El i-jefe, bajo el liderazgo de un directivo eficaz, es una fuerza positiva en potencia, porque la persona que está arriba quiere fomentar la productividad con un caldo de cultivo estimulante. Si contribuyes a ello, es probable que se reconozcan tus esfuerzos y sean recompensados. Puedes ser parte de la solución que desea el gran jefe, y hacer algunos favores políticos en el proceso.

Esto puede tener lugar de diversas maneras. Una persona ambiciosa estudia lo que hace la gente de éxito e intenta alcanzar los mismos resultados con un esfuerzo similar. Una persona inteligente estudia lo que hace la gente de éxito y, a continuación, intenta obtener los mismos resultados a través del esfuerzo de otra persona. Tu trabajo es hacer que tu i-jefe parezca inteligente. Reconcíliate con la idea de aportar un buen trabajo cuyo mérito se llevará tu i-jefe. Se trata de una técnica parecida a ceder el mérito que te corresponde al jefe maquiavélico, del mismo modo que pasas la salsera durante la cena de Acción de Gracias. Si tienes un jefazo inteligente y preocupado por las personas, se dará cuenta rápidamente de que el buen trabajo que procede del departamento del jefe idiota es, probablemente, resultado de los talentosos y trabajadores miembros de su equipo.

Si el jefazo no se da cuenta inmediatamente de ello, deja caer algunas indirectas, a modo de cumplido. Dile: «De verdad aprecio la forma en que mi jefe me da el aliento y el apoyo necesarios para completar estos proyectos a tiempo y dentro del presupuesto». Si el jefazo tiene dos dedos de frente, se dará cuenta de que tu i-jefe no ha tenido nada que ver con tus exitosos esfuerzos y de que, en realidad, ha sido más un peso alrededor de tu cuello mientras intentabas atravesar a nado el canal.

El jefazo quiere que el departamento funcione sin problemas, así que apreciará tus aportaciones en ese aspecto. Si no se da cuenta de tales sutilezas, sigue soltando indirectas de forma perspicaz, aunque constante. Si aun así no lo capta, puede que no tengas el aliado bienintencionado que creías tener. Si no eres reconocido pese a tus mejores esfuerzos, es el momento de tomar otro camino. Mientras tanto, dado que has mantenido las cosas en un ámbito positivo al formular tus comentarios en forma de elogios a tu i-jefe, no te has perjudicado a ti mismo, ni le has dejado un mal sabor de boca a nadie.

Al formular toda tu propaganda en un contexto positivo, abres la posibilidad de que a un jefazo verdaderamente inteligente comience a gustarle tenerte cerca. Incluso uno no tan inteligente apreciará tu presencia, aun cuando no comprenda totalmente el porqué, lo que podría suponer un ascenso. A las personas positivas les gusta estar alrededor de otras igualmente optimistas. En la mejor de todas las situaciones posibles, el jefazo reconocería que estás siendo estratégicamente positivo y asertivo, y al observar tu experta astucia política, podría pensar: «Mmm, esa es la clase de persona que necesito en mi equipo A».

Ser positivo nunca es perjudicial, a menos que tu jefe sea un jefe endiosado, masoquista, sádico o maquiavélico. En esos casos, lo mejor es desaparecer, tanto de forma literal como figurada. Ser negativo tampoco ayuda con esas personas, a menos que ataques a buena gente. Ser irritante constantemente no te pondrá en el equipo A de nadie. No obstante, tal y como has aprendido ya, los distintos tipos de jefe definen *irritante* de diversas maneras, así que planea tu estrategia en consecuencia.

Fisgoneo de 360 grados

Presta atención a los superiores de tu jefe idiota y estudia cuidadosamente cómo le insultan cuando está lejos y cómo le siguen la corriente cuando está cerca. De esta manera, sabrás lo útil que les resulta a ellos. Si le insultan tanto si está presente como si no, no pierdas el tiempo yendo a su rescate; está acabado. Si sus superiores tratan con respeto a tu i-jefe, tanto si está presente como si no, sabrás que son gente decente y, probablemente, también te darán una oportunidad justa. El peor lugar para criticar abiertamente a tu i-jefe es en presencia de aquellos que pueden y eligen no hacerlo. A continuación, observa cómo tus compañeros insultan al jefe idiota cuando está lejos y también cuando está cerca. Así sabrás lo consciente que es él de su realidad. La mayoría de los i-jefes no se da cuenta de que son el centro de las bromas; en estos casos, los sádicos en ciernes de la oficina hacen su agosto con el pobre e inconsciente i-jefe. Siempre es buena idea evitar los cínicos despedazamientos de los i-jefes, por muy tentador que resulte. Es aconsejable mantener una buena relación con el i-jefe, por si él está en situación de ayudarte en alguna ocasión. Es más, no te interesa que sus superiores te vean despedazar a tu i-jefe, porque esto no te dará ningún punto en sus planes para mejorar tus perspectivas de futuro.

Cuando el jefazo no es agradable

Primero he abordado el escenario fácil, aquel en que el alto directivo es inteligente, simpático y apoya a la gente dedicada y trabajadora. Tal y como habrás podido intuir a partir de la lóbrega imagen que he dado de las prácticas de contratación dentro de muchas organizaciones, es más probable que te encuentres con un alto directivo que te vea como poco más que una biela en el gran motor de la empresa; eso, si es que te ve. En estos casos, tu i-jefe tampoco recibirá mucho asesoramiento personal ni una atención enriquecedora.

Para todos, se trata de nadar o hundirse. Dado que despedir a empleados es un asunto peliagudo, muchos directivos permiten que el fondo de la piscina se llene con los cuerpos de aquellos que se han hundido, y después contratan otros nuevos para que naden en lugar de estos, en unas aguas cada vez menos profundas. Puedes ejercer tu derecho a disgustarte, enfadarte, sentirte marginado y molestarte con la nueva dirección. O puedes hacer buen uso de las habilidades que has adquirido recientemente, y explotar la situación a tu favor.

Tal y como he mencionado antes, todo el mundo tiene sus planes, incluso los nuevos altos directivos—o, quizá, sobre todo los altos directivos— que tienen hielo corriendo por sus venas. Ponte tus gafas de investigador privado y descubre qué es lo que más desea el gran jefe; a continuación, establece si el jefe idiota entra en esos planes, pues resulta peligroso coger atajos, incluso para adelantar a un i-jefe. Puede que él no se enfade, pero aquellos por encima de él verán a alguien fuera de su lugar, y eso incomoda a los grandes jefazos. A los guardianes de los cuadros jerárquicos del poder les gusta que todo el mundo se quede por debajo de sus jefes formando columnas limpias y rectas. Es probable que el hecho de que te pillen fuera de tu sitio os meta en problemas a ti y a tu i-jefe.

Intenta tramar planes que estén relacionados con las ambiciones del gran jefe y, a continuación, pásalos a tu i-jefe para que los presente él. Puede que no entienda lo que quieres que haga, así que tienes que abordar la operación con delicadeza. Si puedes redactar un buen material y te aseguras de que llega a la oficina de tu i-jefe, después puedes «filtrar» a los niveles más altos que tu i-jefe tiene un material nuevo y fascinante.

También puedes entrar en contacto y entablar amistad con el asistente del jefazo y decirle cosas como la siguiente: «Desde que se incorporó tu jefe, mi superior es un hombre nuevo. Incluso tiene tres planes para recortar costes y aumentar la producción basándose en el último discurso que tu jefe dio a los accionistas». Asegúrate de añadir algún detalle como: «Debe de ser una época fascinante en el comité ejecutivo». El asistente se sentirá importante, y puede que hayas puesto en marcha el mecanismo para que tu i-jefe reciba una invitación para acudir a la planta de arriba.

Sin embargo, el i-jefe no irá solo porque sabe que no es capaz de explicar tus planes. Se trata de una gran oportunidad para reafirmar sus capacidades, aumentar su ego y ofrecerte a ir con él como respaldo. El consuelo, el apoyo y el aliento te llevarán mucho más lejos con tu i-jefe que el resentimiento y el cinismo. Construir una sociedad con él requiere que tomes la iniciativa y hagas todo el trabajo. La investigación, la estrategia, la planificación y la paciente ejecución de cada paso recaerán sobre ti. Sin embargo, esto es lo más cercano al control que tendrás jamás. Si te preocupa lo suficiente tu carrera allí para invertir en ella a pesar de los idiotas que haya en tu camino, tienes que tomar este enfoque.

Enfrentarse a la crítica

La gente cínica y negativa que haya a tus alrededores se mostrará resentida contigo por no seguir despedazando con ellos a tu i-jefe. Puede que incluso desconfíen de ti por iniciar contactos con él. Está bien: esta es tu oportunidad para señalar que el trabajo que haces se encarga de mover la organización, o al menos una pequeña parte de ella, en una dirección que valga la pena. La alternativa es seguir caminando en círculos, que es una característica habitual de los departamentos dirigidos por i-jefes o, peor aún, reescribir el plan a medio plazo de nuevo.

Si lo manejas de la manera adecuada, podrías convertirte incluso en un héroe para tus compañeros de trabajo. A menos que estén terriblemente equivocados, lo que siempre es una posibilidad, probablemente preferirán marcar ellos su agenda de trabajo en lugar de ir saltando con poca fortuna con cada cambiante antojo del i-jefe. Si puedes crear una sociedad estratégica con él, en la cual puedas influir realmente en las prioridades del departamento, te convertirás en el nuevo mejor amigo de tus compañeros.

¿Quién eres en realidad?

¿Dónde y cuándo llegaste al punto decisivo y grabaste tu perspectiva del mundo en tu frente? ¿En qué momento tomaste las decisiones que ahora delatan tus actitudes sobre la equidad y el sentido en el trabajo? Mucha gente nunca recuerda con nostalgia la época en la que formuló su contexto personal y estableció sus bases profesionales. No obstante, es ahí donde se arraigan tus actitudes actuales en cuanto al trabajo y el juego, el deber y el destino, la familia y la carrera. El desarrollo atrofiado se refiere a asuntos sin terminar y si no completamos con éxito las fases de nuestra evolución, no llegaremos a madurar totalmente. Más en concreto, la gente que no llena con éxito el vaso número uno antes de pasar al número dos puede desarrollar unas feas costumbres arraigadas en sus recipientes medio vacíos. Esos feos hábitos acabarán volviendo locos a los demás.

Nunca es demasiado tarde para completar los asuntos inacabados, y el mundo lo agradecerá eternamente. Por lo tanto, es una buena idea curiosear y ver lo que te mueve de verdad. Cuando lo hagas, sabrás cómo convertirte en una baza en lugar de una carga, en un amigo en vez de un enemigo y en un empleado de importancia estratégica para el jefe idiota en lugar de ser únicamente otro radio más de la rueda. A estas alturas, deberías haberte resignado ya al hecho de que realizas este ejercicio porque tu i-jefe no lo hace.

Atascado en una rebelión adolescente

Negar y evitar los verdaderos problemas, lo que constituye el paradigma cultural de demasiados ambientes laborales, crea una población que vive en un estado de disfunción e ignorancia. A falta del conocimiento o la valentía para adoptar un plan mejor, muchos de nosotros nos resistimos y nos negamos a sustituir la negación y la evasión por un pensamiento y un comportamiento más sanos. Una de las primeras cosas que los idiotas de mediana edad observan cuando empiezan su recuperación es que están atascados en una rebelión adolescente. Para salir de esta situación, primero debemos ser conscientes de ello y aceptar el hecho de que hemos detenido nuestro desarrollo en una etapa similar a la del adolescente (es decir, tenemos la mente de un niño en el cuerpo emergente de un adulto). No importa la edad que tengamos, es infantil creer que la respuesta a cada problema o inquietud es culpar a la autoridad. En la adolescencia, culpábamos a nuestros padres, a nuestros profesores, a la policía y al presidente. Ahora, hemos perdonado a nuestros padres o hemos dejado de hablar con ellos, aún culpamos al presidente por la situación de la economía estadounidense y proyectamos la responsabilidad del resto de nuestras quejas sobre nuestro jefe.

Ahora, las malas noticias: tu jefe idiota no asumirá la responsabilidad de ayudarte a salir de esta situación. Esto no se deberá a que tenga un respeto muy actual de los límites en las relaciones (después de todo, sigue siendo idiota); sencillamente, no sabrá de qué le estás hablando si sacas el tema. A fin de cuentas, da lo mismo. En cualquier caso, no deberías estar buscando otro huésped en el que cargar de forma parasitaria la responsabilidad, por muy disponible y tentadora que sea la figura de tu jefe idiota.

Entramos en la adolescencia esperando aún que el trabajo y el sacrificio de los demás sostengan nuestras actividades de ocio y nuestra abundancia (léase: vivir a costa de mamá y papá). A continuación, abandonamos por completo la lógica y nos rebelamos contra las figuras de autoridad que han invertido trabajo y sacrificio para traernos a donde estamos hoy. Aún sumidos en la rebelión adolescente, todavía no abandonamos la idea de que otra persona sea responsable de nuestra felicidad y bienestar. Por lo tanto, según el razonamiento de un adolescente, tenemos que culpar a otra persona de que no nos sintamos tan felices y bien cuidados como creemos que deberíamos estar. ¿Suena esto parecido a la situación que vives en tu oficina? Puede que la experiencia de trabajar para un idiota te haya empujado a comprar este libro. No obstante, con un poco de suerte, terminarás la lectura con un fuerte sentimiento de que en realidad estás trabajando para ti, y de que tu nivel de felicidad (o de beligerancia) sólo depende de ti.

Cuidado con tus compañeros

No tienes que ser un profesional activo de la rebelión adolescente para verte succionado por su corriente. ¿Te has visto envuelto alguna vez en una reunión de quejas sobre el trabajo, preguntándote cómo has llegado a ella y deseando no estar allí? Me sorprende cuántos rebeldes sin causa ni sentido común me sigo encontrando en organizaciones a lo largo y ancho de todo el país, y a todos los niveles posibles. A veces son delegados sindicales; otras, vicepresidentes. Igual que todas las demás personas, cuanto más poder ejercen, más daño pueden hacer. Esta clase de personas existe en todas partes: son aquellos que no aportan nada al sistema, pero reclaman el derecho a quejarse de él y a exigirle cosas.

Si yo estuviera resentido con todos aquellos que no tienen ningún derecho a hacer lo que hacen, a decir lo que dicen o a recibir lo que reciben, me quedaría inmovilizado por mi propia ira y sentido de la injusticia. Entonces, ¿quién termina sufriendo por ello? Mi teléfono móvil acaba en el retrete. Si te has ganado el derecho a expresarte por las enormes aportaciones que has hecho, te aplaudo. Pero ¿adivina qué? Aquellos que no han realizado ninguna van a hacerse escuchar igualmente y recibirán alguna clase de reconocimiento, o sea que ve acostumbrándote a ello. Mejor aún, por tu propia cordura, supéralo. Reconduce tu concentración a formas aún más útiles de contribución; eso es ser honesto con tu propia naturaleza, y culpar a tu i-jefe no lo es. Pese a que mucha gente ha hecho poco para ganarse el respeto de los demás, nadie merece ser tratado de forma irrespetuosa. De vez en cuando, tienen que recordarnos que nuestra aportación a la causa empresarial se produce debido a que la realización y el desarrollo de nuestra labor forman parte del gran plan, el cual beneficia a mucha gente. Lidiar con un i-jefe puede hacer que te muerdas el labio, respires hondo, cuentes hasta diez y espires lentamente. Sin embargo, superarlo para poder vivir con ello no significa rendirse. No hay ningún motivo para resignarte a tu suerte sin hacer nada proactivo al respecto.

Si eliges mantener tu pasividad, aceptar ciegamente lo que te entrega tu i-jefe y después refunfuñar por ello, no me queda más que asumir que lo que te mueve simplemente es rechistar. Mientras tanto, no te estás ayudando a ti ni tampoco estás cooperando con nadie que se encuentre a tu alrededor. Has leído mucho y ahora tienes demasiada información para aceptar simplemente una relación con un i-jefe que se rija sólo por sus condiciones. No vas a dar un paso adelante y a involucrarte más por él, a menos que elijas hacerlo, sino que vas a actuar por ti y por todos aquellos a tu alrededor que están dispuestos a compartir tu actitud.

> PASO OCHO: «HACER UNA LISTA DE TODAS LAS PERSONAS A LAS QUE HE PODIDO HERIR CON MI ESTUPIDEZ, Y PREPARARME PARA COMPENSARLAS A TODAS».

¿Tiene alguien el listín telefónico del hemisferio occidental? A primera vista, estos pasos de recuperación parecen arrastrarme en dirección opuesta a mi emergente coexistencia con mi i-jefe. No obstante, a medida que aumenta mi comprensión, todo se entrelaza en una especie de tapiz cósmico. La estupidez que he descrito hasta ahora no sólo me ha herido, sino que también ha dificultado la vida a los demás. ¿No te gustaría que tu i-jefe tuviera esa revelación? ¿Elegirás «yo por mi propio bien» o «yo primero, quién me sigue»? Estos pasos me ayudaron a comprender la diferencia.

Solía insistir mucho en lo injusto de la política de la oficina. Las cosas que me parecían abusivas podían mantenerme en vela durante varias noches seguidas. Había ocasiones en las que sentía que era mi obligación moral desenmascarar a mi i-jefe como un imbécil, pero mis quejas y gimoteos no lo herían en lo más mínimo, ni tampoco me ayudaban a mí. Una vez más, era yo el que bebía el veneno, y no él. Por muy tentado que me sintiera a revelar la verdadera naturaleza de las cosas y a forzar la mano de la justicia, he aprendido que es más importante mantener la compostura. La discreción es ciertamente la mejor parte de la valentía. Posicionarnos adecuadamente en relación con nuestros i-jefes requiere un radar de posicionamiento constante. Si seguimos la norma establecida, no sólo sobreviviremos al día a día con un i-jefe, sino que incluso llegaremos al destino correcto y prosperaremos.

Ya que no podemos cambiar directamente a nuestros i-jefes, examinar cómo podemos haber causado a otras personas daños y molestias similares a los que producen los i-jefes nos ayudará a mantener la perspectiva y a desarrollar una estrategia para sobrevivir y prosperar, a pesar de nuestra situación. Hacer una lista de la gente a la que deberíamos compensar —incluso si no llegamos a hacerlo— puede resultar una verdadera revelación. Si de verdad quieres transformar tu actitud hacia el jefe idiota y desarrollar una asociación estratégica (aunque sencilla) con él, comienza por convertirte en la clase de compañero que querrías tener.

> ### Ejercicio para el paso ocho: «Hacer una lista de todas las personas a las que he podido herir con mi estupidez, y prepararme para compensarlas a todas»
>
> Este paso exige una lista, formada por todos los nombres de la gente que has herido de alguna manera, desde aquellos cuya capacidad, carácter y competencia en la oficina has cuestionado, hasta los que has provocado que despidieran. Puede que digas: «No es más que otra estúpida lista». Cierto, pero si aún crees que todo lo que ha ido mal en tu carrera es culpa de otra persona, y que todas tus acciones han tenido un impacto positivo, vuelve a pensarlo un poco más. Si eres esa persona, tienes que hacer esta lista.
>
> Haz una lista de doce personas con las que podrías disculparte por algo que hiciste, directa o indirectamente, y que les causó problemas. Por ejemplo, yo me he rebelado de forma pasivo-agresiva contra ideas que diversos jefes han intentado fomentar a lo largo de los años. Esta actitud les dañó a ellos y aún más a mí, sin importar cuán petulante y justificado me sintiera (después de todo, creía que era la persona más lista del planeta).
>
> El primer nombre que escribas será el más difícil, y la ofensa que recibió por tu parte puede ser muy leve, pero implica un comienzo. Los nombres surgirán con mayor rapidez y las ofensas se volverán más atroces a medida que avances. Es como cavar en un vertedero: cuanta más profundidad alcances, más basura descubrirás. No pierdas el

(Continúa)

tiempo discutiendo conmigo o con tu idiota interior sobre si hay alguien ahí fuera a quien le puedas pedir disculpas de verdad. Créeme, existe y puedes hacerlo.

A continuación viene el milagro (y sí, digo *milagro*). Céntrate en las personas con las que podrías corregir tus errores sin herirlas ni ofenderlas en el proceso. Sopésalo, reflexiona y reza por ello. Después elige un nombre, quizá el más inocuo, y escríbele una breve y elocuente disculpa. Después, en el momento adecuado, te llevarás a esa persona aparte y le dirás que le debes una disculpa, lo que forma parte del siguiente paso. Antes de darte cuenta, estarás buscando gente con la que has de enmendar tus errores y, mejor aún, sabrás cómo hacer que tu idiota interior se calle antes de hacer algo más que requiera una nueva disculpa. Así funciona la recuperación y se construyen las sociedades estratégicas, a base de confianza.

9.
El lenguaje de los idiotas: cómo hablarle al jefe idiota

> PASO NUEVE PARA IDIOTAS EN REABILITACIÓN: «COMPENSAR A TODOS LOS QUE HE PODIDO HERIR CON MI ESTUPIDEZ, EXCEPTO A AQUELLOS CON QUIENES EL SIMPLE CONTACTO PUEDA PONER EN RIESGO MI LUGAR EN LA VIDA».

Con un poco de suerte, no has perdido el tiempo al final del capítulo anterior discutiendo conmigo o con tu idiota interior sobre si tenías que disculparte con alguien. Cuando llegues al ejercicio del paso nueve, al final de este capítulo, y subsanes tus errores, desatarás una cadena de acontecimientos positivos que ocuparán el espacio del universo que, por el contrario, tu idiota interior hubiera empleado para avergonzarte y humillarte. Reparar errores da perspectiva a los hechos y te obliga a tener en cuenta las necesidades y el punto de vista de la otra persona. Establece una plataforma totalmente nueva desde la que puedas relacionarte de una manera más positiva con personas con quienes no pensabas que te llevarías bien, y quizá termines con el mito de que puedes progresar en tu carrera insultando a tu jefe.

Si te estuviera asesorando ahora mismo, exploraría con tacto el concepto de la autohumillación. El orgullo es una fuerza muy destructiva y casi siempre lleva a una caída. No señales a Steve Jobs y digas que el orgullo nunca le afectó. Quizá no. Los éxitos de Jobs fueron fantásticos y verdaderamente dignos de orgullo, y puede que sus hazañas le dejaran mucho espacio en la cabeza para el orgullo. Tal vez, con tantos éxitos de los que sentirse orgulloso, ese sentimiento nunca alcanzó su masa crítica ni se volvió destructivo. Para el resto de los mortales, creo que el mejor camino es ser humilde y servicial. No hablo de falsa humildad; una vez que tengas en cuenta los sentimientos y el punto de vista de las otras personas, la humildad será real y liberadora. El orgullo puede ser una carga muy pesada si tienes que ir apuntalándolo continuamente. Humilde, servicial y feliz: esa es la clave para mí.

Cantar el clásico tema de *country Take this job and shove it* (Métete el trabajo donde te quepa), incluso si lo haces ante un jefe idiota que puede que no sepa exactamente lo que significa, no es un movimiento que vaya a contribuir a mejorar tu carrera, sino un comportamiento impulsado por el puro orgullo. Si quieres aliviar la carga que te supone trabajar para un idiota, si deseas liberarte del peso opresivo de odiar a tu i-jefe, y te gustaría restaurar la energía y el entusiasmo que antes aportabas a tu trabajo, tengo buenas y malas noticias. La buena es que puedes cambiar toda tu relación con tu i-jefe; la mala noticia es que tienes que subsanar algunos errores referentes a él.

No te preocupes, porque probablemente él nunca se dará cuenta de lo que estás haciendo a menos que te acerques directamente y le digas: «Lo siento. Pensaba que eras un idiota». Tras aplicar los métodos y las técnicas de este libro tu jefe se sentirá mejor a tu lado, y seguramente en general. En consecuencia, comenzará a tratarte mucho mejor una vez que empieces a ejecutar tu estrategia.

Subsanar errores tiene mucho que ver con el lenguaje. Si las palabras que elegimos introducir y omitir en una conversación expresan a gritos quiénes somos y cuáles son nuestras actitudes y creencias, nuestras acciones podrían llenar bibliotecas. Una investigación dirigida por el profesor emérito de psicología de UCLA Albert Mehrabian determinó que las palabras únicamente reflejan el siete por ciento del mensaje que expresamos cara a cara con alguien. La inflexión vocal cuenta un treinta y ocho por ciento y la expresión facial, un cincuenta y cinco por ciento. El análisis del Dr. Mehrabian no incluía los gestos que se hacen con los brazos o las manos en una autopista en hora punta, cuando las palabras se vuelven por completo innecesarias, pero sus argumentos son bastante precisos. No se trata de las palabras que decimos, sino de cómo las empleamos. Si frunces el ceño mientras le dices a tu i-jefe que estás a punto de tirar la pantalla de su ordenador por la ventana, correrá a esconderse bajo el escritorio. Si dices lo mismo con una sonrisa, te abrirá la ventana.

Contenido

No puedes subsanar los errores correctamente si no comprendes los componentes fundamentales de la comunicación. Aquello que dices o no, y aquello que haces o no, acaba revelándolo todo. Así funcionan las cosas con el jefe idiota: puedes hacer que tu relación con él trabaje en tu favor o en tu contra, dependiendo de lo que comuniques y cómo elijas hacerlo. Ya te he aconsejado que escuches con atención cuando tu i-jefe hable. ¿Qué temas predominan en sus conversaciones: trabajo o fútbol, por ejemplo?

Si le gusta hablar sobre fútbol, le molestarás si intentas dirigir el disco hacia temas laborales. Puedes esquivar de forma inteligente una pausa, usando metáforas de fútbol para describir aquellos temas laborales que consideres importantes. Habla en términos de «quitarse los guantes», alcanzar los objetivos de la organización «metiendo goles», poner problemas en el «banquillo» y hacer historia empresarial mediante un «triplete».

Yo tampoco sé lo que significan esas cosas. Sin embargo, si mi i-jefe fuese un aficionado al fútbol, ten por seguro que yo me pondría a buscar máximos goleadores en Google, y tendría revistas de fútbol sobre mi escritorio, unas réplicas de trofeos en la esquina de mi cubículo, un baloncito a modo de pisapapeles y una foto de Messi como fondo de pantalla. (Los hombres pueden tener fotos de otros hombres de fondo de pantalla, siempre que sean primeras figuras del deporte).

Wayne Gretzky, ex jugador de hockey sobre hielo, dijo: «No patino hacia donde está el disco, sino hacia donde irá», o algo parecido. Es una frase estupenda si tu i-jefe es un aficionado del hockey. Si es un fan del baloncesto, usa tu imaginación y reformula la cita, asignándosela a su jugador favorito. Ten cuidado de no mezclar metáforas y revelar tu ignorancia sobre el tema con frases como: «Michael Jordan dijo: "No lanzo hacia donde está la canasta, sino hacia donde estará"». Busca citas sobre su tema favorito en internet, y observa cómo empiezan a surgir temas de conversación con tu i-jefe.

Si quieres ganarte los corazones y las mentes del resto de la oficina, y sobre todo los del jefe idiota, ayúdales a vivir sus fantasías, aunque siempre dentro de lo razonable. ¿Qué actividades extracurriculares le gusta realizar a tu i-jefe cuando no está en el trabajo, o cuando está allí? No llegaré al límite de volver a invocar la analogía de «enseña a un cerdo a cantar», pero vivirás de manera más feliz, saludable y productiva si desarrollas métodos y técnicas para visitar el mundo de tu i-jefe cuando sea necesario, en lugar de intentar que sea él quien visite el tuyo. Si el jefe idiota te ha frustrado hasta el punto de causarte distracción, es muy posible que tú hayas tenido el mismo efecto sobre él. Probablemente has estado malgastando demasiado tiempo y energía intentando que él piense y actúe de la misma manera que tú. Eso agotaría a cualquiera.

Humillarte puede ser un ejercicio saludable. Poner los intereses de otras personas por delante de los tuyos es la mejor manera de asegurarte de que no estás siendo manipulador. En un mundo donde hay que actualizarse continuamente y buscar la iluminación interior, puede que este asunto de la humildad haga que te enfades con tu asesor personal, que te empuja a que compartas tus gustos. Como tu asesor ejecutivo, te recomiendo que elijas el camino del altruismo en la organización y te comportes como un auténtico jugador de equipo. Muestra tu clase: te sentirás mucho mejor contigo mismo y no te enfadarás tanto con tu i-jefe si te elevas a un plano superior. Es todo ese tiempo que has pasado en el hoyo, revolcándote en resentimiento, lo que te hace sentir mal.

El lenguaje de los idiotas

¿Recuerdas los lenguajes metafóricos que he mencionado en los anteriores capítulos? ¿El poder frente al éxito y frente a la orientación de las relaciones? ¿Lo auditivo frente a lo visual y frente a los marcos de referencia cinestésicos? El lenguaje de los idiotas es como aprender un nuevo idioma. Berlitz aún no ha ofrecido CD y aplicaciones digitales multiplataforma sobre el lenguaje de los idiotas, pero estoy seguro de que no tardarán mucho. Este lenguaje no resulta difícil de aprender. Por ejemplo, a los jefes idiotas les encanta citar a los últimos superventas empresariales. «Vamos a *Cambiar las cosas* en este departamento. No quiero que ningún *Fuera de serie* establezca *La semana laboral de 4 horas* cuando *Nuestro iceberg se está derritiendo*. Todavía podemos dar un *Impulso* a este departamento y *Repartir felicidad*. Si no logramos eso, *Reiniciaremos* el camino hacia la rentabilidad».

Comunica tu camino hacia la felicidad

Los jefes idiotas desean comunicarse de verdad con sus empleados porque esto les hace sentirse invitados a su propia fiesta de cumpleaños, además de poderosos y comprendidos. Desafortunadamente, de entre todas las capacidades interpersonales que les faltan, una cualidad de las más escasas entre los jefes idiotas es una comunicación eficaz. Comunicarse requiere un encuentro entre mentes a cierto nivel. Esta premisa hace que la situación dependa de ti, porque tu jefe no tiene ni idea del nivel al que operas tú. Si consigues que él sienta que cada día es su cumpleaños puedes obtener grandes dividendos.

Internet ha facilitado mucho la comprensión de lenguaje de los idiotas. Escucha atentamente sus pontificaciones e identifica los libros que está citando. Búscalos por autor o título, pide un ejemplar y después déjalo a la vista sobre tu escritorio. Mejor todavía, llévalo contigo a las reuniones, a la comida, al baño. Léelo mientras esperas que tu jefe idiota golpee la pelota en el campo de golf. Menciona el libro a menudo, citando su nombre en la misma frase: «Lo que has dicho esta mañana ha sonado como si buscaras *Una mentalidad completamente nueva*, Mildred». Escuchar su nombre en la misma frase de un autor que idolatra le pondrá los pelos de punta, y todo el mérito de esta maniobra será exclusivamente tuyo. «Creo que eso es exactamente lo que Daniel Pink tenía en mente, Mildred».

Intenta citar estas cosas dentro de tus correos electrónicos para minimizar el factor peloteo sobre tus compañeros. Sé que ya hemos preparado una respuesta sincera para ellos, pero ¿por qué ondear una capa roja delante de ellos si no tienes ninguna necesidad de hacerlo?

Si eliges mejorar tu relación con tu i-jefe en lugar de retarle o enzarzarte constantemente en una batalla de ingenio con él, una comunicación bien trabajada será la herramienta más adecuada. Y conocer la selección literaria de tu i-jefe es buena parte de ello. Si no deja ningún libro o revista por la oficina, puede que sea porque no lee. En ese caso, apunta los términos y frases clave que emplea en las conversaciones, introdúcelos en Google y mira qué sale. Quizá puedas comunicarle a tu i-jefe unos cuantos sitios web que le interesen. Esta es otra buena manera de distraerle lo suficiente para llevar a cabo algo de trabajo real. Cuanto más complicados sean los sitios web que recomiendes a tu i-jefe, más tiempo de calidad obtendrás.

Recuerda, si estos no son los intereses y las obsesiones del i-jefe, puede que le molestes. Subsanar los problemas con tu i-jefe no significa arrepentirse de verdad de los errores que has cometido, como sí tendría que suceder en el caso de los miembros de la familia o de alguien que te importa de verdad; implica únicamente emplear el modelo estándar de disculpa para mantener un sentido funcional de la humildad a tu favor. Cuando se te permite trabajar libremente, haces cosas buenas, ¿verdad? Pues se trata de posicionarte frente a tu i-jefe para que puedas operar libremente y hacer cosas buenas.

Haz que tu campaña se vuelva viral

Otra forma de emplear el lenguaje para asegurarte de que tu i-jefe está cómodo a tu alrededor es enviar mensajes indirectos (también conocidos como los clásicos elogios a terceros que hizo famosos el experto en liderazgo Danny Cox). El elogio a través de terceros es sencillo. En lugar de halagar a tu i-jefe a la cara, lo cual puede ser un poco excesivo incluso para él, alábalo delante de alguien que es probable que le vaya con el cuento. Si tu i-jefe tiene un sistema torpe y obvio de topos en el departamento, los elogios a terceros son aún más fáciles de realizar. Tan sólo es necesario que hables en términos entusiastas de él cuando haya uno de los topos cerca. Los cubículos del baño proporcionan buenas oportunidades para las operaciones encubiertas. Si sabes que el topo está en el cubículo de al lado, actúa como si estuvieras hablando por teléfono y ensalza el último triunfo de tu i-jefe. Menciona lo orgulloso que estás de trabajar para semejante genio.

Si el topo te alcanza en los lavamanos, actúa con normalidad, como si no ocurriera nada. Si el otro menciona la conversación, finge que estás avergonzado y di que, a veces, no puedes contener tu entusiasmo. Si se presenta la oportunidad, adelante, elogia también al topo y menciona que has oído a vuestro i-jefe diciendo algo halagüeño sobre él. El topo no comentará esta última parte con el i-jefe sobre el cumplido que supuestamente le ha hecho, pero sí que le relatará tu falsa conversación telefónica como prueba de su valía como topo.

Si el topo es un verdadero idiota, puede que le dé las gracias al i-jefe por el elogio que te has inventado. Quizá este se muestre muy confuso y responda: «¿De verdad he dicho eso?». O puede que intente salvar la cara y conteste: «Es un elogio merecido, topo». Naturalmente, quizá algún i-jefe sea lo suficientemente espabilado como para darse cuenta de que nunca ha dicho nada así porque considera que el topo es más idiota que él. En ese caso, puede que hayas levantado sospechas en él. Teniendo en cuenta, básicamente, que tu i-jefe es un negado, yo no me preocuparía por ello. En cualquier caso, debes emplear la diplomacia cuando envíes elogios a través de mensajeros.

Puedes enviar cumplidos indirectos a tu i-jefe, aun cuando no haya topos evidentes. También es probable que lleguen a él los elogios que le dirijas frente a sus superiores; este es un uso más directo del elogio a través de terceros. A la gente le gusta transmitir buenas noticias y, cuando se dice algo positivo sobre un jefe, al resto de ellos les gusta fingir que se trata del inicio de una tendencia. Si el jefe A oye que los miembros del equipo del jefe B están diciendo algo bueno sobre su superior, el jefe A irá rápidamente a decírselo a su colega, con la esperanza oculta de que el jefe B tenga noticias similares que compartir.

No tienes que ser excesivamente explícito y decírselo al asistente de tu i-jefe directamente, tal y como he sugerido antes, aunque puede resultar eficaz si el guión que empleas es suficientemente creíble. Las afirmaciones positivas sobre tu i-jefe que realices al alcance del oído de su asistente seguro que llegarán a los oídos deseados. Mantén en marcha tu radar y, cuando el asistente esté cerca, elogia a tu jefe. Puede que tengas que hacer unos cuantos intentos antes de que la secretaria te crea, así que intenta variar tus ubicaciones y el envío de mensajes. Para asegurarte de que al asistente le pareces creíble, pasa algún tiempo observando y anotando sus asociaciones, hábitos y comportamientos para finalmente adaptar el elogio a través de terceros al estilo de esa persona. Ten en cuenta que informar al asistente de que su i-jefe le ha hecho un cumplido te pondrá en la división de honor del asistente, y así te asegurarás de que este te describa positivamente y te apoye, siempre que tenga alguna influencia o voz en el proceso de toma de decisiones del i-jefe (lo que se produce siempre).

En su forma más pura, el objetivo del elogio a través de terceros de Danny Cox es hacer que las personas se sientan bien entre ellas sin comunicarse directamente. Para ayudar a acabar con una disputa o a suavizar los lomos erizados, además de fomentar una cooperación y una colaboración mayores, un buen jefe le dirá con determinación a A que B ha dicho algo positivo sobre A. Es pura y simple manipulación, pero en las manos adecuadas es una herramienta eficaz para la causa de la verdad, la justicia y un mundo único.

Forzar la cuestión

Si eres demasiado impaciente para esperar a que el elogio a través de terceros recorra su camino natural, puedes ser más directo. Si sospechas que alguien de la oficina está desesperado por ganar puntos con el i-jefe, esa persona acaba de convertirse en tu mensajero personal para los mensajes optimistas y asertivos. Di cosas positivas sobre tu i-jefe ante al futuro pelota, porque no dudará en transmitirle la información directamente como táctica para entrar en el círculo de confianza del i-jefe. Es probable que cualquiera que quiera entrar en el círculo de confianza del i-jefe por motivos que no sean puramente mercenarios sea aún más idiota.

Si no tienes un pelota dispuesto y capaz a tu servicio, puede que tengas que agarrar el toro por los cuernos y ser tú mismo el mensajero. Dile a tu i-jefe que has oído a su superior elogiarle, pues a todo el mundo le gusta pensar que le respetan y admiran. Tú no plantaste esa necesidad de aceptación en su psique, por lo que no tienes que sentirte culpable si la usas para lograr un resultado positivo. La opinión mejorada que tu i-jefe tendrá de ti a consecuencia de tus maquinaciones te facilitará realizar un trabajo más satisfactorio. ¿Qué hay de malo en ello?

El humor de tu i-jefe es tu humor

Sonríe y asiente con complicidad siempre que tu i-jefe se ría, incluso cuando no hayas prestado atención al chiste o historia que ha contado. La verdadera definición del terror es que te pillen soñando despierto cuando tu i-jefe está hablando, sobre todo si está contando un chiste o explicando una idea que considera fundamental. Si te despiertas de una ensoñación profunda oyendo a tu i-jefe preguntarte entre risas si su comentario te ha parecido gracioso, sonríe y di: «Vaya, no sé cómo conseguimos hacer todo lo que tenemos pendiente contigo por aquí». No obstante, ten cuidado de no responder esta frase si tu i-jefe estaba haciendo algún comentario serio e importante. Echa un vistazo a la sala antes de responder y observa si alguien más finge reírse de lo que ha dicho. Si el resto de los que se encuentran allí tienen los ojos en blanco, es probable que tu i-jefe intentara ser gracioso. Si todos los demás están mortalmente serios y te observan con ojos penetrantes como si dijeran «Peligro», contesta algo así como: «Trabajar para ti me ayuda a mantener mi carrera en perspectiva». Tu i-jefe pensará que le estás haciendo un cumplido. No entenderá el sarcasmo ni se dará cuenta de que sus comentarios te sirven como un constante recordatorio de que estás malgastando tu juventud y energía trabajando para un idiota.

En esta época, en la que mantenerte a ti mismo y las necesidades de tu familia es primordial, no siempre resulta fácil buscar nuevas oportunidades en el mercado laboral, quizá quieras plantearte dejar a un lado tu resentimiento y apreciar más las oportunidades de empleo que tienes, incluso si eso requiere soportar a imbéciles con la sonrisa pegada en tu cara. En una época de crisis económica, el lenguaje del idiota puede ayudarte mucho como segundo idioma. Háblalo y empléalo de manera adecuada.

No puedes evitar chismorrear

Con un poco de suerte, sabes que no debes creerte los rumores, y mucho menos transmitirlos, pero mucha gente lo hace. Chismorrear es una tendencia natural para muchas personas, así como una tremenda tentación para casi todo el mundo. Da lo mismo que lo hagamos porque seamos unos sádicos o porque queramos rascarnos un picor disfuncional y hacer que todo el mundo se sienta tan mal como nosotros, el chismorreo no ayuda a nadie, ni al que transmite el mensaje, ni al sujeto protagonista del rumor. Un lenguaje del idiota fluido no incluye el chisme porque los mensajes más eficaces son de carácter positivo, incluso si son calculados y premeditados; por ejemplo, el elogio a través de terceros no es chismorreo. Cuando trasmites un rumor malintencionado, le dices a la persona A que la persona B la ha criticado, con la intención de provocar una desavenencia, de herir los sentimientos de la persona A, de crear una hostilidad general, o de todo lo anterior a la vez. Un verdadero elogio a través de terceros extenderá vibraciones positivas, apelando al deseo inherente de aprecio.

Naturalmente, un verdadero elogio a través de terceros requiere encontrar algo verdaderamente positivo y asertivo que decir. No obstante, no es tan difícil como parece: incluso un reloj roto da en el blanco dos veces al día. Puedes decirle a la persona A que la persona B acierta al menos dos veces al día porque es cierto. Lo que tú sacas de todo ello, Don Humilde (y lo que saca la persona B, cuando señalas alguno de sus rasgos positivos, por mínimo que sea), es estar en cabeza en el camino que va desde las alcantarillas hasta la superficie, donde se respira aire fresco. La gente está deseosa de hacer mayores esfuerzos cuando se siente reconocida, respetada y apreciada.

No chismorrees

La gente chismorrea por diversas razones, ninguna de las cuales es positiva o productiva. No considero que la expansión viral de buenas noticias o información positiva sea chismorrear. La gente recurre a la mezquindad porque carece de imaginación o reafirmación para creer que pueden actuar a un nivel más apreciativo. Cuando las personas creen que están condenadas a galeras, no sienten ningún reparo a la hora de hundir a los demás con ellas. El pensamiento del chismoso es similar al del reo con tres cadenas perpetuas sin posibilidad de libertad condicional. No tiene mucho más que perder.

Algunas personas lidian con el dolor, la decepción y el desaliento haciendo todo lo que pueden para causar estos sentimientos a los demás. Aunque, en un entorno laboral, sea positivo o no, se supone que el esfuerzo, la lealtad y los resultados cuentan para algo. Nadie sabe mejor que un chismoso que todas esas cualidades se pueden borrar introduciendo un poco de negatividad en la ecuación. Probablemente hayas sido víctima, más de una vez, de comentarios negativos que han disminuido o eliminado la buena voluntad que deberían haber producido tus esfuerzos positivos. A mí me ha ocurrido. Otras personas, sobre todo los jefes maquiavélicos y los sádicos, emplean el chismorreo como una herramienta que va desde un instrumento quirúrgico para abrir la yugular de sus oponentes o víctimas hasta un arma de destrucción masiva. Tanto si se emplea a modo de diversión como a modo de revancha o daño premeditado, puede ser una fuerza muy destructiva. Peor aún, es inevitable e imparable. Aprende a lidiar con ello o a ser destruido por él.

No hay forma de evitar completamente los chismes, es como intentar caminar esquivando las gotas de lluvia durante un chaparrón. Siempre habrá vagos aburridos, egos heridos y trepas calculadores. Nada garantiza plena protección contra el chismorreo, igual que beber refrescos dietéticos no garantiza que pierdas peso. Esconderte en un armario tampoco te servirá. El chismorreo puede doblar esquinas, reptar bajo las puertas, viajar por el ciberespacio y atravesar las paredes más gruesas.

El enfoque de la gabardina

Puede que necesites un traje protector de la radioactividad en función de la cantidad de chismes a los que te enfrentes en el trabajo. Ten en cuenta que es más fácil crear una barrera para protegerte de las palabras mediante acciones. Si intentas protegerte con «antichismes» (simples palabras), estás a merced de un adversario superior. Los chismosos son maestros de la palabra mucho mejores que tú. Normalmente reservo la expresión «maestros de la palabra» para personas que realizan elocuentes esfuerzos como, por ejemplo, escribir libros sobre idiotas. Lo cierto es que los chismosos especializados son los que más olvidan el poder del lenguaje.

Hacer cosas positivas —es decir, que le parezcan impresionantes a tu jefe— contrarrestará una tonelada de palabras negativas, a menos que mantengas en secreto tus buenas acciones. Este es otro buen motivo para que tus actividades y logros sean tan visibles como te sea posible en el contexto que más agrade a tu jefe. Hagamos un breve paréntesis y alejémonos de tu i-jefe durante un momento; si un maquiavélico sabe que has logrado algo que merece la pena y has incluido su nombre en este trabajo de manera que le sirva para progresar en su carrera, él te valorará. La gente puede decir lo que quiera de ti pero, mientras el maquiavélico piense que le estás apoyando, el chisme caerá en oídos sordos.

Lo mismo ocurre con todos los tipos de jefe. Si has hecho un buen trabajo convenciendo a tu jefe de que le estás proporcionando lo que él quiere, los chismes que lancen en tu dirección te resbalarán por la espalda, al menos no dañará la imagen que tiene tu jefe de ti. Tanto si eres un siervo fiel de un buen jefe, como una víctima angustiada de un jefe sádico, un ejecutor de castigos para un jefe masoquista, un topo para un jefe paranoico (para confirmar la conspiración en su contra), un mejor amigo para un jefe colega o un espejo para la imagen inflada de sí mismo de un jefe idiota, estás razonablemente inmunizado frente al daño que puede causar el chismorreo.

Sin embargo, ten en cuenta que este hecho no es algo puntual, sino que necesita un esfuerzo constante. Tu campaña «antichismes» será tan fructífera como lo sea tu última acción. El chismorreo no sólo se encuentra tan omnipresente como el aire que respiras, sino que es implacable. Nunca retrocede, y te destrozará en cuanto tú lo hagas. Si has permitido que tu seguro «antichismes» venza, será tarde para recordar todas las primas que has pagado en el pasado con acciones positivas. Mantenlo continuamente al día.

El enfoque de la ósmosis inversa

En otra aplicación del elogio a través de terceros, un poco de inteligencia resulta bastante útil. No estoy hablando de la clase de inteligencia que pierdes cuando el médico te deja caer de cabeza al nacer, sino la referente al espionaje, la intriga y el misterio. Sabes que el chismorreo existe ahí fuera, así que intenta controlarlo. Sin embargo, esto no significa que te conviertas en un chismoso, sino en alguien que sabe escuchar. Durante muchos años me enorgullecí de no entrar en el chismorreo laboral y de no prestarle atención, hasta que acabó mordiéndome el trasero. Presta atención a quienes forman corrillo junto al dispensador de agua o la máquina de café, a quienes hacen sutiles gestos con las manos en las reuniones, a quienes van juntos al aparcamiento y, sobre todo, a quienes salen a comer juntos. ¿Qué red informal de personas se escriben correos electrónicos constantemente? ¿Los rumores más gordos van de norte a sur, de sur a norte, de este a oeste o de oeste a este en tu oficina? ¿Quién se encuentra en la oficina cuando el chismorreo parece más activo y quién está llamativamente ausente cuando parece apagarse?

Al identificar las fuentes del chismorreo, sabrás de quién debes protegerte. Y lo más importante: sabrás a quién elogiar ante tu jefe. Si elogias regularmente al chismoso o a los chismosos frente a tu jefe, cuando los rumores lleguen a él, sólo se creerá la mitad. Tu objetivo es que tu jefe diga: «¿Cómo es posible que tal y tal digan cosas tan despectivas sobre mi leal empleado, sobre todo cuando él los elogia constantemente? ¿Qué falla aquí?». Naturalmente, siempre existe la posibilidad de que tu jefe asuma que eres un idiota crédulo, pero este es un riesgo que tienes que aceptar.

El matón de oficina

Los entornos laborales adultos, incluidas las oficinas, son a menudo propensos a la presencia de bromistas y matones de patio de escuela. El chismorreo es un arma eficaz en el arsenal de las personas heridas emocionalmente. Por ejemplo, los sádicos se entretienen observando el dolor de los demás. Es como la sed de sangre de aquellos que disfrutan de las peleas de perros o gallos. Podrían deambular esperando a ver dos perros enfrentarse, o dos gallos despedazarse, pero son demasiado impacientes. Así que crían perros y gallos de pelea, y organizan los combates.

Si tu jefe emplea tácticas de intimidación, tienes que hacer una elección. Si es un jefe maquiavélico, endiosado, sádico o paranoico, puede que hacerle frente sólo te traiga más fuego y azufre. Igual que mi obsesión con la justicia y tener razón, tu resistencia orgullosa puede dañarte más de lo necesario. Los progresos profesionales están más relacionados con las personas que tienen el poder que con aquellas que tienen la razón. Los matones no tienen más poder del que se les da, mientras que los jefes tienen una autoridad funcional sobre ti; hay una gran diferencia entre ambos. No obstante, si el matón de la oficina es también el jefe, encogerte de hombros, sonreír y aguantar probablemente te ayudará más en tus perspectivas a largo plazo que pelear desde una posición de menor poder. Si el matón es un compañero, córtalo; no te recomiendo que hagas nada que deje marcas o pruebas, pero tienes que hacerle saber que no te sientes intimidado.

Si la bondad no es tu estilo, deja un ejemplar de *Cómo trabajar para un idiota* sobre el escritorio del matón, en un sitio en que el jefe pueda verlo cuando el ocupante del cubículo salga a comer. Una vez que el matón se convenza de que eres más peligroso que él, se marchará a buscar otra víctima más cooperativa. ¿Tu mejor arma contra el matón? Humildad, seguridad y elogios. El matón no será capaz de dominar tu bondad si se basa en la firmeza.

Por último, nunca fanfarronees ni presumas de derrotar a matones. Tampoco vayas a lloriquear por un matón a un i-jefe, ni a cualquier otro tipo. Los jefes que carecen de la capacidad de resolver conflictos enterrarán la cabeza, y el matón se envalentonará; además, tu superior te etiquetará como un quejica. Los jefes a los que les gustan los deportes sangrientos azuzarán el conflicto para su diversión. Los buenos jefes sintonizan tan bien con los miembros de su equipo que notarán rápidamente el problema y se enfrentarán a él mucho antes de que acabes teniendo que afrontar una batalla en solitario.

CONSEJOS PARA EVITAR Y DESVIAR EL CHISMORREO

- Mantén tu radar activo para determinar quién se está agrupando para una posible sesión de chismorreo.
- Haz una nota mental de quién podría beneficiarse de la disminución de tu estatus.
- Cuando tengas dudas, no digas lo que piensas. Emplea la discreción.
- No te dejes arrastrar por las críticas hacia otras personas, sin importar lo tentador que sea.
- Pídele educadamente a la persona que parece tan interesada en tu opinión que explique por qué dicha información es tan importante.

(Continúa)

- Si no habla pero insiste en que tú lo hagas, mantente callado.
- Si arremete contra otra persona, sencillamente di que es una lástima que se sienta así.
- Sugiere que se ponga en contacto con un intermediario de recursos humanos para resolver el problema.
- Mantén tus comentarios en una tendencia positiva. No se logra nada echando pestes de un compañero.
- Emplea el elogio a través de terceros. Funciona.

Shamu en torno a la confianza

No importa cómo elijas comunicarte con el jefe idiota, o con cualquier otra persona de tu equipo, asegúrate de que el subtexto de tu mensaje diga: «Soy tu amigo. No voy a hacerte daño. Si la situación empeora, yo me responsabilizaré por ti». Quieres que tu i-jefe y tus compañeros te consideren una persona recta y la única manera de convencerles de que confíen en ti es saltar al tanque, nadar con ellos y hablar su lenguaje. Sobre todo, muestra constantemente tu voluntad de admitir y subsanar tus errores. Eso enviará un mensaje inconfundible: «He aquí una buena persona».

Ejercicio para el paso nueve: «Compensar a todos los que he podido herir con mi estupidez, excepto a aquellos con quienes simple contacto pueda poner en riesgo mi lugar en la vida»

—Jefe, te debo una disculpa —dices en el momento adecuado, cuando no corres el riesgo de avergonzarlo a él ni a nadie más, si esto no sale bien.

—¿Por qué? —pregunta tu jefe, sorprendido de que la palabra *disculpa* exista en tu vocabulario.

—Cuando estabas proponiendo incluir la oficina de Kabul en la iniciativa de seguridad global, no he dicho nada para apoyar tu iniciativa. No veía la prudencia de lo que estabas proponiendo en ese momento, y ahora sí. Sólo quiero que sepas que intentaré estar más atento a esos detalles en el futuro.

(Continúa)

A continuación cállate y no vuelvas a hablar hasta que lo haga tu jefe. Cuando tu jefe se recupere, cosa que puede llevar una semana, responderá. Puede que gruña y se marche; quizá diga «Vaya, gracias», y se marche. El milagro es que estarás en el radar de tu jefe, que querrá comprobar si eres sincero. ¿Qué tiene eso de bueno? Ahora tienes la oportunidad de reabrir tu caso en aquellos aspectos que preocupan a tu jefe, y demostrar tu sincero deseo de ser un verdadero socio empresarial. Puedes reinventarte a sus ojos. Si eso es importante y útil para ti y tu carrera, la nueva opinión de tu jefe sobre ti podría arrojar grandes dividendos.

Después, date una palmadita en la espalda. Siendo abierto y transparente, has neutralizado a tu idiota interior (al menos temporalmente) y te has posicionado para hacer algunos progresos milagrosos en tus relaciones de poder. Prepárate para un sentimiento fabuloso y liberador. A continuación, repite el proceso con el número dos de tu lista, y así sucesivamente con todos los demás hasta que la hayas completado.

10.
Comer con idiotas: cómo compartir el pan con tu jefe idiota

Comer es el pasatiempo estadounidense por excelencia, así como una actividad empresarial bastante popular en otras partes del mundo. En lo que a lenguajes metafóricos se refiere, aquellos relacionados con la comida se encuentran entre los más universales.

A continuación hay algunos consejos prácticos que puedes emplear para mejorar las relaciones con tu jefe. Por ejemplo, haz un reconocimiento previo y cuidadoso de los restaurantes de los alrededores. Si ves a tu i-jefe comiendo en una mesa con tus compañeros, colócate de espaldas a él, pero intenta estar lo suficientemente cerca para oír. Esto resulta siempre bastante divertido, porque cualquiera que intente transmitirle algún chisme al jefe se dará cuenta de que puedes oír lo que le está diciendo, e intentará salvar la cara contigo como compañero, a la vez que procurará ganar puntos con él. En realidad, se trata una forma de arte que debes aprender a dominar y que algunos describirían como hablar por ambos costados de la boca. Por otra parte, tú eres un ser nuevo y reformado y ves la prudencia de forjar una relación laboral más fuerte y productiva con tu i-jefe. Cualquier influencia que ejerzas sobre aquellos con más autoridad que tú supone un testimonio de tu crecimiento y desarrollo como líder emergente.

A veces se reduce a lo más importante para ti: la habilidad de conseguir promocionarte y lograr resultados positivos, o que tus compañeros (que quizá tengan un sincero interés en verte triunfar o no) tengan una buena opinión de ti. Cuanto más comprendan tus compañeros lo que obtienen ellos si ganas tú, más se apartarán de tu camino y se abstendrán de criticarte por hacer lo necesario para forjar y mantener mejores relaciones con aquellos que tienen poder.

Esta construcción de la relación en restaurantes con tu i-jefe es una de las razones por las que anotas cuidadosamente los puntos clave que menciona él en la oficina. Cuando estás a la mesa con él y tus compañeros de trabajo, puedes afirmar que esas mismas ideas revolucionarán la industria. Si te encuentras en una mesa cercana, actúa como en el escenario anterior y di las mismas cosas lo suficientemente alto como para que tu i-jefe las oiga. Si lo citas literalmente, no oirá una sola palabra de lo que diga la persona que está con él en su mesa.

Arréglatelas para hacer lo mismo en fiestas y recepciones. Colócate siempre de manera que tu jefe pueda «oír por casualidad» cómo le alabas. Si elogiar a tu i-jefe en estas situaciones sociales te resulta demasiado evidente, alaba sus ideas. Por ejemplo, di a tus compañeros de cóctel: «No recuerdo quién dijo [pon la idea del i-jefe aquí], pero es una idea estupenda». Probablemente, tu i-jefe se aparte de su conversación actual y se una a tu grupo para llevarse el mérito de la idea.

Las fiestas y las recepciones también son una buena oportunidad para trabajarte a los topos y a los pelotas, y para plantar mensajes valiosos en sus débiles mentes a fin de que se los transmitan a tu i-jefe. Puede que no tengan demasiadas oportunidades sociales fuera de estas fiestas, así que haz que se sientan bienvenidos, incluso si no es tu fiesta. Tu i-jefe se sentirá complacido si ve que tratas bien a sus topos.

TRABAJAR LA COMIDA

Una comida a solas con tu i-jefe es una oportunidad estupenda para decirle todo lo que quiere oír sin que te etiqueten de pelota en la oficina. Tan sólo asegúrate de que el camarero no sea un colega recientemente degradado que aún tiene las direcciones de correo electrónico de tus compañeros. Yo podría y, quizá, debería haber empleado los cafés fuera de la oficina para trabajar con Big Bill, encontrar el terreno común que compartíamos y hacer un verdadero esfuerzo para comprender y apreciar de dónde venía él. Sin embargo, tenía ese maldito resentimiento que me aguijoneaba por dentro, y no aproveché mis oportunidades. Por aquel entonces, vivía en un victimismo unidimensional: todo lo que yo hacía estaba bien, y todos los actos de Big Bill, mal. Incluso la manera en la que ponía cuatro raciones de crema en su café me molestaba. Qué estúpido fue dejar que aquello me llegara a afectar. Nunca me detuve a pensar que él también era un ser humano, intentando arreglar el desastre que era su vida, tal y como yo hacía con la mía, y que probablemente tenía el mismo éxito. Si lo miramos desde el lado positivo, Big Bill siempre pagaba la cuenta. Si te has estado resistiendo a aceptar las invitaciones a comer de tu i-jefe, intenta aceptar alguna de vez en cuando; puede que invite. No obstante, desde el inicio de la crisis económica en 2008, el gasto de comer a costa de la compañía se ha restringido en la mayoría de las empresas, y han aumentado las exigencias en cuanto a recibos y facturas. He oído que incluso Google ha dejado de dar comida gratis. El apretamiento del cinturón es real, y parece ser la nueva regla, en lugar de la excepción. En cualquier caso, puede que tu i-jefe quiera llevarte a comer e invitarte porque es lo suficientemente descarado o estúpido para hacerlo. Puede que el superior de tu i-jefe pague sus comidas con compañeros y subordinados, y no quiera marear la perdiz imponiendo una prohibición. ¿Quién sabe? Si se presenta una comida gratis, come. *Come.*

Incluso si tu i-jefe insiste en ir a medias, podría ser peor. Podría ser un bromista habitual y parecerle gracioso invitarte a comer y luego hacerte pagar. Esto es más probable con un jefe sádico o endiosado, pues este último considera que pagues como una forma de diezmo.

Aprovechar al máximo las comidas de empresa

Empieza por seguir algunas sencillas normas

- Tienes que entender lo que significa una comida de empresa para tu jefe. Algunos piensan que forma parte del tiempo de la jornada laboral; otros creen que se trata de oportunidades para hablar de cualquier cosa excepto de trabajo. Sea cual sea el caso, es tu jefe quien establece el orden del día, y no tú.
- ¿Son las comidas de empresa una tapadera para encubrir las ganas de tu i-jefe de tomarse unos cuantos tragos antes de volver a la oficina? Si es así, emplea las excusas de que tú tienes que conducir o de que el médico te ha prohibido el consumo de alcohol para no beber con él. Si él tiene problemas con la bebida, puede

(Continúa)

que esté siendo vigilado en secreto por sus superiores, confabulados con el departamento de recursos humanos. No te gustaría quedarte atrapado en la red que han colocado para atrapar a tu jefe.

- Si tu jefe bebe, es asunto suyo. Mientras no ponga en peligro tu vida o la suya, déjalo estar. Probablemente sepas lo suficiente de la historia para ser consciente de que será peligrosa y destructiva.
- No te pelees por la cuenta por ninguna otra razón más que demostrar que también eres parte del equipo. Incluso si no te quieres sentir en deuda, pagar la cuenta no hace nada para alterar quién de los dos es el jefe. Si él quiere interpretar el papel de pez gordo, ¿qué beneficio puedes sacar de estropearle el momento? Guárdate el dinero.
- No rechaces la invitación de tu jefe para comer con él. Declarar que tienes demasiado trabajo pendiente sólo funciona con los sádicos y, en cualquier caso, lo más probable es que no te pregunten, y harán todo lo posible para no dejarte comer. Si tu jefe te invita, acude a la cita. Evidentemente, vuestra empresa es más importante para él que el trabajo que estás haciendo; por lo tanto, evita establecer tus prioridades por encima de esto.
- Aprovecha al máximo la oportunidad de explicar tus argumentos al jefe mientras no le queda más remedio que escucharte. Emplea el lenguaje del idiota y el lenguaje metafórico que él utilice habitualmente. Alaba su tipo de personalidad y averigua si aquello que le motiva es el éxito, la relación o el poder. ¿Aprende de forma auditiva, visual o kinestésica? Emplea el tiempo para escuchar y aprender. Cada vez que los jefes abren la boca, tienden a proporcionarte información valiosa sobre lo que les motiva y mueve. El conocimiento es poder.

Petición de vacaciones

Reunirte fuera de la oficina tiene algunas aplicaciones prácticas, sobre todo cuando se trata de lidiar con i-jefes. Si te da la lata respecto a tu petición de vacaciones, llévalo fuera. Durante vuestra comida juntos, reconduce la conversación para que él hable sobre sus vacaciones y sácale toda la información que puedas. Anímalo, ruégale que no se deje ni un solo detalle. Presta atención a los adjetivos que emplea para describir el paisaje, el viento, las olas, el olor de los pinares, lo que sea. Si dice que dos semanas no le han parecido suficientes, haz una nota mental de este detalle. Cuando haya alcanzado un estado de euforia, dile que quieres tomarte el mismo tiempo que se tomó él, ir al mismo lugar donde fue de vacaciones y, empleando sus adjetivos, disfrutar de una experiencia similar. Una vez que te conceda el tiempo libre que deseabas, viaja adonde quieras ir realmente.

Su nostalgia, combinada con la sensación de tener el estómago lleno, contribuirá a crear el mejor momento posible para pedírselo. Ningún momento en el interior de la oficina podrá igualarlo y, con un poco de suerte, estarás comiendo a solas con él; si esto último no es posible, inténtalo igualmente. Acabas de dar a tus compañeros una lección que bien merece el precio de la entrada. Estar fuera de la oficina tiende a hacer que la gente olvide plazos, presiones y problemas de todo tipo. Haz que tu jefe se comprometa a darte tiempo libre antes de que acabéis de tomar el postre.

La comida funciona bien con la mayoría de los tipos de jefe, incluso los masoquistas y los paranoicos se sienten más optimistas con el subidón de azúcar. Pedir vacaciones a un jefe endiosado durante una comida fuera, sobre todo si pagas tú, aumenta de forma exponencial la probabilidad de éxito. Su reino le será un poco más desconocido; su omnipotencia parecerá menor; en general, es más vulnerable. De vuelta en la oficina, tendrás que hacer mucha más penitencia para obtener las fechas que quieres, aunque pagar la cuenta puede ser suficiente para llevarlo al borde del abismo. Después de todo, es una ofrenda.

Un jefe maquiavélico se puede manejar de la misma manera que uno endiosado. Empleando sus descripciones y sus propias palabras, dile que el director general de la empresa debería obligar a que todos los empleados se tomasen unas vacaciones exactamente iguales que las suyas. Prométele que le dirás a todo el mundo en tu destino vacacional que tu jefe [introduce el nombre aquí] te ha enviado allí de su parte. Cooperará mucho más si cree que tus vacaciones le ayudarán a expandir su esfera de influencia.

Los jefes sádicos suponen un reto complejo en lo que a la petición de vacaciones se refiere. En un restaurante, juega con tu comida pero no comas; deja el tenedor y suspira. Cuando te lance esa sonrisa de serpiente y te pregunte qué va mal, dile que llegan tus vacaciones y que odias cogerlas. Al principio sospechará, pero cíñete al programa que hayas planeado; explícale que lo único que haces durante las vacaciones es preocuparte por el trabajo de la oficina. No importa adónde vayas, no puedes sacarte de la cabeza la pila de trabajo pendiente que hay sobre tu escritorio. Describe que siempre te enfadas por el dinero que te gastas para viajar a un lugar exótico y acabar sentado en una playa barrida por el viento, sintiéndote completamente miserable. Suplícale que no te haga ir y dile que si te obliga a irte de vacaciones, insistirás en llevarte trabajo. Es un juego de niños.

Promete a tu jefa masoquista que sacarás un montón de fotos y le contarás con pelos y señales lo mucho que te has divertido en cuanto vuelvas. Incluso puedes llamarla y dejar que oiga el oleaje de vez en cuando para hacer que se muera de envidia. Menciona que dejarás unos folletos de viaje sobre tu escritorio cuando te vayas, y descarga una fotografía del paraíso a modo de fondo de pantalla, para que pueda sentirse miserable cada día que estés fuera. Incluso puede que te alargue las vacaciones.

Pedirle vacaciones a un jefe colega es peligroso, pues te las concederá inmediatamente, pero querrá ir contigo. Ofrécete a organizar una fiesta para enseñar las fotos de las vacaciones en la oficina cuando vuelvas, y puede que transija con esto. Si aun así insiste en acompañarte, mantente firme. Intenta decirle que vas a quedar con alguien que has conocido por internet, que viajas con tu madre o que hay un brote de fiebre tifoidea en tu destino. Si nada de lo anterior lo disuade, puede que tengas que incluirle en tus planes vacacionales. Sin embargo, no todo está perdido. Insiste en reservar los billetes y el alojamiento, pero mándalo a otro continente mientras tú vuelas a otro destino no revelado, culpando a la agencia de viajes de la metedura de pata.

Una comida cara a cara con un jefe paranoico es la mejor situación posible para pedir vacaciones, debido a la misma ventaja del subidón de azúcar que tienes con los demás. Un jefe paranoico sospechará que vas a emplear tu tiempo libre en promover una conspiración global contra él. Gánate su confianza temporal en la comida, ofreciéndote a probarla. Si aún se resiste a darte tiempo libre porque cree que estás involucrado en un complot, invítale a ir contigo. Puede que tengas que llegar a comprar un billete de acompañante y dárselo, pero asegúrate de que sea completamente reembolsable si quieres recuperar tu dinero cuando él rechace ir. Inclínate ligeramente sobre la mesa, y susurra que en todo momento llevarás un sobre sellado con los nombres de los conspiradores, para que se lo envíen en caso de que mueras en extrañas circunstancias; si sobrevives a tus vacaciones y no pierdes misteriosamente el sobre, preséntaselo a tu regreso. Con suerte, se tragará buena parte de tus estupideces y te concederá las vacaciones antes de que se dé cuenta de que la única forma de que tú supieras si su comida estaba envenenada o no era que formaras parte de la conspiración para envenenarle.

Un jefe reacio es bastante fácil de manejar en lo que a las vacaciones se refiere. Tan sólo debes rellenar todo el papeleo por adelantado; cuida todos los detalles previamente y preséntale el documento que ha de firmar. Está tan en contra de dirigir a la gente que, probablemente, firmará cualquier cosa que le plantes delante. «Tan sólo firma la solicitud de vacaciones junto a la X, y me apartaré de tu camino». Puede que algunos jefes reacios ni siquiera se den cuenta de que te has ido, pues evitan hasta ese punto prestar atención y atraer a los que dependen de ellos. Esto resulta sumamente beneficioso para ti en lo que se refiere a cargar baterías. No aumentes tu tiempo de vacaciones exageradamente ni explotes de otra forma poco ética la falta de atención de tu jefe reacio. Si te pilla el departamento de recursos humanos, lo arrastrarás a una serie de investigaciones y peticiones de explicaciones que nunca te perdonará. En otras palabras, ser avaricioso y que te pillen fallará con tu jefe reacio porque acabarás arrastrándolo precisamente adonde no quiere ir: a la burocracia directiva.

Tu jefe inepto es todo lo contrario, porque de verdad desea que le traten como un líder. No querrá enredarse con la burocracia más que el jefe reacio, pero desea ser el que te conseguirá tus vacaciones. Si haces que parezca que estás intentando pasarle por encima, es probable que niegue tu solicitud, sólo para marcar su autoridad. Adelántate, rellena todo el papeleo necesario y minimiza cualquier trabajo real que, en cualquier caso, tu jefe inepto probablemente no sabrá hacer. Sin embargo, cuando le presentes tu solicitud, asegúrate de pedirle permiso de forma que honres la autoridad antes mencionada. «Hola, jefe —dile alegremente, con tu solicitud en la mano—. ¿Me puedes aprobar la solicitud de vacaciones?». Es probable que quiera pensárselo y te pida que se la dejes. Cada vez que vuelvas a preguntárselo, asegúrate de decirle «si ha tomado una decisión» sobre tu solicitud. A menos que tenga un motivo razonable para denegarla, lo más probable es que la apruebe aunque sea únicamente para que le dejes en paz, siempre y cuando no intentes pelear con él por el control de la situación.

Naturalmente, un buen jefe no necesita un estómago lleno y un subidón de azúcar para tener en cuenta el valor de concederte vacaciones. Insistirá para asegurarse de que te tomas todo el tiempo que te corresponde, porque de verdad le preocupa tu salud personal y profesional, así como tu bienestar. Cuando vuelvas, probablemente te lleve a comer para que les cuentes tus vacaciones. No olvides las fotos.

Aspectos específicos de la vinculación con tu i-jefe

Tal y como he mencionado antes, chismorrear durante el café, las copas y las comidas forma parte de la cultura empresarial de casi todos los países del mundo. Usa esas oportunidades para establecer vínculos con tu i-jefe que te faciliten la vida en la oficina. Recuerda hablar sobre lo que él quiere; ríete con sus chistes e historias graciosas, incluso si es la quinta vez que oyes la anécdota de cómo su perro vomitó sobre el periódico del vecino. «Vaya, jefe —te ríes—. Nunca me canso de oír las opiniones editoriales de tu perro». Es probable que tu jefe esté buscando audiencia, pues la mayoría de la gente acaba por dejar de escuchar a sus i-jefes con el tiempo; aprovecha esto.

Tus chistes y grandes ideas no están en su agenda. Tienes que responder a la imagen que él ve en su nebuloso espejo, y lo último que deseas es desempañarlo. La hora de la comida es una oportunidad estupenda para que juegues a los detectives y estudies la imagen que ve tu i-jefe en ese nebuloso espejo. Conviértete en él y, siempre que sea humanamente posible, pide lo mismo que él. Come al mismo ritmo que él para que terminéis a la vez. Con tu i-jefe hablando tanto, tendrás que ser paciente; no te llenes la boca de comida mientras habla; detente, y come un bocado cuando él lo haga. Llévate el tenedor o la cuchara a la boca de la misma manera que él.

Mantén esta disciplina culinaria para hacerle sentir que eres una extensión de él. Cuando tu i-jefe haga una pausa para comer un bocado, tu también comerás otro, y así no se sentirá tentado a añadir nada a la conversación. Permite que se haga el silencio: él mismo lo romperá rápidamente. Mientras masticas, es probable que el jefe idiota hable con la boca llena. Concentrarte en el contacto visual te ayudará a luchar contra la náusea. Los jefes idiotas revelan algunos de sus pensamientos más íntimos al masticar; si le queda algo de comida en la cara o entre los dientes, indícaselo educadamente. Si comprende el mensaje y se quita la comida, estupendo; si no lo hace, olvídalo, has hecho lo que has podido. Cuando entre en temas serios, sigue su línea de pensamiento, por muy complicada que sea, y muéstrate como un oyente activo. Sigue manteniendo contacto visual, asiente con frecuencia y repite en voz alta palabras y frases clave: «Ajá. ¡Pensar diferente!», «El gran perro que vino de la calle se llevó tu queso», «hasta el infinito y más allá», «un nuevo *parpadeo* en *el punto clave* y expulsar los costes del negocio actuando contra la estrategia». Traga.

Ten cuidado con no eclipsar la destreza de tu i-jefe con los cubiertos. Si come guisantes con cuchillo, tú también. Si come ensalada con cuchara, imítalo. Si remueve el café con el mango de la cuchara, haz lo mismo, aunque la hayas usado para comerte la ensalada. Si ser el espejo de tu i-jefe implica sostener el tenedor de manera que sobresalga del extremo de tu puño, acostúmbrate a ello. Quieres que él se sienta cómodo y seguro a tu alrededor: su tranquilidad y familiaridad sólo te reportarán beneficios.

Si tus compañeros te encuentran en el restaurante, saluda con amabilidad a todo el mundo. Si aún no les has vendido los beneficios de que tengas una relación laboral más fuerte con tu i-jefe, siempre puedes decir después que te había coaccionado para ir, o que estabas solicitando mejores condiciones laborales para el departamento. Si tus compañeros de trabajo se acercan a tu mesa y te preguntan cómo va todo, aprovecha la oportunidad, ríete y di: «El jefe me estaba hablando sobre aquella vez en la que su perro vomitó sobre el periódico de su vecino». Las expresiones de horror inundarán sus rostros y se alejarán lentamente de la mesa. Tu i-jefe valorará lo bien que escuchas, y tendrás la compasión de tus compañeros durante el resto de tu vida.

SUBIR LAS APUESTAS

Cuando tu i-jefe te invite a comer con un cliente importante o con alguien que está por encima en la cadena alimenticia corporativa, tendrás que buscar un poco de equilibrio. Cuando el pez gordo no esté mirando, pero tu i-jefe sí, imita a este último; cuando te parezca posible, imita al pez gordo. Es probable que tu i-jefe monopolice la conversación, e incluya su anécdota sobre el vómito de su perro, que «a todo el mundo le encanta». Has ayudado a crear esa falsa ilusión, pero nadie tiene por qué saberlo. Fúndete con la pared en estas reuniones multinivel; observa y aprende. Puede que se represente ante tus ojos un drama que revele por qué tolera el jefazo al jefe idiota (y, créeme, no será por sus chistes y anécdotas graciosas). Mientras tu i-jefe os entretiene, el jefazo y tú podéis masticar vuestra comida; en cualquier caso, ya no estará actuando para ti.

Esto también te dará la oportunidad de mejorar tus modales en la mesa, acorde con los de la persona que está por encima en la cadena alimenticia. Ríete únicamente cuando el gran jefazo o el cliente se rían; si no lo hacen, entabla contacto visual con tu i-jefe y guiña un ojo como si dijeras: «Eres muy divertido, jefe. ¿Qué sabrá este idiota?».

Salva el pellejo de tu i-jefe

Las comidas son acontecimientos sociales. Si alguna vez ha existido la ocasión de demostrar lo hábil que eres socialmente, la comida es tu oportunidad de brillar. Puedes ser un licenciado en modales con especialización en el uso de la cubertería, memorizar cartas de vino y relacionarlas con el historial de precipitaciones en diversas regiones de Francia y del valle del Rin, y aun así estropearlo, si olvidas quién es el jefe. Tu luz procede de ayudarle, no de eclipsarle.

Tu amplio conocimiento de la alta gastronomía puede hacerte ganar puntos con el jefe idiota cuando lo usas para ahorrarle alguna sensación de vergüenza. Si no tienes un vasto conocimiento de la etiqueta en la mesa, ve a la biblioteca, entra en internet o acude a la escuela de protocolo y adquiérelo. Ni siquiera a los jefes idiotas les importan los pequeños recordatorios sobre el cubierto a emplear con cada plato.

—Me encantan las ensaladas crujientes —canturreas de camino al restaurante en el que tu i-jefe y tú os vais a reunir con un pez gordo para comer—, que como con ese pequeño tenedor del exterior, naturalmente.

El jefe idiota te mirará y repetirá como si ya lo supiera:

—Naturalmente.

—A menos, claro, que me ofrezcan un tenedor de ensalada —continúas.

—Claro —concuerda tu i-jefe—. Siempre es mejor si es de ensalada.

No lo admitirá, pero tu jefe está dispuesto a seguir tus ejemplos en cuanto a modales en la mesa, a menos que sea un auténtico idiota negado, en cuyo caso todo depende de él. Si te parece que está abierto a sugerencias, hazlas. Cuanto más dependiente puedas convertirlo en cuanto al comportamiento social aceptable, más en deuda te estará. Si el conocimiento es poder, saber arreglártelas en una comida servida con guantes blancos supone una gran cantidad.

Pon a trabajar tus capacidades superiores de recopilación de información, y descubre las inclinaciones del pez gordo. Normalmente, la secretaria de un gran jefazo divulgará con mucho gusto cuál es su vino favorito, si prefiere el filete bien hecho o el tartar crudo, y cualquier cosa que te ayude a hacer que su experiencia gastronómica sea agradable. Haz saber a tu i-jefe lo que has averiguado. Con suerte será suficientemente listo para saber cómo usar esa información a su favor. Mejor aún, valorará que seas una auténtica fuente de información para progresar profesionalmente.

COMIDAS INTERNACIONALES

Un centenar de compañías adineradas que hasta hace poco se consideraban profundamente estadounidenses se dignaron a abrir oficinas en el extranjero para orientar su negocio hacia el exterior. Con el paso de la primera década del siglo XXI a la segunda, estas mismas compañías, si no han sido directamente adquiridas por grupos extranjeros, se han encontrado dando trabajo a la misma cantidad de empleados en Estados Unidos que en el extranjero, o quizá a más, y generan los mismos o más beneficios en el exterior.

En los viejos tiempos, las empresas estadounidenses tenían su mano de obra no cualificada en países donde esta era más barata. La capacidad intelectual se quedaba en casa, en las oficinas y las torres de cristal de la industria occidental. En la actualidad resulta muy extraño que la presencia de una empresa de tamaño considerable se limite únicamente a Estados Unidos. Parece que la mayoría de la gente del mundo empresarial actual se enfrenta cada vez más a problemas interculturales. Cuando estos conflictos afectan a tu i-jefe, tienes una oportunidad tan grande y amplia que hasta un camión podría atravesarla. Siempre has instado al jefe idiota a no quitarse los zapatos bajo la mesa. Ahora puedes iluminarle en torno a toda clase de etiqueta relacionada con los pies, desde quitarse los zapatos en un refinado restaurante japonés hasta no mostrar jamás las suelas de sus zapatos a un coreano. (Tal vez quieras llevar un par de calcetines adicionales, en caso de que los suyos tengan agujeros). Las costumbres culturales de prácticamente cualquier país se pueden encontrar fácilmente en internet. Puedes contratar empresas como Partners in Human Resources International para que te asesoren culturalmente, y puedes encargar inventarios culturales y organizar cursos de formación sobre sensibilidad cultural y aclimatación. Ahora más que nunca, tienes que llevar la delantera, anticiparte a cualquier posible paso en falso que tu i-jefe pueda dar, investigar por tu cuenta y asesorarle. Es muy probable que valore tus esfuerzos.

PASO DIEZ: «SEGUIR HACIENDO INVENTARIO PERSONAL Y, CUANDO ME EQUIVOQUE, ADMITIRLO INMEDIATAMENTE».

Me alegro de que los doce pasos dejen un poco de margen para llevar a cabo algo de trabajo de refuerzo. Mi frecuentemente torpe conducta en reuniones sociales supone una oportunidad constante para el trabajo de refuerzo. Si tuviera que hacerlo todo bien a la primera, probablemente sería una estadística de reincidencia perpetua. Es una buena idea seguir haciendo inventario personal porque cuantas más capas de la cebolla retiro, más parezco descubrir. Cuanto más exploro los problemas personales de mi idiota interior, más comprendo a los jefes idiotas y cómo lidiar con ellos. El ejercicio del inventario personal es especialmente útil en mi contexto profesional, porque estoy creando una imagen de cómo la estupidez en mis asuntos personales se refleja mediante idioteces en mis asuntos profesionales. Los jefes idiotas también se comportan así en casa. Tal y como mencioné en el primer capítulo, yo he sido un empleado idiota, un jefe idiota, un marido idiota, un estudiante idiota, un profesor idiota y un asesor idiota. He sido un fastidio de la igualdad de oportunidades para más gente de la que puedo contar. Cuanto más veo el comportamiento idiota de mi jefe en el trabajo, más sospecho que actúa igual en su casa. La revelación principal para mí es que sea cual sea el comportamiento idiota que yo muestre en mi vida personal (y es bastante importante) probablemente aparecerá en el trabajo tarde o temprano, de una forma u otra.

Si me mantengo aferrado a la ira y el resentimiento hacia los jefes idiotas, seguiré intentado pelar las capas de la cebolla para llegar al núcleo de su comportamiento, en lugar de al mío propio. Cortar sus cebollas quizá resulta una forma más apropiada de expresarlo; no, cortarlas a tajos con un machete sería la forma más honesta de expresarlo. No obstante, tal y como hemos acordado capítulos atrás, esa clase de amargura y búsqueda de venganza sólo estropea nuestros días, nos envenena e invalida las garantías de nuestros móviles, no de los suyos; todo ello a menos que llevemos un machete de verdad al trabajo, en cuyo caso acabaremos arruinando dos vidas.

EJERCICIO PARA EL PASO DIEZ: «SEGUIR HACIENDO INVENTARIO PERSONAL Y, CUANDO ME EQUIVOQUE, ADMITIRLO INMEDIATAMENTE»

Hacer una lista de toda la gente a la que he herido y revisarla dos veces no es suficiente. Subsanar errores y pedir disculpas cuando sea posible, siempre que hacerlo no suponga un serio daño emocional o físico, supone un gran adelanto en humildad y perspectiva mejoradas. Las comidas y las reuniones sociales son escenarios donde a menudo

(Continúa)

se presentan buenas oportunidades para admitir maldades. Los jefes son más propensos a perdonar cuando están en un ambiente festivo o tienen el estómago lleno de buena comida. No obstante, el concepto completo del inventario no es estático. El único momento en el que puedes dejar de hacer un inventario personal es cuando estás muerto o decides dejar de invertir en tu vida, lo que sea que llegue antes. La buena noticia es que el ejercicio para el décimo paso supone, en realidad, una progresión natural de las tareas de hacer una lista, prepararse para subsanar errores y repararlos de los pasos ocho y nueve. No hay necesidad de planearlo con anticipación ni de localizar a viejos amores, jefes, padres, amigos, enemigos o dependientes de tiendas. No obstante, hay dos cosas importantes que debes tener en cuenta:

1. Realiza un inventario personal de forma continua convirtiendo en un hábito escribir tus experiencias cada día. Crea un diario en línea, o hazlo de la manera tradicional, a mano. Pero presta atención y documenta lo que piensas, dices y haces. ¿Estás huyendo de viejos patrones? ¿Estás atascado en viejos modelos? ¿Estás aplicando otros, más nuevos y saludables? ¿Estás desarrollando patrones nuevos y más destructivos? La clave es prestar atención en nuestra vida, porque si no, acabaremos reincidiendo. ¿Cómo puedes saber si estás avanzando, si no sigues tus progresos? ¿Cuántas veces te han dicho que «si no se puede medir, no se puede controlar»?
2. Cuando seas consciente de que has cometido un error, admítelo inmediatamente. No dejes que vaya a más y que un grano de arena se convierta en una montaña. Enfréntate cuanto antes y córtalo de raíz antes de que arraigue y se expanda a lo largo y a lo ancho. Basta de frases hechas. Haz un inventario personal de tu comportamiento durante las próximas veinticuatro horas en el lugar de trabajo. Tus elecciones en cuanto al lugar en que comes, qué y con quién podrían proporcionarte muchas oportunidades para admitir un error. Ten especial cuidado con los idiotas durante las comidas, pues lo que ocurra puede ir a tu favor o en tu contra. Juega tus cartas durante la comida sabiamente.

11.
Idiotez: algunas teorías

Si los idiotas no existieran, ¿nos los inventaríamos?

> PASO ONCE: «MEDIANTE LA ORACIÓN Y LA MEDITACIÓN, BUSCO AUMENTAR EL CONTACTO CON MI PODER SUPERIOR, TAL Y COMO NOSOTROS LO ENTENDEMOS, REZANDO PARA CONOCER SU VOLUNTAD Y PARA QUE ME DÉ LA VALENTÍA PARA LLEVARLA A CABO».

El original (y farragoso) paso once se refiere a Dios o a nuestro Poder Superior, tal y como lo comprendemos. Esto significa fundamentalmente que tu Poder Superior es lo que tú decidas que sea. Por ejemplo, algunas personas son sus propios Poderes Superiores; los jefes endiosados lo son, desde luego. Para que mi Poder Superior me sirva de algo, tiene que ser más grande y global que yo. Creo que Él tiene una voluntad y un plan mucho más avanzado y potencialmente positivo que cualquier cosa que yo pueda concebir. El secreto es entrar en contacto con su voluntad y su estrategia sobre cómo debería emplear mi tiempo y energía. Esa será la verdadera vía rápida para alcanzar el éxito: rendirse y triunfar.

Después de todo, tal vez los jefes idiotas no sean un error. ¿Es posible que los i-jefes no sean los engendros de la evolución que nos parecían al principio? Quizá los jefes idiotas fueron creados para que los demás mantuviéramos la honestidad y la humildad. ¿Necesitamos i-jefes en nuestras vidas y somos sencillamente demasiado orgullosos para admitirlo? ¿A quién más podemos culpar por nuestras continuas frustraciones profesionales? ¿Odiamos a nuestros jefes idiotas porque se lo merecen, o porque no se pueden defender? ¿Somos nosotros los matones y nuestros jefes los enclenques delgaduchos? ¿Son los i-jefes parte de la misma cadena alimenticia en la que estamos incluidos todos los demás? Si el suelo de una persona es el techo de otra, ¿es el i-jefe de una persona el héroe de otra? Aunque nos lanzamos al cuello de nuestros clientes, a la larga, todos somos clientes de alguien.

A veces me he inventado algún jefe idiota en mi vida para evadir la captura y el castigo de mis propias transgresiones. Es más fácil hacer aparecer chivos expiatorios que soluciones. ¿Por qué gastar energía planeando un futuro mejor, cuando puedo agotarla lloriqueando sobre el presente y el pasado? Creamos idiotas para subirnos a los hombros de alguien y mantener la cabeza sobre la superficie del mar de estupidez al que todos contribuimos. Las historias sobre idiotas son innumerables y acaban atascando el ciberespacio como los pelos el desagüe de la ducha. Sin embargo, no estoy seguro de que todas esas personas sean idiotas. Puede que sean meros idiotas de conveniencia que creamos para sentirnos mejor con nosotros mismos.

Entre mis queridos colegas hay un gran profesor y un horrible golfista, todo en uno, distinción que me reservaba para mí solo hasta que le conocí. Él es un científico y yo, un filósofo. Su disciplina es la ciencia exacta. En cambio, la ciencia del comportamiento, pese a su denominación, constituye una forma de arte. En el mundo preciso en el que opera, los tontos son fácilmente cuantificables, y él los critica sin pensárselo dos veces. Mi amigo me envió una recopilación de respuestas de exámenes reales de salud y ciencias que puede que hayan aparecido en tu carpeta de ciberdesechos en algún momento:

1. H_2O es agua caliente y CO_2, fría.
2. Cuando hueles un gas inodoro, probablemente sea monóxido de carbono.

3. El agua se compone de dos ginebras, oxígeno e hidrógeno. El oxígeno es ginebra pura. El hidrógeno es agua y ginebra.
4. Impulso: lo que le das a una persona cuando se va.
5. Vacío: un gran espacio vacío en el que vive el papa.
6. Germinar: nacionalizarse alemán.

Claro, adelante, ríete. Puede que yo haya contestado así alguna vez, en aquellos momentos de desesperación y acaloramiento en los que me he dado cuenta, demasiado tarde, que quizá estudiar hubiera sido una buena idea. Para la gente inteligente, y sobre todo para los científicos, resulta sencillo pensar que todos los demás somos idiotas. Sus preguntas sólo tienen una única respuesta correcta. Observa estas respuestas de forma filosófica o artística, y podrás apreciar la tendencia hacia múltiples clases de inteligencia, que es otra forma de decir que no todos somos científicos. No hay una única respuesta correcta cuando tienes que lidiar con seres humanos.

Idiotas: ¿realidad o ficción?

Los idiotas de tu lugar de trabajo pueden ser reales o imaginarios; en el primer caso, tendremos que lidiar con ellos; en el segundo, necesitamos ayuda psiquiátrica. El secretario de Estado de la administración Truman, Dean Acheson, escribió: «Un memorándum no sirve para informar al lector, sino para proteger al redactor». Esto no es así si eres un idiota. Prueba a ver si puedes aplicarte algunas de estas directrices de dirección:

- «El trabajo de equipo es un montón de gente haciendo lo que yo digo».
- «Hacerlo bien no es una excusa para no cumplir con los plazos».
- «Tengo la esperanza de comprimir estos dos documentos y sacar tres».
- «Este proyecto es tan importante que no podemos permitir que más cosas importantes interfieran con él».
- «El correo electrónico no se debe emplear para transmitir información o datos, únicamente tendría que usarse para asuntos estrictamente empresariales».
- «Sabemos que la comunicación es un problema, pero la empresa no va a discutirlo con los empleados».

Hay dos formas de asegurarte de que tus palabras serán recordadas por la posteridad: decir algo excepcionalmente sabio o algo increíblemente estúpido. A los gerentes autores de las frases anteriores su lógica les parecía tan sólida como el peñón de Gibraltar. Uno incluso me dio alegremente un folleto plagado por todas partes de su retorcida lógica que un antiguo empleado suyo había publicado. Pensaba que aquel panfleto era un tributo, le di las gracias por el folleto y me marché. Llegaba tarde a una cita en la Tierra.

Si de verdad quieres conocer la respuesta a la pregunta del inicio de este capítulo, «Si los idiotas no existieran, ¿nos los inventaríamos?», en primer lugar debes aceptar que se trata de una cuestión estúpida. Los jefes idiotas existen por definición.

Una pregunta más apropiada es: «¿Cómo sobrevives a ellos?». Una más profunda y siniestra es: «En realidad, ¿soy yo el idiota que intenta vivir una vida de negación y camuflaje?». Quizá incluso esté proyectando mi propia estupidez sobre un jefe idiota, haciéndolo parecer peor de lo que es en realidad.

Está en la sangre

La genética es otra forma de conectar con nuestros jefes idiotas a cierto nivel. En la inmensa mayoría de los casos, si rastreamos lo suficiente las raíces de nuestro árbol genealógico, estamos condenados a encontrar idiotas en alguna de sus ramas.

Por una vez, intenta mirar a tu i-jefe a través de otra lente. Sus antepasados no juegan a su favor; esto explica sus anémicas capacidades de comprensión. Cuando intentas convencer a un i-jefe de que haga algo, tu primera tarea es ayudarle a comprender el concepto. Concédele el beneficio de la duda: los jefes idiotas quieren gustar a pesar de su antipatía. No dejes de repetirte a ti mismo: «Sus intenciones son buenas». Esto no significa que con decirlo se arregle todo, pero, al menos, así levantarás el velo de las malas intenciones. Compara a tu i-jefe con otros tipos de jefe que tengan realmente intenciones malvadas y lo apreciarás todavía más.

Los buenos jefes siempre tienen buenas intenciones y, generalmente, poseen la inteligencia suficiente para hacer el bien. Muchos jefes idiotas serían buenos si pudieran mantener un pensamiento durante el tiempo suficiente, sin aburrirse o intentar jugar a dirigir. La línea que separa a los buenos jefes de los i-jefes es a veces tan delgada como unos cuantos puntos en el cociente intelectual. Los buenos jefes se preocupan principalmente por el crecimiento y el desarrollo de los miembros de su equipo, pues saben que la gente muy motivada es muy productiva.

La inteligencia que separa a los buenos jefes de los i-jefes incluye el reconocimiento de que las tareas sin sentido que estos últimos obligan a llevar a cabo a los miembros de su equipo son contraproducentes para el crecimiento y el desarrollo del individuo y, por lo tanto, de la organización. Los i-jefes no se lanzan intencionadamente a frustrar el rendimiento de los miembros de su equipo; sencillamente, les sale de forma natural. Los i-jefes apoyan de boquilla la consecución de los objetivos de la empresa, mientras repiten como loros los mantras de los autores motivacionales. Pero al final, y a pesar de todo, acaban echando a perder el trabajo mediante el encargo de tareas irrelevantes, «evaluaciones» de rendimiento inapropiadas y una mala política de comunicación. No captan la idea de que todo el desorden a pequeña escala que generan diariamente crea a la larga un caos mayor. Todo está en el informe del análisis genético.

Tal y como recordarás del capítulo n.º 4, la procreación idiota es el resultado que se produce cuando los idiotas añaden más idiotas a la nómina para protegerse de ser descubiertos. Cuando se añaden tantos idiotas al suministro sanguíneo de la organización, la inteligencia global de la empresa está destinada a caer a causa de la endogamia idiota. La sangre fresca, en términos de ideas y perspectivas novedosas, infundirá nuevo vigor a la energía que la organización tenía cuando era más joven y fuerte.

Concepto de la evasión

La inteligencia en las manos adecuadas hace que un buen jefe sea eficaz. La estupidez en las manos equivocadas convertirá en un circo una organización que de otra forma sería eficaz. Los buenos jefes saben que la integridad de la décima planta depende de que la novena se conserve perfectamente. Imagina que estás teniendo una conversación con un jefe idiota mientras estáis comiendo en un restaurante situado en la azotea de un rascacielos que vuestra empresa ha ayudado a construir.

—Ahorramos dinero mezclando materiales de construcción de buena calidad con otros bastante peores —explica el i-jefe mientras intenta sacarse una semilla de sésamo del primer molar. Detienes tu tenedor de ensalada justo en la entrada de tu boca abierta, parpadeas dos veces y vuelves a dejar el cubierto sobre el plato.

—¿Estás diciendo que este altísimo edificio en el que estamos ahora se ha construido con materiales de poca calidad?

—Llegó un memorándum diciendo que había que reducir costes —te responde el i-jefe, lanzando la semilla de sésamo por encima de su hombro—. Pensé que aquello significaba recortar gastos de la mano de obra o de los materiales, y con el sindicato y demás, eliminar personal hubiera sido difícil, así que compré algunos materiales de la marca X. —El i-jefe esparce mantequilla sobre el resto de su bollo de sésamo y se lo mete en la boca—. Obtuve algunas cosas con muy buena pinta de un tío que se llama Freddie el Palmera —farfulla con la boca llena de bollo y mantequilla—. Y muy baratas, además.

—¿No te preocupa? —preguntas, intentando evitar mirar lo que está masticando.

—Qué va. —El i-jefe traga y bebe un buen trago de agua—. Logramos hacerlo dentro del presupuesto y he conseguido un buen aumento.

—Me refiero a si te sientes seguro en un edificio construido con materiales de mala calidad —dices, analizando las paredes y el techo en busca de grietas u otras señales indicativas de fallos estructurales.

El i-jefe se ríe.

—Debes de pensar que soy idiota.

—No he dicho eso —respondes, con la esperanza de que no se te haya verbalizado tu pensamiento, tan presente en tu mente.

—Te diré —te asegura— que empleé el acero y el cemento de mayor calidad aquí, en los pisos superiores, donde están las oficinas de dirección. El cemento cuestionable y el acero más propenso a los fallos estructurales se han usado en los pisos inferiores, es decir, donde trabajan los peones.

—Eso ha sido una genialidad —dices en tono agradable, mientras te levantas de la mesa y sales del edificio lo más rápido posible.

La educación probablemente se pierde ante una persona demasiado burra para darse cuenta de que la salud y el bienestar del panorama general dependen de la salud y el bienestar de cada uno de sus componentes. Un buen jefe comprende esto y se preocupa lo suficiente para hacer algo al respecto, porque demuestra inteligencia, carácter y sentido común de forma constante. El mero empleo del sentido común puede evitar una enorme multitud de pecados.

Buena parte de la frustración que sentimos cuando lidiamos con jefes idiotas procede de esperar que demuestren alguna clase de sentido común. Los idiotas pueden hacer cosas sensatas, pero no necesariamente porque piensen que están dirigidas por el sentido común. Lo más probable es que sean el resultado de tus esfuerzos por conducirlos en esa dirección mediante el lenguaje del idiota, el hecho de comer con idiotas, el pensamiento idiota y otras intervenciones idiotas del estilo.

OFRENDA DE SANGRE

Si los buenos jefes no existieran, ¿los inventaríamos? No parece probable, pues no tienen un uso funcional para nadie. Los i-jefes se distinguen de los otros tipos de jefe por algo más que la presencia o la ausencia de inteligencia; plantéate de qué forma la usan.

La gente que se encuentra en una posición de poder y realmente cree ser un deidad combina un pensamiento de carácter ilusorio con una inteligencia superior para producir el curioso cóctel cognitivo que guía el comportamiento de los jefes endiosados. La capacidad de centrarse y mantenerse en una tarea puede ser la virtud más importante para esta clase de jefes, «puesto que se comprenden a sí mismos». Su tarea principal no es lograr los objetivos y las metas de la organización, sino que su comportamiento raras veces tiene algo que ver con lo que en realidad les pagan por hacer.

Dejando esto a un lado, he notado que los líderes que creen ser una deidad suelen tener tendencias paranoicas subyacentes, pues esa es la única manera de que un jefe endiosado se mantenga en el poder. Deben reprimir o eliminar a cualquiera que pueda señalar que no son más que simples mortales. Mi madre siempre omitía la parte de *El traje nuevo del emperador* en la que la policía secreta arrestaba al niño que revelaba la mentira, lo encerraba en una cárcel y lo torturaba antes de hacerlo desaparecer totalmente. Sé que intentaba protegerme, pero si hubiera incluido esa parte, hubiera estado mejor preparado para la vida corporativa.

Tal y como he citado anteriormente, los jefes endiosados no pueden permitir que la gente razonable que se encuentra dentro de su esfera de influencia tenga voz ni una plataforma desde la que denunciarlos como fraudes. Sin embargo, silenciar gente y deshacerse de sus cuerpos sin llamar la atención requiere la misma astucia e imaginación que necesitaron para creerse omnipotentes. Un jefe endiosado demostrará su inteligencia mediante ardides ingeniosos y, a su vez, diabólicos, necesarios para silenciar a buscadores y portavoces de la verdad. El trabajo de un jefe endiosado nunca se lleva a cabo porque siempre hay alguien con un deseo natural de revelar la verdad (excepto cuando se trata de rellenar la declaración de hacienda y las solicitudes de empleo, o de explicar a su cónyuge la verdadera razón por la que ha llegado tarde a casa).

Los jefes maquiavélicos también suelen aplicar su inteligencia superior para conseguir objetivos malignos. Desafortunadamente para los jefes maquiavélicos, su éxito conlleva el fracaso de otros. Mientras que un jefe endiosado eliminará a todo aquel de quien sospeche que podría descubrirlo, un jefe maquiavélico sólo apartará a aquellas personas que se interpongan entre él y sus objetivos reales. Los jefes maquiavélicos, inteligentes y astutos, golpean con sigilo y destreza para apartar quirúrgicamente de su camino a la persona o las personas culpables. Mientras que un jefe endiosado prefiere dejar a su paso un amplio rastro de destrucción, uno maquiavélico sólo dejará una pequeña gota de sangre claramente visible sobre el teclado del ordenador de la víctima como un convincente recordatorio del precio de su interferencia para el resto de los miembros del equipo.

Al igual que los jefes endiosados tienen un miedo subyacente a ser descubiertos, los maquiavélicos muestran un narcisismo subyacente. Y, naturalmente, los jefes idiotas despliegan una incompetencia subyacente, la cual me sorprende que no constituya una categoría de diagnóstico en el *Manual diagnóstico y estadístico* (DSM, del inglés *Diagnostic and Statistical Manual*) de la Asociación Estadounidense de Psicología. El hecho es que todos estos tipos de jefe existen, así que no necesitamos sopesar si los crearíamos o no en su ausencia.

UNA EXCEPCIÓN PARA TODO

Si no hay nadie en la oficina a quien infligir dolor y sufrimiento, un jefe masoquista hará los honores y se lo causará a sí mismo. Incluso así, no necesita mirar muy lejos para encontrar a alguien que le eche una mano, siempre que haya jefes idiotas, endiosados, maquiavélicos y sádicos cerca. Los jefes idiotas normalmente causan dolor y angustia de manera involuntaria. Los jefes endiosados provocan dolor y angustia como método para garantizarse la lealtad y el apoyo de los demás. Los jefes maquiavélicos causan dolor y angustia en su lucha constante por transferir todo lo que tienen los demás a sus cuentas en el extranjero. A los sádicos les encanta provocar dolor y angustia, punto.

Los jefes sádicos me resultan más tolerables que los masoquistas, pues su comportamiento parece más natural dentro de la demencia. Los jefes masoquistas son como jefes reacios hasta que descubren las fantásticas oportunidades de autocastigo que ofrece el liderazgo. Un departamento lleno de gente puede convertirse en una turba enfadada con horcas si los molestas y fastidias lo suficiente. Para un jefe masoquista, podría suponer la muerte a manos de unos subordinados iracundos. Si se les deja a su aire, a los masoquistas les encanta trabajar para los sádicos porque estos les proporcionan su dosis regular y segura de dolor y abuso. Por el contrario, los sádicos

no soportan a nadie que disfrute del dolor; en consecuencia, los masoquistas nunca durarán demasiado en un departamento dirigido por un sádico.

Los sádicos quieren ser jefes desde el principio, porque para ellos supone la situación perfecta para castigar y maltratar a sus víctimas con total impunidad. Es una brillante maniobra táctica y lo más cercano al crimen perfecto. Las cargas de trabajo inhumanas que a los jefes sádicos les gusta encargar a los miembros de su equipo pueden conllevar falta de sueño, malnutrición e incluso el internamiento en alguna institución. En cada uno de los casos, un jefe sádico muy inteligente declarará bajo juramento que aquel miembro de su equipo era demasiado ambicioso, lo que sólo provocará desesperación y un comportamiento autodestructivo aún más profundo en la persona señalada. Si los jefes sádicos no existieran, ¿los crearía? Terminantemente, no. Prefiero mil veces a un idiota. Si los jefes sádicos no tienen cuidado con sus acciones, puede acabar interviniendo el departamento de recursos humanos. Poco tiempo después, los sádicos se encontrarán hablando con asesores como el Dr. Hoover, y sus vidas cambiarán para siempre. Ya no hay más dolor por diversión, tan sólo el dolor positivo que lleva al triunfo.

> ### MOVILIDAD VERTICAL Y ABOGADOS
>
> Con los departamentos de recursos humanos tratando de evitar demandas laborales, la manera más segura de deshacerte de personas indeseables en tu departamento es ayudarles a ascender (véase el capítulo cuatro). Nadie demanda a la empresa por haber sido ascendido. Con los incompetentes cabezas de chorlito situados en la parte superior de la escalera directiva porque se les ha enviado hacia allí de una patada hacia arriba en un esfuerzo por alejarlos de los departamentos que trabajan de verdad, y con un papeleo mínimo y acuerdos extrajudiciales, la gente que de verdad trabaja en el pie del champiñón soporta un sombrero cada vez más poblada de jefes chiflados, improductivos y contraproducentes.

Desafiar la explicación

No conozco ninguna prueba física o biológica que explique la existencia del jefe paranoico. Muy similares a sus primos, los jefes endiosados, los paranoicos existen en un mundo teórico o, más concretamente, de fantasía, creado por ellos mismos. Tanto si desarrollamos la capacidad de explicar su existencia como si no, los jefes paranoicos son insufribles. Nada que hagas los satisfará ni los complacerá, y es difícil mantenerse motivado cuando todo lo que piensas, dices y haces está bajo constante sospecha. Al igual que con la mayoría de la energía negativa del universo, el ciclo de la paranoia se retroalimenta, asume vida propia y se perpetúa a sí mismo. Puede que la máquina del móvil perpetuo sea un mito, pero la imaginación de los jefes paranoicos seguirá funcionando eternamente. Si estos paranoicos no existieran, no veo motivos para inventarlos, pues suponen un fastidio perpetuo para la igualdad de oportunidades de todo el mundo.

Medidas extremas... como la reorganización

No recomiendo disolver tu empresa como estrategia para librarte de los empleados problemáticos. Eso sería como quemar tu casa para deshacerte de las termitas. Desafortunadamente, las empresas intentan superar constantemente sus propios baches (léase: jefes problemáticos) mediante la reorganización.

Los jefes reacios suelen alcanzar su cargo porque la persona que anteriormente tenía la responsabilidad directiva de esa zona era tan desastrosa que hubo que realizar una reorganización completa para apartar al jefe incompetente de su posición de poder. En el proceso, este quedó relegado a otra función donde sus actos tuvieran consecuencias más leves en caso de fracaso. Es confuso, lo sé. ¿Por qué no despedirlo directamente? El litigio, al igual que el nuevo plan de jubilación, es otra forma de evitar la confrontación remodelando el exterior sin que parezca que ha cambiado mucho.

Dile eso al jefe reacio, quien sabe que le han cargado una responsabilidad adicional, aunque con mayores compensaciones. Se supone que el jefe que no quiere serlo tiene que dar, de alguna manera, un paso adelante, y llenar el vacío que su predecesor nunca ocupó (excepto, quizá, con aire caliente). El jefe reacio vuela bajo por defecto, cosa que finalmente conllevará una remodelación de la organización tras otra, que podrían haberse evitado afrontando de forma constructiva el núcleo de los problemas de liderazgo y teniendo en cuenta, para empezar, las necesidades de la empresa y la tipología concreta del jefe. No inventaría jefes reacios premeditadamente si no existieran ya. Esperaría crear nuevas circunstancias relacionadas con las materias que dominan para conservarlos y que contribuyeran allá donde se sienten más cómodos y productivos.

Lanzar una moneda para empeorar las cosas

En algunas ocasiones, el remedio es peor que la enfermedad. Cuando un departamento está desprovisto de mando o sufre un mal liderazgo, sin importar su forma, y cuando los poderes superiores reorganizan la situación para solucionar el problema, a veces, un jefe inepto se desliza hasta un rincón de la oficina.

Mientras que a un jefe reacio se le podría haber ascendido por la competencia demostrada a la hora de dirigir un trabajo especializado, uno inepto podría ser promocionado por haberse lanzado contra el coche del gran jefazo en el aparcamiento de los directivos.

De la misma manera que los jefes reacios suelen ser reemplazados por otros iguales, a los jefes ineptos, cuando fracasan, los sustituyen a menudo otros ineptos. Enjabonar, aclarar y repetir hasta la náusea. Si yo me enfrentara a la decisión de crear un jefe reacio o uno inepto, elegiría la primera opción; al menos, este personaje sería feliz si lo devolvieran a la cueva donde escribía códigos antes de que lo incorporaran bruscamente a las filas de la directiva. Un jefe inepto no será feliz hasta que alcance un cargo de poder, tenga esto sentido o no. Aunque la ambición puede ser una fuerza impulsora positiva, si quisiera crear algo en un cara a cara con un jefe inepto, sería un fuerte deseo de crecer y desarrollar en él aquello que la autora y experta en liderazgo Margaret Wheatley denomina la *nueva ciencia de la gestión*.

NO SOPORTO MÁS AMISTAD

Los jefes colegas a menudo parecen idiotas, con la diferencia de que no son tan negados y pueden ser bastante inteligentes. Únicamente se sienten solos, cosa que pone en juego las vulnerabilidades de los codependientes como yo. Aunque las personas solas inteligentes pueden ser muy molestas, a mí me tocan la fibra sensible. Por el contrario, los i-jefes no son suficientemente listos como para darse cuenta de que están solos. Es como ser tan pobre que ni siquiera te das cuenta de ello. Si tienes un jefe colega, haz una colecta y cómprale un perro. Un gato no funcionará, porque estos felinos sólo le ignorarán y no les importará demasiado si está en casa o no. Los perros necesitan un mayor mantenimiento y puede que mantengan a tu jefe colega lo bastante ocupado para que puedas escabullirte un fin de semana con tu pareja e hijos. Con el tiempo, tu jefe colega tendrá que irse a casa a alimentar el perro, reduciendo considerablemente la cantidad de solicitudes de pasar largas veladas contigo. Si los jefes colegas no existieran, yo no haría ningún esfuerzo por cambiar esta situación.

A VECES, LA RESPUESTA ES EL DESPIDO PROCEDENTE

Cuando alguien es perjudicial para la eficiencia y la cohesión de un departamento, y esa persona no responde a los esfuerzos para resolver el conflicto o a los exhaustivos intentos de crear soluciones viables, es hora de que los poderes fácticos aparten a la oveja negra del rebaño. Por muy desagradable que sea el despido, en ocasiones es la mejor solución a este problema. Una situación insostenible con un empleado problemático perjudica más a los miembros del equipo que a los jefes. Estos tienen el poder y, de hecho, la obligación de tratar los problemas de personal, mientras que lo único que pueden hacer los miembros del equipo es esperar y desear que la cosa se arregle.

Uno de los peores escenarios laborales imaginables es un miembro del equipo negativo y mordaz que aterroriza a sus compañeros, y un jefe que no hace nada al respecto. Es probable que te hayas encontrado en esa situación; resulta difícil de sobrellevar y, seguramente, tu jefe es consciente del problema, aunque quizá finja que no. Para aquellos que no se han enfrentado a esta situación como jefes, resulta difícil que lo entiendan. Parte de ti no quiere admitir que te falta la capacidad para solucionarlo. Parte de ti no quiere abrir la caja de Pandora, enfrentándote al problema y accionando una bomba fétida, sólo para descubrir que el abogado de la empresa no te permite deshacerte de ella. No te entusiasma convertir a esa persona en un enemigo, y tienes la esperanza de que haya una resolución y reconciliación milagrosas.

Atravesar el exhaustivo e intrincado proceso de despedir a alguien es tan agradable como una endodoncia. Si eres uno de los miembros del equipo que sufre la indecisión de tu jefe, hay varias cosas que puedes hacer. Habiendo estudiado el lenguaje de tu jefe y lo que motiva su personalidad, puedes acercarte de la forma más diplomática y planeada posible a él, y hacerle saber lo mucho que está afectando la situación a la productividad y la moral del departamento y lo mucho que está dañando su reputación. Prepárate para que tus súplicas caigan en saco roto y también para lo que pueda suceder en caso de que la solución de la dirección sea reorganizar el departamento en lugar de apartar a la mala influencia de la empresa; finalmente, no te sorprendas si uno de los empleos que desaparece en esta renovación es el tuyo. En términos de probabilidades, es mucho más factible el despido de cualquiera o una combinación de las tres situaciones anteriores, antes que una confrontación valiente y constructiva con un empleado conflictivo o una relación laboral problemática.

Recuerda, soy un asesor ejecutivo del comité. No abordo los problemas difíciles con la actitud pesimista y cínica del que ve el vaso medio vacío. Creo que hay esperanza y potencial en todas las cosas y personas, y estoy dispuesto a trabajar duro junto con mis clientes para que todo fructifique. Dicho esto, conozco las reglas del compromiso oficiales y las no oficiales, las normas escritas y las no escritas. Y he aprendido, además de haberme ganado, una firme comprensión de la realidad interior de las organizaciones. Lo último que necesitas por parte de un autor, un consultor o un asesor es ingenuidad o una perspectiva eternamente optimista. Las cosas pueden salir muy bien, o pueden ir mal. A veces es necesario viajar y recorrer lugares horribles para alcanzar un nuevo día. Tal y como observó Zorba el griego, «es el barro lo que hace crecer las rosas», o algo parecido. Como líderes, no podemos temer hundirnos en el barro de vez en cuando.

No se puede ser demasiado cuidadoso

Recuerda siempre que cuando le llevas un problema a alguien que está por encima de ti en la cadena alimenticia de la organización, estás creando la expectativa de que dicha persona actúe en consonancia con la información que le proporcionas, que puede ser lo último que ella quiera hacer.

Asume que estás solo hasta que tengas la razonable convicción de que recibirás alguna clase de apoyo. No des por supuesto esto último, ni siquiera si los procedimientos estándares de tu organización lo obligan. Y recuerda que cualquier directivo con suficiente poder para ayudarte, en el caso de que tengas que pasar por encima de tu superior directo, pertenecerá también a uno de los tipos principales de jefe. Averigua con quién estás trabajando antes de exponerte a ser castigado. La información es poder, y nada te impide recopilar tanta como puedas.

Muéstrate agradecido

Si tu i-jefe no permite que un problema molesto y no resuelto se infecte, alégrate por ello. A pesar de cualquier explicación teórica, teológica o biológica para los jefes idiotas, da gracias por ello. Alégrate de que no sean conscientes de la confusión que crean y de que nada les mantenga en vela por las noches. Déjales que ronquen. Si perdemos horas de sueño odiándolos, no es culpa de nadie más aparte de nosotros. No digo que crearía i-jefes en el caso de que no existieran. Tampoco nos emocionemos. Pero sustituiría rápidamente un jefe endiosado, maquiavélico, sádico, masoquista, paranoico o colega por un i-jefe. Por el contrario, los jefes reacios e ineptos son fácilmente amortizables, con el tiempo y el esfuerzo suficientes.

Piensa en las pobres almas que no han leído este libro. Aún culpan a sus jefes idiotas de sus frustraciones profesionales y planean un golpe contra ellos. Tú, por el contrario, eres una criatura iluminada, puesto que te das cuenta de que, sin tu i-jefe, las cosas podrían ser mucho peores. Recuérdalo el próximo día de Acción de Gracias cuando tu i-jefe no se autoinvite a tu casa.

EJERCICIO PARA EL PASO ONCE: «MEDIANTE LA ORACIÓN Y LA MEDITACIÓN, BUSCO AUMENTAR EL CONTACTO CON MI PODER SUPERIOR, TAL Y COMO NOSOTROS LO ENTENDEMOS, REZANDO PARA CONOCER SU VOLUNTAD Y PARA QUE ME DÉ LA VALENTÍA PARA LLEVARLA A CABO»

Consulta a tu Poder Superior. Cuando ingresé en la directiva de la división de entretenimiento de Disney, Walt Disney ya llevaba muerto más de once años, pero aún dirigía la empresa. Tuve el privilegio de trabajar con gente que Walt había dirigido los suficientes años para conocer bien a aquel hombre. Para algunos, Walt era un Poder Superior; indudablemente era un visionario. La empresa no hizo nada muy diferente de lo que no hubiera pensado el mismo Disney durante los veinticinco años posteriores a su muerte. Hasta ese punto controlaba la situación.

Recuerdo vívidamente reuniones de diseño y producción en las que se discutían muchos enfoques y técnicas. Tras identificar diversas soluciones plausibles, alguien preguntaba invariablemente, como si fuera el momento oportuno: «¿Qué haría Walt?». Siempre había alrededor de un minuto de silencio mientras aquellos que le habían conocido y trabajado con él (así como los que habíamos estudiado su figura) sopesaban y valoraban la pregunta. El reflejo de la «forma Disney de actuación» proporcionaba siempre otra solución alternativa o mejoraba las ideas que había sobre la mesa.

Tu ejercicio para el paso once es valorar profundamente la naturaleza de lo que estás intentando lograr, plantearte cómo lo enfocaría una inteligencia mucho mayor que la tuya y, a continuación, formular un plan que refleje la mayor fuente de sabiduría a la que puedas acceder. Las acciones que lleves a cabo tendrán más sentido a un nivel profundo, y darán resultados mejores y más sostenibles en el tiempo si te has tomado el tiempo (me refiero a tiempo real, al menos treinta minutos de reflexión en silencio para empezar) para estudiar religiosamente cómo un poder superior al tuyo puede aportar, perfilar, mejorar o cambiar radicalmente tus planes originales. A continuación, reza para tener la serenidad suficiente para aceptar aquellas cosas que no puedes cambiar y el coraje necesario para llevar a cabo las cosas que de verdad dinamizarán tu vida y tu trabajo. Predigo que tu sabiduría, junto con la de tu Poder Superior, comprenderá la diferencia que implica esto. Reza o medita durante treinta minutos diarios, de día o de

(Continúa)

> noche, durante una semana, y dime si no ha cambiado nada para ti, si los malos jefes no se han vuelto más manejables y/o si los problemas que antes parecían insalvables no se han reducido a dimensiones factibles. Todo esto comenzará en tu «incubadora», tu máquina interior de ideas de la que salen estupendas soluciones cuando menos te lo esperas.

12.
Recalibrar expectativas, reconducir la ira

Finge por un instante que acabas de entrar en el despacho de tu jefe idiota con una furia justificada. Te plantas directamente frente a su escritorio con las piernas separadas, aprietas los puños, los sacudes ante su cara y le dices: «Miserable tal y tal. Soy más listo y tengo más talento que tú. Trabajo más duro y consigo más en un día de lo que tú logras en un mes. Si tuvieras medio cerebro, me tratarías con el respeto que merezco, me doblarías las vacaciones, me darías un aumento y me suplicarías que no renunciara». Tan sólo pensarlo sienta bien, ¿verdad? Sigue soñando.

¿Quieres progresar en tu trabajo o tan sólo sobrevivir? Si progresar te suena bien, abre los puños y libera la ira, la frustración y el resentimiento. «Pero, Dr. Hoover, me conozco y estoy cómodo con mi ira, mi frustración y mi resentimiento». «Claro que lo estás —concuerdo—. Pero ¿te hacen feliz?».

Eso pensaba. Abre los puños y déjalos salir.

Si crees que vivir con las manos abiertas en lugar de con los puños cerrados es algo que está solo al alcance de los pájaros, recuerda que las aves no tienen manos. La mayoría de las criaturas no necesitan pulgares oponibles porque no reflexionan sobre sus circunstancias ni calculan lo miserables que son ni lo enfadadas que están. Por lo tanto, no necesitas apretar los puños, lleno de ira, frustración y resentimiento. Los animales no están resentidos por aquello que no tienen. La ira, la frustración y el resentimiento no convierten a los humanos en una forma de vida superior. La capacidad de trascender lo que nuestra naturaleza e instintos básicos nos empujan a hacer en favor de un comportamiento más saludable es el único elemento que coloca a los seres humanos por encima del resto de formas de vida basadas en el carbono.

El problema es la ira

¿Qué tiene la ira para que le dedique todo un capítulo? Para empezar, tal y como dice mi querido amigo Danny Cox en palabras similares, «la ira se alimenta de sí misma. Te devora por dentro». La ira es el motor que escupe virulencia contra los jefes por su tubo de escape o tal vez es el veneno que bebemos mientras esperamos que muera otra persona por sus efectos. También es la emoción que nos hierve cuando descubrimos que no controlamos algo que nunca ha estado bajo nuestro poder. Volvamos a la pregunta retórica que hacía en el capítulo 1. Una vez que sabemos que no debemos culpar a nuestros jefes por todos nuestros problemas no resueltos de rebelión adolescente, pero seguimos haciéndolo igualmente, ¿quién es el idiota?

P: ¿Qué causa la ira?
R: Las expectativas no satisfechas.
P: ¿Qué tendemos a esperar de nuestros jefes?
R: Todo.
P: ¿De qué expectativa puedes responsabilizar a tu jefe?
R: De ninguna.

Hay excepciones para todo, incluso para las expectativas. Puedes esperar que tu jefe no te acose sexualmente. Puedes esperar que tu jefe no cree ningún ambiente laboral que pueda llevarse a juicio porque cuestione tu origen étnico, tu fe, tu raza, tu orientación sexual o cualquier otro tema que te haga llamar inmediatamente a tu abogado. Cuando tu jefe cruza la línea que va del comportamiento idiota al comportamiento «llama a tu abogado», estas excepciones entran dentro de una nueva categoría denominada «tu nuevo plan de jubilación». Voy a dar por hecho que un lucrativo acuerdo extrajudicial por una queja formal contra tu jefe atenuará buena parte, si no toda, de la ira que puedes sentir hacia él por no satisfacer tus expectativas.

La ira que tú y yo tenemos que reconducir en el trabajo se basa en expectativas que nuestros jefes no satisfacen cuando no tenemos más opción que aceptar su fracaso o encontrar otro empleo (y otro jefe). Si decidimos quedarnos, nuestra única esperanza de alcanzar la verdadera serenidad y la paz procede de volcar todas nuestras expectativas y todo lo que podemos cambiar sobre nuestro Poder Superior. Para eso, revisemos los doce pasos para idiotas en recuperación a través de la lente para redirigir la ira.

La expresión *reconducir la ira* implica que debemos esperar a enfadarnos con nuestros jefes y, a continuación, hacer algo con esa ira que no sea pegar a alguien, culparlo, pelear contra él o provocarlo. Quizá podamos utilizar la ira que sentimos hacia nuestros jefes y matar bacterias con ella. Tal vez podamos encontrar una manera de emplear la ira provocada por nuestros jefes para acabar con la dependencia mundial de los combustibles fósiles. No estoy sugiriendo que cojamos la ira existente y hagamos algo con ella, sino que adoptemos comportamientos alternativos que excluyan la ira, como la reconducción de las expectativas. La frase «Una expectativa es un resentimiento premeditado» resuena en el sótano de la iglesia todos los miércoles por la noche. Una vez tengamos nuestras expectativas bajo control, el tema de la ira se solucionará. Haz que tus expectativas sean razonables, realistas y responsables, y no habrá ira.

Paso a paso

La idea de reconducir las expectativas nos devuelve a los doce pasos para idiotas en recuperación. Todos los comportamientos necesarios para superar la adicción a una sustancia (a menos que seas un codependiente como yo, que es un adicto al adicto o a un idiota adicto a la ignorancia) y modificar el comportamiento destructivo están en los doce pasos. Las «idiotasincrasias» pueden ser muy adictivas, y hay que rendirse completamente a un Poder Superior a nosotros para reconducir nuestras expectativas de verdad, no cumplir sencillamente con las formalidades y hacer el ejercicio de boquilla.

> Paso uno: «Admito que no puedo actuar sobre la estupidez de los demás y que mi vida se ha vuelto tan estúpida que no puedo manejarla».

A estas alturas debería quedar claro que nuestra propia estupidez y la de los demás pueden llegar a fastidiarnos de verdad. Cuando cedemos tontamente el control de nuestra felicidad a otra persona, cometemos una estupidez. Cuando nuestra felicidad o tristeza dependen de que otras personas satisfagan unas expectativas que no podemos ver satisfechas, o que quizá no eran realistas o razonables desde el principio, convertimos nuestras vidas en una enorme ruleta rusa. Pensar «Puede que mi jefe satisfaga mis expectativas o no, y me enfadaré si no lo hace» es una lema ideal para una forma estúpida de vivir y significar renuncia completamente a uno de los pocos poderes de los que disponemos en este mundo: la creación de expectativas.

Una cuestión primordial respecto a las expectativas es si estas se han discutido o negociado con el jefe con anterioridad, y viceversa. Por ello el arte de la confrontación constructiva deja explícitamente claro que el jefe no debe responsabilizar a un informe directo o a un vendedor por no satisfacer una expectativa que no estaba claramente articulada y acordada por escrito. No obstante, incluso si las expectativas son negociadas entre el jefe y el empleado (y se plasman por escrito para y por parte de los dos, tal y como requiere el arte de la confrontación constructiva), el jefe puede no satisfacer dichas expectativas impunemente. Si tú no las cumples, hay muchas más probabilidades de que haya consecuencias. Por lo tanto, tu expectativa ha de tener en cuenta que el hecho de que tu jefe no cumpla con las expectativas, tanto si es de forma deliberada o accidental, consciente o inconsciente, es una clara posibilidad.

Saber que dicho incumplimiento puede ocurrir te posiciona para responder con serenidad en lugar de con ira. ¿Estás satisfecho con el incumplimiento? ¡Por supuesto que no! Pero permitir que algo probable te cause ira es un comportamiento autodestructivo. No me refiero a que levantes las manos y cites la placa de la pared que dice «Benditos aquellos que no esperan nada porque no serán defraudados». No importa lo cierto que sea, puedes aprender constantemente nuevas y mejores formas para ayudar a tu jefe a recordar que tiene una expectativa que cumplir, a encontrar los recursos necesarios para satisfacer esta expectativa o a proporcionarle aquello que esté en tu mano para motivarle a finalizar y realizar aquello a lo que se ha comprometido.

Las expectativas razonables y realistas cumplirán un objetivo mucho más agradable que aquellas que pueden desencadenar una explosión emocional. Si tu jefe te acusa de no cumplir sus expectativas cuando crees claramente que lo has hecho, sólo puedes responder diciendo que su percepción está equivocada, que no reconocería una expectativa satisfecha aunque fuera un perro y le mordiera o que tienes que levantarte más pronto y prever mejor sus necesidades y deseos, de forma que cada vez se sienta más cómodo contigo en los encuentros entre jefes y empleados.

> PASO DOS: «ME HE DADO CUENTA DE QUE EL RETO DE UN I-JEFE ES DEMASIADO GRANDE Y QUE SERÉ INCAPAZ DE MANEJARLO YO SOLO, Y, POR ESE MOTIVO, NECESITO UN PODER MAYOR A TODOS LOS JEFES QUE NO DEJAN DE VOMITAR PALABRERÍA, YA SEAN BUENOS O MALOS, PARA EVITAR VOLVERME COMPLETAMENTE LOCO».

Recalibrar tus expectativas respecto a tu jefe es complicado. Para alcanzar el éxito de manera continuada, hace falta la supervisión de un adulto, y ahí es donde entra tu Poder Superior. El virus del resentimiento es demasiado penetrante para superarlo únicamente mediante el poder de la voluntad. El resentimiento puede liberar a tu idiota interior sin advertencia previa y, antes de que te des cuenta, puedes encontrarte farfullando ideas absurdas frente a una sala llena de sorprendidos compañeros, empleados y jefes. (De hecho, puede que no se asombren tanto). En cualquier caso, convoca a tu Poder Superior para que te ayude, pues una de las cosas que hace mejor que tú es mantener la perspectiva. Si tu jefe está parloteando de forma incoherente, deja que tu Poder Superior reconduzca tus expectativas para hacer un mejor uso de sus divagaciones, o para distinguir entre aquello a lo que le tienes que prestar atención y aquello a lo que no.

Yo no sólo convoco a mi Poder Superior a diario, sino que lo hago varias veces al día para que mis expectativas sigan siendo razonables y realistas. Necesito una perspectiva más elevada y una inteligencia mayor que la mía para establecer expectativas para mí, para mi jefe y para toda la gente de mi alrededor, y también para no generar una ira que se alimente a sí misma. En un mundo donde la percepción es realidad y la perspectiva puede distorsionarse a través de distintas lentes, todos necesitamos reconducir nuestras expectativas de manera que nos posicionen a nosotros y a toda la gente de nuestro alrededor para lograr el mejor resultado posible, el cual puede obligarnos a retirarnos y a reagruparnos. Sin embargo, eso es preferible a infligirnos daño a nosotros mismos cada vez que algo o alguien no cumplen las expectativas. No se me ocurre una manera mejor de mantener la poca cordura que me queda o, tal vez, reavivar una pequeña parte de la cordura que he perdido.

> Paso tres: «Hemos decidido entregar nuestra voluntad y nuestra vida a nuestro Poder Superior, tal y como nosotros lo entendemos».

O hago esto a mi manera, que es como estropeé las cosas en mis inicios, o voy a hacer lo que se predica y voy a actuar como si mi Poder Superior fuera, en verdad, el que está a cargo de todo. Hay una inmensa diferencia entre limitarse a predicar y llevar a cabo lo predicado, entre establecer expectativas y lidiar con el fracaso (el de los demás y el tuyo propio). Emplear sólo de boquilla la fijación de expectativas desde la perspectiva de una inteligencia superior puede echar leña al fuego de la decepción, el resentimiento y la ira.

Rediseñar expectativas verdaderamente nuevas y diferentes puede provocar un extraordinario sentimiento de liberación. Despojarse de la decepción, el resentimiento y la ira que nacen de las expectativas no cumplidas puede hacerte sentir que te quitas un enorme peso de encima. En casos extremos, es como levantarse una mañana soleada, después de cuarenta días y cuarenta noches de lluvia. En mi caso, y en el de algunos de mis clientes, se trata de un periodo de casi cuarenta años.

La expresión «tal y como nosotros lo entendemos» se incluye en los pasos tres y once, para ayudarnos a evitar intentar *ser* el Poder Superior. Comportarnos como si fuéramos el Poder Superior es lo que nos hace tener expectativas irrazonables y poco realistas, resentimiento e ira. Nuestro Poder Superior está separado de nosotros. Si no, «poner mi voluntad y mi vida en manos de mi Poder Superior» es lo mismo que «poner mi voluntad y mi vida en mis propias manos». No funcionará, a menos que seas un jefe endiosado, y todos sabemos lo realistas que son las expectativas de este tipo de jefes.

> Paso cuatro: «Debemos hacer inventario de nuestro propio comportamiento idiota».

Si no hago lo que la gente del sótano de la iglesia denomina un inventario «inquisitivo y audaz» de mi comportamiento, puedo saltarme a la ligera este paso y, por lo tanto, perder los estupendos beneficios que estoy obteniendo del resto de los pasos. Es en este punto donde el ejercicio de *feedback* de 360 grados le resulta útil a cualquiera comprometido con el liderazgo, no tanto con el asesoramiento para el liderazgo. ¿Estoy haciendo de verdad las cosas que creo? Más significativo aún, ¿las personas importantes de mi alrededor creen que de verdad estoy haciendo lo que creo?

Es fácil ver cómo podemos meternos en un lío si nuestra percepción no es coherente con la de los demás. A menos que seas un trabajador autónomo (cuyo jefe no le presta atención) o un robot, la comparación entre la percepción de tu comportamiento y la que tiene consensuadamente la gente de tu alrededor es fundamental para que las expectativas sigan siendo razonables y realistas.

He visto, en ocasiones en vano, a directivos, a veces miembros del comité ejecutivo, ignorar su *feedback* de 360 grados categóricamente, incluso negándose a compartirlo con sus jefes y accionistas principales (gente con gran influencia sobre su éxito profesional). Nunca he visto terminar bien un caso en que el cliente asesorado muestra escasa o ninguna transparencia. Haz inventario de forma regular, tómatelo en serio y reconoce tu necesidad de mejora continua.

> PASO CINCO: «ADMITO TODOS LOS ERRORES QUE HE COMETIDO ANTE MI PODER SUPERIOR, ANTE MÍ MISMO Y ANTE LOS DEMÁS».

Esta es la parte que se ocupa de compartir los resultados de tu análisis de 360 grados. Si no tienes una evaluación formal de este estilo, solicita un *feedback* de tu área crítica, es decir, la gente con mayor influencia sobre tu éxito profesional. Entre estos puede haber clientes, compañeros, vendedores e informes directos. Por encima de todo, incluye a tu jefe, sin importar la clase a la que pertenezca, pues es alguien a quien no deberías ignorar y contra el cual tampoco deberías luchar.

No te sugiero que absorbas el precioso tiempo de la gente hablando sobre ti mismo o, cuando te canses de hacerlo, pidiéndoles que digan cosas sobre ti. No obstante, es importante desarrollar la capacidad de solicitar *feedback* y recibirlo bien. Esto último significa aceptar una perspectiva realista desde tu área crítica en torno a los aspectos que más te cuestiona la gente, así como la forma de mejorar las cosas que haces bien, lo que recibe el nombre de enfoque de *investigación apreciativa*. Busca siempre las cosas positivas, así como las oportunidades de crecimiento y, tal y como la tía Eller aconsejó a su sobrina Laurie en *¡Oklahoma!*, di: «Muy bien» a las dos.

Nunca se trata únicamente de tus «errores», porque las cosas que haces extremadamente bien pueden ser cosas que haces *demasiado* bien (también conocidas como *fortalezas empleadas en exceso*). Puede que sepas actuar con calma ante un incendio, con hielo en tus venas, que seas capaz de mantener la cabeza en su sitio cuando toda la gente a tu alrededor está perdiendo la suya. No obstante, si reduces la urgencia y la magnitud de las cosas hasta el punto que los demás no se las toman en serio, esto puede perjudicar a la productividad y a los resultados. Habla sobre cuestiones importantes, y no evites los temas relativos a las expectativas y los resultados.

> PASO SEIS: «ESTOY PREPARADO PARA QUE DIOS ELIMINE TODO RASTRO DE MI ESTUPIDEZ».

No tan rápido. Es fácil entusiasmarse con una nueva oportunidad en la vida y lanzarse de cabeza a la paz y la serenidad libres de idiotas. Y deberías hacerlo. Pero este capítulo trata de recalibrar las expectativas para que no tengas que pensar en reconducir la ira. Cierto, «la paz y la serenidad libres de idiotas» no implican que estés libre de ellos. Eso nunca ocurrirá, pero la parte positiva es que tú no serás uno de ellos y, en consecuencia, ya no volverás a dar a los idiotas el poder de enfadarte con ellos, porque habrás reivindicado ese poder en forma de gestión de expectativas.

Por lo tanto, permítete entusiasmarte ante la perspectiva de que exorcicen tu estupidez. No obstante, sé realista y razonable en cuanto a tus expectativas, pues te ha costado mucho llegar a donde estás. A tu jefe le ha llevado mucho tiempo ser como es; nadie cambia de un día para otro y nada ocurre sin razón aparente, ¿recuerdas? Sean cuales sean las razones para la gestión disfuncional de tus expectativas y las de tu jefe, estos motivos aún sobreviven. Identificarlos (probablemente se trata de defensas del carácter, es decir, defectos) y sacarlos a la luz del día llevará algún tiempo, e implicará múltiples inventarios y conversaciones sobre lo que funciona y lo que no.

No se trata de algo puntual, sino que es constante. De la misma manera que nunca dejamos de comunicarnos, los idiotas y los jefes idiotas en recuperación nunca dejan de trabajar en los pasos. La mejora continua no tiene fecha de graduación: celebraciones frecuentes, sí; graduación y licenciatura final, no. Si mantienes una actitud receptiva y sigues trabajando tus pasos, tu receptividad se convertirá en verdadera voluntad. Los corazones dispuestos reciben su recompensa, y el comportamiento premiado acaba por repetirse. Es sorprendente cómo ser realista y razonable en cuanto a tus expectativas hace que observes desde el mismo punto de vista las de los demás.

> Paso siete: «Dios, elimina todo rastro de mi estupidez, por favor, por favor».

Tanto si tu jefe o tú (probablemente ambos) sufrís estupidez situacional intermitente o una descarga incesante de idiotez, la tuya es la única de la que te puedes ocupar, al menos directamente. Preparándote para que tu Poder Superior extirpe tu gen estúpido de tu cuerpo, estarás listo para una forma de vida más inteligente cuando llegue ese momento; no obstante, no sabrás cuándo se producirá esto. Para cuando te des cuenta de la mejora en forma de mayor serenidad, paz y armonía con tu jefe (¿quién hubiera pensado que podrías digerir algo así?), ya estará ocurriendo. Comenzarás a ver que ocurren cosas agradables en tu espejo retrovisor.

Por eso necesitas el paso seis. Observarás que has pasado un día, o quizá una semana, sin sentirte tan mal como solías. Puede que observes que tu jefe no ha sido tan horrible como solía ser, al menos en la últimas 24 horas o, quizá, en los últimos cinco días. Cuando yo trabajé los pasos, admití mi impotencia en cuanto a la incompetencia, hice el inventario y puse mi voluntad y mi vida en manos de mi Poder Superior, y demás, comenzaron a ocurrir cosas buenas. No pude predecir cuándo iba a pasar, pero las cosas empezaron a cambiar de verdad.

Creo que cuando haces un trato con tu Poder Superior, él cumple su parte. Cuando me di cuenta de que ya no estaba tan resentido con mi jefe como antes, y que me sentía mucho mejor por ello, no deseaba tanto reivindicar mi resentimiento, puesto que quería prolongar las buenas sensaciones. Creo que no sólo me sentía bien, sino que comencé a actuar de forma más inteligente. Al menos, eso es lo que me comentó la gente de mi alrededor. Mi motivación para mantener mi parte del trato era fuerte, pero tenía que seguir con el programa porque no hay fecha límite. En cuanto aparté la vista de los pasos, sentí que la atmósfera se volvía tóxica, lentamente al principio y después cada vez más rápido. Saber que tenía que volver rápidamente a las expectativas razonables y realistas y ponerme en marcha de nuevo me ayudó a corregirme y a volver a los pasos, lo que a su vez aceleró el retorno de los buenos sentimientos. Prepárate para el éxito cuando el Poder Superior te lo conceda.

> PASO OCHO: «HACER UNA LISTA DE TODAS LAS PERSONAS A LAS QUE HE PODIDO HERIR CON MI ESTUPIDEZ, Y PREPARARME PARA COMPENSARLAS A TODAS».

Si no estás preparado para reconducir tu ira redirigiendo tus expectativas, acabarás cabeceando en la vida como los barcos en el mar. Si no entregas completamente tu voluntad y tu vida a tu Poder Superior, estarás arriba un día y abajo el siguiente, volando en las alturas y sumergiéndote en las profundidades, alternativamente. Arriba, abajo, arriba, abajo, como *Flipper* guiando un crucero a través del Triángulo de las Bermudas. Si te alejas de las raíces de la duda pero las dejas en su sitio, quizá puedas aferrarte con uñas y dientes a una relación mejorada con tu jefe, pero no durará mucho. Antes de darte cuenta, te estarás hundiendo de nuevo.

Si tú y yo nos comprometemos sólo de forma parcial con la recuperación, esta reaparecerá cuando hagamos nuestra lista de errores a subsanar. Comenzaremos a escribir un nombre en el cuaderno, apretando con fuerza cada letra hasta que se rompa la punta del lápiz. El hecho de que el resentimiento siga ahí demuestra que aún tenemos expectativas poco realistas y razonables. Tener esa sensación de «por encima de mi cadáver» cuando piensas en una persona a la que le tienes que pedir disculpas es un indicativo de que tienes que trasladar a esa persona a la parte superior de la lista. Él o ella aún no satisface tus expectativas previas y, sobre todo, tú no has abierto el puño para dejarlo marchar.

Una vez has recalibrado tus expectativas para que reflejen de forma más precisa a ti y al jefe real para el que trabajas, los resentimientos actuales comenzarán a disiparse, y también lo harán los pasados. Los resentimientos sólo pueden mantenerse en tu mente mientras las expectativas que los crearon sigan intactas. También te sorprenderá ver que los nombres que antes te sacaban de quicio ahora se han vuelto inocuos. Al haber recalibrado mis expectativas y haberlas convertido en una herramienta para equilibrar mi vida (en lugar de construir murallas demasiado altas como para escalarlas), ahora puedo pensar en los peores enemigos que he tenido y decir de verdad: «No eran tan malos». En serio, puedes hacerlo. Comienza a hacer la lista.

> **PASO NUEVE:** «COMPENSAR A TODOS LOS QUE HE PODIDO HERIR CON MI ESTUPIDEZ, EXCEPTO A AQUELLOS CON QUIENES EL SIMPLE CONTACTO PUEDA PONER EN RIESGO MI LUGAR EN LA VIDA».

No hay mejor manera de demostrar que eres un nuevo ser que deshaciéndote completamente del viejo tú. La antigua persona, que ni en un millón de años hubiera dicho una sola palabra amable a ciertos idiotas que te hicieron la vida imposible (o eso pensaba el antiguo tú), ha sido sustituida por una nueva con el mismo cuerpo que, de hecho, puede sonreír al idiota y aceptar que todos compartimos el mismo oxígeno. Puede que te encuentres pensando: «Este soy yo, me conozco, pero no me siento yo mismo. ¿Qué ha pasado?». A estas alturas ya sabrás qué ha pasado y qué tienes que hacer para que siga ocurriendo.

Subsanar errores es más que apretar los dientes e intentar ser agradable con la gente a la que detestas. Si aún estás con el tema del desprecio, tienes que revisar tu programa. Cuando ordenes tus expectativas, descubrirás que ya no detestas a nadie. «Incluso los villanos más malvados tienen una madre que les quiere», pensarás para ti. Eso no hace que sus acciones estén bien, pero puedes verlos de forma más realista como gente compleja, y no como dibujos animados o recortables de cartón unidimensionales. Subsanar errores no significa necesariamente que pronuncies las palabras «Lo siento» de manera literal. Se hace de forma más convincente diciendo «Puede que tengas razón», lo que implica que puedes haberte equivocado; es aún mejor si dices «Aceptaré la responsabilidad si me he equivocado».

Algunas personas hacen una gran interpretación a la hora de disculparse, y lo centran todo en sí mismos. «¡Mírame! ¡Estoy subsanando errores!». Deja de actuar como un masoquista y céntrate en la otra persona, en este caso, tu jefe. Hay muchas formas de decir que lo sientes: llevarle unos donuts a su despacho de forma regular, cambiar el tono al dirigirte a él (cosa que ocurrirá de forma natural cuando modifiques tus expectativas), hacer un mejor trabajo a la hora de satisfacer sus expectativas, hablarle en su mismo lenguaje y no esperar que tu jefe te lea la mente forman parte de la toma de control de tu nuevo tú y de tu nueva relación.

Decir «Lo siento», sin importar cómo lo expreses, no reduce tu valor. Poner a otras personas como mínimo al mismo nivel que tú es liberador, pues estar resentido con la gente agota mucha energía y recursos internos. Tu idiota interior es una solitaria perpetuamente hambrienta y de mantenimiento caro que vive a base de expectativas poco realistas y de resentimiento, y exige más y más constantemente. Al recalibrar tus expectativas, puedes reducir a tu idiota interior hasta unas proporciones manejables.

> Paso diez: «Seguir haciendo inventario personal y, cuando me equivoque, admitirlo inmediatamente».

Confesar que podrías estar equivocado y que tu jefe podría tener razón es una píldora grande y difícil de tragar, pero sólo si albergas un resentimiento basado en expectativas poco razonables y realistas. Tal y como he mencionado en el paso ocho, si te encuentras parcialmente fuera de las tinieblas sólo para sumergirte en ellas otra vez, si comienzas a sentirte mejor en tu relación con tu jefe y sufres una recaída, si «renqueas» en tu camino hacia la recuperación, probablemente sea culpa de tu idiota interior, quien se ha quedado toda la noche reescribiendo las expectativas que llevas limpiando durante el día. Al seguir poniendo tus motivos, comportamientos y verdaderos sentimientos bajo el microscopio, tarde o temprano podrás detectar en qué momentos tu idiota interior coge tu nueva serie de expectativas razonables y realistas y las convierte en el equivalente emocional de los bonos basura.

Cuando subsanas errores, tal y como hemos discutido en el paso nueve, luchas contra todas las acciones que está realizando tu idiota interior para sabotear los beneficios de la recuperación. Puesto que esta es un proceso de mejora continua, lo que implica invariablemente contratiempos en el camino, tienes que estar listo en todo momento para pillarte a ti mismo volviendo a antiguas actitudes y comportamientos. Admitir que nos hemos equivocado cada vez que lo hacemos es como redoblar la corrección de errores. Controlarnos y confesar inmediatamente nuestros errores, con la ayuda objetiva de amigos, jefes, compañeros, proveedores de *feedback* de 360 grados y/o compañeros idiotas en recuperación, crea un proceso de limpieza que no permite que el resentimiento se acumule.

Recordar que no se trata de ti ayuda a mantener la concentración en lo que mayor bien te hará, es decir, en añadir valor a tus relaciones actuales. En el trabajo, eso significa añadir valor, principalmente, a la relación con tu jefe. Dicho esto, cada miércoles por la noche, en el sótano de la iglesia, decimos: «No son ellos; soy yo». Cuando hay que echarle la culpa a alguien, prefiero hacer yo de chivo expiatorio que culpar a otra persona (adivina quién sería esa otra persona en el trabajo). Si hay que conceder alguna clase de reconocimiento, lo comparto con otras personas. Es mi responsabilidad mantenerme centrado en añadir valor; al hacerlo, todo el mundo gana, sobre todo yo. Lo logro al seguir haciendo mi propio inventario y no el de nadie más. Admito mis propios errores, en lugar de centrarme en los que cometen los demás.

> **PASO ONCE**: «MEDIANTE LA ORACIÓN Y LA MEDITACIÓN, BUSCO AUMENTAR EL CONTACTO CON MI PODER SUPERIOR, TAL Y COMO NOSOTROS LO ENTENDEMOS, REZANDO PARA CONOCER SU VOLUNTAD Y PARA QUE ME DÉ LA VALENTÍA PARA LLEVARLA A CABO».

La oración es conversación. ¿Qué tiene de positivo una conversación con mi Poder Superior si sólo hablo yo? No aprendo nada más que lo que ya sé, y mi Poder Superior, que lo conoce todo, queda fuera de la charla. Debo escuchar para aprender, y mantenerme abierto a las nuevas percepciones que acompañan a las nuevas expectativas requiere que sigamos la vieja fórmula de «dos oídos y una boca». Como mínimo, deberíamos escuchar el doble de lo que hablamos. Al menos, escuchar hace que sea más agradable estar a nuestro alrededor, y aumenta de forma exponencial la probabilidad de que aprendamos algo importante.

Escuchar de forma activa a mi Poder Superior es otra manera de evitar que mi idiota interior vuelva loca a mi imaginación. Puedo estar callado por fuera, y no parar de hablar por dentro. Parlotear como un idiota normalmente viene precedido de muchos farfulleos de mi idiota interior. Sólo porque no hable no significa que no te escuche. Sólo porque la gente no se pelee no significa que se lleve bien.

Cuanto más implico a mi Poder Superior para que dirija la reconducción de mis expectativas, menos oportunidades tiene mi idiota interior de inventar expectativas irrazonables, poco realistas y directamente falsas. Cuanto más sanas y apropiadas se vuelvan mis expectativas, mejores nos parecerán todas las cosas y personas. Cuanto más contacto pueda mantener con mi Poder Superior, más dominará este mi vida. Si mi voluntad fuera algo tan fantástico, no estaría en el sótano de la iglesia cada miércoles, a las siete de la tarde. Estaría cada domingo en el santuario dando las gracias, y no en el sótano, sentado en un círculo de sillas metálicas plegables. He aquí una receta para la cordura: contacto, conocimiento y coraje. Repítelo tantas veces como haga falta. Esa es la fórmula para todos los programas de recuperación que he conocido. Si eres tu propio Poder Superior, será un proceso solitario.

> Paso doce: «Estos pasos me hacen tan feliz que quiero compartir mi alegría con todo el mundo, así como aplicarlos a todas las áreas de mi vida».

La mejor forma de aprender algo es enseñarlo. Escribí este libro para que pudieras aprender de verdad, por fin y para siempre a librarte de ese diablillo de tu hombro que odia a tu jefe. No obstante, pensando que esa eliminación del diablillo era un arreglo puntual, conseguí quitarme al bicho sólo para que volviera a subirse con un par de amigos cuando estaba centrado en otras cosas. Me encontré otra vez metido en líos con mi jefe, preguntándome cómo podía ocurrirle esto al tío que había escrito el libro. Si me puede pasar a mí, también te puede suceder a ti. Una vez sientas la alegría, aférrate a ella.

Evita recaer divulgando la buena nueva sobre mejorar las relaciones con los jefes. Recuerda que el resentimiento tiene un hedor inconfundible que indica que hay una expectativa podrida cerca. La única forma de seguir fresco como una rosa en el ámbito de las expectativas es manteniéndolas razonables y realistas, y haciendo inventario de ellas de forma regular. Afortunadamente, la mejor manera de asegurar que lo haces es enseñando a otros a mantener sus expectativas razonables y realistas. Adopta un nuevo lenguaje para tu discurso en el lugar de trabajo. Prueba a decir cosas como «Intentemos colocarnos en la mejor posición para lograr el éxito, manteniendo las expectativas de los demás en un ámbito razonable y realista, así como las de nuestros clientes y las de toda la gente implicada en hacer que esto ocurra». Te sorprenderá cómo comentarios como ese pueden ayudar a toda la gente de tu alrededor a sentirse más optimista y menos estresada.

A menos que sólo quisieras reírte (¿y quién no?), probablemente sea la ira lo que te ha traído a este libro. Observa la cubierta. Si esa no es una ilustración enfadada, no sé cuál lo será. Si terminas este libro, tómate en serio estos principios y prácticas, dales una oportunidad y, si sigues enfadado, te sugiero que hagas un inventario de todo el bien que te está haciendo la ira, y que comiences de nuevo por el primer capítulo. Puedes reconducir tu ira, pero, hagas lo que hagas con ella, seguirás enfadado. Para detenerla, rehaz tus expectativas.

Tu ejercicio del paso doce es llevar a cabo religiosamente los once primeros ejercicios tan a menudo como haga falta para cambiar cómo te sientes respecto a los idiotas de tu vida. Nunca olvides que una expectativa es sólo un resentimiento premeditado, y que no puedes ser feliz mientras albergues resentimiento. Cuanto más tiempo pases albergándolo, más penetrará el veneno en tu cuerpo. La frustración, la ira y el resentimiento llevan a la depresión. No más risas. Hazte la prueba de la depresión: observa a un pato correr. Si no te ríes, te reservaremos un asiento en el sótano de la iglesia el próximo miércoles, a las siete de la tarde.

Sobre el autor

John Hoover, doctor en filosofía, es un idiota recuperado que realizó con éxito la transición de jefe enfadado a líder servicial utilizando las técnicas que se describen en este libro. Pasó de un simple operario a un ejecutivo con grandes responsabilidades en la división de marketing y entretenimiento de la compañía Disney, y después trabajó como ejecutivo en McGraw-Hill. Ahora es un coach ejecutivo más que famoso (y acreditado) y un experto en comunicación y liderazgo que sabe perfectamente que la única esperanza para un ejecutivo asediado es reírse de uno mismo mirándose al espejo. El Dr. Hoover proporciona el espejo (después de haber roto varios a lo largo de su vida profesional). Le apasiona obtener resultados en los que ambas partes ganan, tanto los grandes profesionales como las empresas para las que trabajan. Aunque al Dr. Hoover le fascina combinar el aprendizaje con las carcajadas, se le conoce por lograr resultados serios. Como coach ejecutivo, no hay ningún otro que abogue más por armonizar aquello que cada individuo sabe hacer mejor con las necesidades de la empresa. Como experto en cambio, diseño y transformación cultural, y comunicaciones interpersonales, el Dr. Hoover es particularmente eficaz a la hora de construir y mantener relaciones productivas entre los clientes a los que asesora y sus componentes.

Tal y como sugiere el título de este libro, al Dr. Hoover no le asusta entablar conversaciones incómodas y explorar a fondo aquello que la gente piensa y siente. El Dr. Hoover pasó seis años en la Junta de Ciencias del Comportamiento de California como experto en terapias matrimoniales y familiares antes de centrarse en el desarrollo empresarial y la conducta dentro de las empresas. Comprende el modo en que operan las empresas, siguiendo unas normas no escritas y no habladas, y cómo funcionan los altos ejecutivos y demás directivos de empresas procedentes de sectores muy diversos, incluyendo medios de comunicación, entretenimiento, educación, moda, servicios financieros, fábricas y agencias gubernamentales. El Dr. Hoover es autor o coautor de otros quince libros, incluyendo *How to Live With an Idiot* (Cómo vivir con un idiota), y supervisa la práctica de coaching ejecutivo en la empresa Partners International, situada en la ciudad de Nueva York (www.partners-international.com). Además da clases en la Universidad de Nueva York y en la Asociación de Gestión Estadounidense.

Después de haber absorbido la sabiduría y los conocimientos de Ken Blanchard, Marcus Buckingham, Dale Carnegie, Jim Collins, Malcolm Gladwell, Seth Godin, Marshall Goldsmith, Jon Gordon, Chip Heath, Scott Keller, Bob Nelson, Rick Patino, Colin Price, Tom Rath y Jack Welch, presenta a John Hoover a tu idiota interior y disfruta de una larga y feliz carrera profesional.

Puedes seguir al Dr. Hoover en los medios de comunicación, así como en sus talleres, conferencias y publicaciones, o también puedes despotricar de él en www.howtoworkforanidiot.com.

Índice analítico

A

Acheson, Dean, 259
Adams, Scott, 10
alcohol, 161, 245
amabilidad, 37, 140, 166, 251
Año uno, 27
apreciación, 92
ascenso, 12, 13, 31, 33, 46, 48, 61, 69, 93, 101, 111, 116, 122, 125, 126, 142, 143, 145, 152, 196, 217
autoridad, 10, 21, 22, 24, 26, 31, 47, 51, 52, 55, 56, 58, 71, 72, 78, 93, 97, 107, 111, 117, 144, 170, 186-188, 195, 209, 214, 221, 222, 239, 243, 249
ayudar a los demás, 55, 85, 122-127, 216

B

baja, 30, 59, 62, 127
Blanchard, Ken, 158, 162, 290

bondadoso, 100, 130
buen jefe, 45, 47, 50, 70, 77, 83, 88, 89, 92, 95, 98, 99, 102, 103, 108, 112, 117, 121, 122, 127-130, 187, 192, 193, 195, 206, 233, 237, 249, 261, 262
búsqueda, 28, 54, 96, 152, 254

C

cabeza de turco, 201
cambio, 16-18, 22, 35, 37, 42, 45, 46, 50, 58, 66- 69, 79, 82, 113, 144, 151, 159-162, 167, 179-181, 184, 201, 202, 204, 205, 258, 289
Carta blanca, 27
castigo, 25, 57, 59, 162, 258
— basado en la competencia, 13
Cavuto, Neil, 19
chulear al jefe, 24, 36, 37
coaching, 10, 14, 18, 20, 84, 86, 118, 119, 120, 121, 127, 135, 140, 290
cociente intelectual, 126, 261
Cómo acabar con tu jefe, 10
Cómo vivir con un idiota, 16, 290
competencia, 13, 25, 83, 84, 86-88, 90-96, 99, 100, 103, 106-108, 111, 113-120, 122, 124, 126, 129, 134, 143-146, 149, 151, 152, 157-160, 166, 224, 267
comunicación, 9, 27, 46, 49, 51, 64, 85, 104-107, 113, 133, 175, 181, 203, 229, 231, 259, 261, 289, 290
— experta, 105, 106
confesión, 40, 74, 164
confianza, 21, 52, 65, 96-100, 108, 118, 120, 158, 159, 176, 192, 200, 202, 212, 225, 234, 240, 248
conflicto, 53, 92-94, 96, 119, 161, 204, 239, 268
confraternización, 198, 209
confrontación constructiva, 85, 96-100, 175, 176, 192, 276
contratación, 123, 218
control, 10, 22, 23, 25, 27, 38, 40, 41, 74, 78, 79, 153, 165, 166, 188, 194, 200, 219, 249, 275, 276, 284
Cox, Danny, 162, 166, 192, 210, 232, 233, 274
CPA Journal, 45
Crawshaw, Laura, 78, 197
creatividad, 9, 40, 110, 111, 141, 159, 160, 162

criticar al jefe, 24
críticas, 11, 20, 38, 174, 201, 239
culpar al jefe, 27, 28
curiosidad, 23, 86-89, 134, 144

D

desaprovechar el talento, 153
diablo viste de Prada, El, 10
dignidad, 16, 22, 31, 167, 201
Dilbert, 10, 25
dimitir, 144, 204
disculparse, 283
discutir, 31, 110, 113, 163, 170
Disney, Walt, 271
Dos tontos muy tontos, 27

E

efecto champiñón, 144
Eisner, Michael, 212
ejecución, 85, 93, 112, 113, 115-117, 219
ejecutivos, 69, 86, 100, 108, 118, 128, 136, 145-147, 149, 152, 174, 175, 202, 212, 213, 290
empatía, 59, 67, 78, 89, 90, 91, 108, 125
enseñar, 122-126, 141, 174, 248
entorno seguro, 17
escuchar, 10, 48, 64, 74, 85, 97, 100-105, 107, 114, 117, 118, 136, 181, 186, 222, 238, 246, 250, 285
espejo, 9, 25, 72, 237, 250, 251, 281, 289
estupidez, 7, 9, 12, 13, 22, 27, 38, 39, 40, 82, 129, 133, 153, 167, 169, 187, 188, 193-197, 202, 203, 207, 209, 223, 224, 227, 240, 254, 258, 260, 261, 275, 276, 280-283
— situacional, 13, 281
evasión, 215, 216, 221, 261
éxito, 10, 18, 24-26, 28, 33, 40, 61, 62, 86, 101, 109, 117, 147, 153, 170, 171, 184, 187, 189, 191, 193, 194, 196, 206, 211, 216, 217, 220, 230, 245, 246, 247, 258, 264, 277, 279, 282, 287, 289

expectativas, 16-18, 50, 79, 128, 155, 172, 194, 213, 273-287
expresión facial, 228

F

feedback, 175, 279, 285
Fields, W.C., 62, 201
forjar personas, 122, 123, 125
fracaso, 61-63, 69, 90, 94, 101, 119, 125, 155, 182, 264, 267, 275, 278
Franklin, Benjamin, 171
frustración, 35, 82, 138, 153, 196, 262, 273, 274, 287

G

Gardner, Howard, 126
gatillos, 22
gen estúpido, 281
gestos, 136, 184, 189, 228, 238
Goldsmith, Marshall, 115, 290
Goldwyn, Samuel, 171
Goleman, Daniel, 126
Gorrell, Paul J., 18

H

Hayes, Spencer, 123
humildad, 176, 228, 230, 232, 254, 258
humor, 10, 11, 18, 56, 62, 81, 161, 176, 207, 234

I

impaciencia, 215, 216
imparcialidad, 49, 50, 51
impotencia, 9, 40, 77, 281
inclinaciones técnicas, 85, 112, 114, 116, 117
incompetencia, 53, 75, 95, 103, 127, 142-144, 150, 153, 160, 166, 264, 281

ineptitud, 28, 166, 187, 200, 201
informes de rendimiento, 174, 176, 179, 185, 186, 190
inteligencia, 22, 27, 39, 56, 82, 114, 115, 122-127, 133, 141, 143, 206, 237, 259-264, 271, 277, 278
— emocional, 124, 125, 126
intenciones, 81, 105, 202, 260
inventario personal, 253-255, 284
investigación, 46, 85-88, 143, 173, 219, 228, 280
ira, 10, 13, 16, 23, 222, 254, 273-278, 280, 282, 287
Irving, John, 20, 26

J

jefe colega, 44, 72-76, 85, 88, 91, 95, 99, 103, 107, 111, 116, 121, 126, 188-190, 206, 237, 248, 268, 295
— endiosado, 44, 51-55, 63, 76, 87-90, 93, 96, 97, 99, 100-102, 104, 105, 109, 113, 118, 120, 123, 124, 141, 143, 153, 176, 177, 206, 217, 247, 257, 263, 264, 266, 270, 278
— idiota, 9, 10, 13-15, 20, 21, 23, 26, 32, 34, 39, 41, 43, 44, 47, 51, 54, 71, 75, 77, 81, 85, 86, 89, 91, 92, 95, 99, 103, 107, 112, 116, 121, 126, 127, 130, 131, 133, 141, 143, 144, 147, 152-154, 156, 158, 159, 166, 172, 174, 190, 191, 194, 199-202, 204-206, 208, 211, 217-219, 221, 224, 227-231, 237, 240, 243, 250-254, 258, 260-262, 264, 270, 273, 281
— inepto, 13, 44, 69-72, 76, 85, 88, 91, 95, 98, 99, 102, 103, 107, 111, 115, 116, 120, 126, 129, 186-188, 191, 249, 267, 268
— maquiavélico, 44, 54-57, 76, 87, 90, 93, 97, 101, 105, 109-114, 118, 123, 124, 126, 151, 154, 157, 158, 178, 179, 187, 191, 236, 238, 247, 264
— masoquista, 44, 60-62, 76, 87, 90, 94, 98, 101, 106, 110, 114, 119, 124, 125, 181, 182, 206, 237, 264, 265
— paranoico, 44, 63-66, 74, 76, 85, 87, 88, 90, 94, 98, 102, 106, 110, 114, 115, 119, 120, 125, 156, 183, 184, 206, 237, 248, 266
— reacio, 13, 44, 66-69, 76, 85, 88, 91, 94, 98, 102, 106, 107, 110, 111, 115, 120, 125, 126, 184-186, 249, 264, 267, 270
— sádico, 44, 57-60, 65, 73, 76, 85, 87, 90, 93, 97, 101, 105, 109, 110, 114, 118, 119, 124, 157, 179, 180-183, 237, 245, 247, 264, 265
jefes, tipos de, 13, 45, 75, 77, 78, 84, 113, 135, 176
Jobs, Steve, 228

L

lenguaje corporal, 62, 182, 184, 189, 191
— de los idiotas, 7, 230, 231
límites, 11, 27, 38, 51, 59, 74, 169, 177, 209, 221

M

matones, 57, 105, 238, 239, 258
Maytag, Jr., Fred, 34
meditación, 257, 271, 285
Mehrabian, Albert, 228

N

negociación, 90-93, 161, 194
normas, 16, 23, 49, 50, 53, 146, 159, 163, 175, 211, 245, 269, 290
nueva ciencia de la gestión, 268

O

Office, The, 10, 25

P

Peale, Norman Vincent, 100
pensamiento en grupo, 201
pensamiento idiota, 201-203, 263
pensar con claridad, 108-112
perfección, 21, 77, 118, 146, 156, 169, 195, 200
Peter, Larry, 143
petición de vacaciones, 246, 247
planificación estratégica, 110-112
poder, 12, 21, 22, 25, 27, 31, 35, 40, 45, 47, 53-55, 57, 58, 62, 72, 73, 76, 78, 79, 87, 90, 94, 95, 100, 103, 105, 109, 119, 120, 129, 139, 142,

Índice analítico 297

143, 145, 148, 158, 160, 162, 166, 171, 174, 176, 180, 181, 186-188, 192, 194, 204, 206, 211, 214, 216, 219, 222, 223, 230, 237, 239, 241, 244, 246, 252, 263, 267, 268, 270, 271, 274, 277, 280
— *del pensamiento tenaz, El,* 100
pragmática de la comunicación humana, La, 27
presión, 37, 46, 62, 115, 174, 199, 204

R

realidad, 16, 17, 23, 27, 28, 32, 34, 43, 53, 57, 71, 72, 79, 83, 89, 92, 96, 102, 103, 106, 108, 109, 133-138, 142, 153, 155, 156, 169, 174, 175, 179, 180, 186, 187, 189, 191, 194, 203, 211, 213, 217, 218, 220, 222, 243, 255, 259, 260, 263, 269, 277
realismo, 90, 91
rebelión adolescente, 221, 222, 274
rechazo, 17, 153, 203
reconocimiento, 18, 34, 55, 62, 63, 92, 118, 125, 222, 243, 261, 285
reorganización, 142, 266, 267
resentimiento, 10, 16, 36, 48, 49, 154, 156, 164, 165, 167, 187, 200, 204, 215, 219, 230, 235, 244, 254, 273-275, 277, 278, 281, 282, 284-287
resolución de problemas, 93
responsabilidad, 9, 27, 28, 31, 41, 67, 72, 97-100, 107, 123, 142, 143, 145, 185, 186, 192, 221, 267, 283, 285
Roosevelt, Theodore, 17

S

sacrificio, 57, 94, 174, 221, 222
satisfacción laboral, 46
Sea World, 158
serenidad, 9, 21, 24, 41, 79, 130, 155, 166, 176, 194, 209, 271, 275, 276, 280, 281
Smith, Gregory P., 46
solicitud, 57, 249
suerte, 14, 17, 27, 49, 52, 75, 82, 96, 144, 154, 161, 171, 182, 191, 196, 222, 223, 227, 235, 247, 248, 252

T

tipos de jefes, 13, 45, 75, 77, 78, 84, 113, 135, 176
Trabajo basura, 25
traje nuevo del emperador, El, 263
transparencia, 108, 120, 184, 279
Twain, Mark, 13

V

Vance, Mike, 171
vestuario, 204-207
victimismo, 79, 195, 245

W

Watzlawick, Paul, 27, 81
Welch, Jack, 36, 212, 290
Wheatley, Margaret, 268

Y

Y, generación, 14

Z

Ziglar, Zig, 95

www.ingramcontent.com/pod-product-compliance
Lightning Source LLC
Chambersburg PA
CBHW082019240426
43667CB00046B/2865